JN150823

日本語表記の多様性

ひつじ研究叢書〈言語編〉

第188巻	条件文の日中対照計量的研究	李光赫・趙海城 著
第190巻	書き言葉と話し言葉の格助詞	丸山直子 著
第191巻	語用論的方言学の方法	小林隆 著
第192巻	話し言葉における受身表現の日中対照研究	陳冬姝 著
第193巻	現代日本語における意図性副詞の意味研究	李澤熊 著
第194巻	副詞から見た日本語文法史	川瀬卓 著
第195巻	獲得と臨床の音韻論	上田功 著
第196巻	日本語と近隣言語における文法化	ナロック ハイコ・青木博史 編
第197巻	プラグマティズム言語学序説	山中司・神原一帆 著
第198巻	日本語変異論の現在	大木一夫・甲田直美 編
第199巻	日本語助詞「を」の研究	佐伯暁子 著
第200巻	方言のレトリック	半沢幹一 著
第201巻	新漢語成立史の研究	張春陽 著
第202巻	「関係」の呼称の言語学	薛鳴 著
第203巻	現代日本語の逸脱的な造語法「文の包摂」の研究	泉大輔 著
第204巻	英語抽象名詞の可算性の研究	小寺正洋 著
第205巻	音声・音韻の概念史	阿久津智 著
第206巻	近現代日本語における外来語の二層の受容	石暘暘 著
第207巻	「ののしり」の助動詞でなにが表現されるのか	村中淑子 著
第208巻	近・現代日本語謙譲表現の研究	伊藤博美 著
第209巻	アヤクーチョ・ケチュア語の移動表現	諸隈夕子 著
第210巻	人はどのようにことばを使用するのか	須賀あゆみ・山本尚子・長辻幸・盛田有貴 編
第211巻	日本語表記の多様性	岩崎拓也 編
第212巻	方言オノマトペの形態と意味	川﨑めぐみ 著
第214巻	現代日本語の数量を表す形容詞の研究	包雅梅 著

ひつじ研究叢書
〈言語編〉
第211巻

日本語表記の多様性

岩崎拓也 編

ひつじ書房

まえがき

　本書は、あまり研究対象として扱われることが少ない記号や符号などを中心とした日本語の表記研究についての論考を集めた論文集です。

　2022年1月7日、新たに『公用文作成の考え方』が建議されました。これは1951年の『公用文作成の要領』以来、およそ70年ぶりに示された公用文の作成基準の大きな改訂です。この改訂は、日本語の表記にかんする社会的な意識の変化を反映したものでもあり、表記の多様性について改めて考える契機となりました。そこで本書では、さまざまな視点から日本語の表記にアプローチする研究を集めることで、日本語の表記の現状と研究の可能性を明らかにしようと考えました。

　執筆陣は、ベテランの研究者から新進気鋭の若手の研究者まで、本来は日本語学・日本語教育学・自然言語処理にかんするそれぞれ別に専門を持つ研究者です。今回、私は「あなただったら日本語の表記研究をどうやるか」と、いわば大喜利のお題のような形で依頼をして執筆してもらいました。これには、従来の枠にとらわれず、自由な発想で研究を展開してもらいたいという意図がありました。その結果、日本語の表記にかんする、これまでになかった多角的な視点が浮かび上がることとなりました。

　たとえば、石黒論文では、日本語力の向上が段落構成に与える影響について、段落のサイズや数、文章構成の面から検討が行われています。また、井伊論文では、接続詞の表記の実態と選択要因について、本多論文では、複合助詞における動詞の表記の問題を取り上げ、「ニアタッテ」の表記にかんする考察がそれぞれ行われています。一見些細な対象ではあるものの、母語話者なら一度は考えたことがある、ひらがなで書くか漢字で書くかといった問題にたいして、

計量的な分析からその実態を明らかにしています。

さらに、三谷論文では、日本語教育学分野における研究論文の要旨の表記の実態を分析しています。なかでも句読点の分析については文章論の観点から興味深い知見を提供しています。砂川論文では、小中学生のかぎ括弧の使い方を調査し、教育現場での指導への示唆を示しています。宮城論文は、子どもがどのように言葉を選択するかを考察し、書く過程の可視化を試みています。市江論文では、日本語教科書における形容詞並列文の読点の必要性について議論が行われています。

また、本書は国語・日本語学習にかんするテーマだけでなく、さまざまな（ユニークな）テーマを取り上げた論文が収録されているのも特徴的です。ざっくり紹介すると、大学生のローマ字入力の方法と実態を明らかにした田中論文や、空行や括弧、箇条書きの読みやすさを機械学習によって推定した横野論文、「やさしい日本語」のガイドラインにおける表記方法がばらばらであることを指摘している岩崎論文、LINEスタンプの使用実態からスタンプの「表現」の役割を明らかにした落合論文、語種別の表記揺れの実態を明らかにしたうえで、国語辞典の表記情報との比較を「たまご」の表記から分析・考察している柏野論文、そして、J-POPの歌詞における二重表記の実態について、時代ごとの特徴を明らかにしている胡論文というように、これらの研究はそれぞれ独自の視点から日本語の表記に切り込み、多様な表記のあり方を明らかにするものです。これにより、日本語の表記における規範性と多様性のバランス、表記の選択がもたらす意味的・認知的影響、そして身のまわりにあるさまざまなテキストにおける表記の実態について、より深い理解を得ることができるのではないかと考えます。

本書が、日本語の表記にかんする新たな研究の起点となり、今後さらに多くの研究が生まれるきっかけとなれば幸いです。そして、記号や符号などという一見些細な要素が、日本語の理解や運用においていかに重要であるかを、読者の皆様にも感じていただければと思います。

2025年4月
岩崎拓也

目　次

まえがき　　v

第1章　日本語力が向上すると段落はどう変わるか　　石黒圭　　1

第2章　接続詞の表記の実態と選択要因　　井伊菜穂子　　21

第3章　「ニアタッテ」は仮名で書くか、漢字で書くか
　　　　複合助詞における動詞の表記に注目して　　本多由美子　　41

第4章　日本語教育学分野における研究論文の要旨の表記の実態
　　　　文字種比率と符号・記号の用いられ方　　三谷彩華　　59

第5章　小中学生のかぎ括弧の使い方　　砂川有里子　　79

第6章　子どもはいかに言葉を選ぶか？　　宮城信　　101

第7章　日本語教科書の形容詞並列文に読点は必要なのか
　　　　　　　　　　　　　　　　　　　　市江愛　　119

第8章　大学生はローマ字入力の入力方式をどのように
　　　　選んでいるのか　　田中啓行　　133

第9章　読みやすさに関わるテキストの非言語的要素の調査
　　　　　　　　　　　　　　　　　　　　横野光　　151

第10章　「やさしい日本語」ガイドラインにおける
　　　　表記方法の実態と課題　　岩崎拓也　　169

第11章　LINEにおいてスタンプはどのように用いられてきたか？
　　　　若年層における2010年代の使用実態をめぐって　　落合哉人　　187

第12章　表記ゆれの実態と国語辞典の
　　　　表記情報との比較　　　　　　　　　　柏野和佳子　209
第13章　二重表記の歌詞における出現傾向と
　　　　その時代的変化　　　　　　　　　　　胡佳芮　227

　　索引　　245
　　執筆者紹介　　248

第1章
日本語力が向上すると段落はどう変わるか

石黒圭

キーワード

作文、文章構成、パラグラフ、学習者コーパス

1. はじめに

1.1 作文の発達段階

　日本語学習者に作文を教えるとき、学習者の日本語の発達段階に合わせ、どのような内容を教えるか、日本語教師は腐心する。読むことを教える読解ならば、準備した教材の文章が授業の日本語レベルを規定するのであるが、書くことを教える作文の場合、教材よりも実際に書かせることが大事になるので、日本語教師の側が学習者の発達段階を十分に把握している必要がある。語学教育の基本として、基本的なものから応用的なものに、日常的なものから専門的なものに、単純なものから複雑なものにという流れがある。日本語の作文教育でもそうした流れを意識して作文の発達段階を想定することになるだろう。

　たとえば、語彙という観点から作文を考える場合、意味が広く頻度も高い「雨」のような基本的な語を最初に教え、それが使えるようになったら、少し難しい「小雨」や「大雨」のような語を、さらにそれが定着したら、「霧雨」や「豪雨」のような応用的な上級語を教えていくだろう。同様に、日常的によく使う「水」のような語は最初に教え、日本語のレベルが上がったら、「飲み水」や「水道」

のような語も導入し、さらにレベルが上がったら、「飲料水」や「上水道」のような専門的な語も使えるようになるだろう。また、「そば」と「うどん」という単純な語を最初に導入し、その後やや難しい「ざるそば」や「冷やしうどん」を教え、さらに語構成が複雑な「天ざるそば」や「冷やしたぬきうどん」を学ばせるならば、単純なものから複雑なものへという流れに沿ったものになる。

　本章では、構造という観点から作文を考える。初級段階において構造面で意識しておかなければならないのは、しっかりした1文が書けるようになることである。テ形という魔法の道具が手に入れば、重文も自由に書けるようになるが、初級では構造のしっかりした単文が書ければ及第点である。意味が明確な単文を並べれば、全体として意味の伝わる文章になる。

　中級段階での構造面での最大の課題は、複文と連文がきちんと書けることである。つまり、構造のしっかりした単文をつないで長くする接続方法を学ぶことが中級作文の核心である。中級になると、仮定条件の「たら」「ば」「と」や確定条件の「から」「ので」が定着し、複文で作文が書けるようになる。同時に、「だから」「しかし」などの接続詞や「これ」「それ」などの指示詞によって文を接続する連文という意識も洗練されてくる。それによって、段落の内部構造にたいする感覚も養われる。初級の目標がしっかりした文が作れるようになることだとしたら、中級の目標はしっかりとした段落が作れるようになることである。

　さらに、上級段階になると、段落というものを単位に長い文章を組み立てる意識が求められる。複段落という概念はもちろん、文章のどこに書き手の伝えたいメッセージを置くかという文章型や、文章の全体構成を考えたうえでの各段落の配置などを総合的に考える必要が出てくる。上級の目標はしっかりとした全体構造を持つ文章が作れるようになることである。

　日本語学習者の作文研究において、文章の局所的な要素を扱う誤用研究は1980年代以降、継続的に行われ、その焦点は文法的な要素から語彙的な要素に移りつつある。一方、文章の全体構造に関わる誤用研究は20世紀にはあまり見られず、2000年代に入り、アカ

デミック・ライティングに注目が集まるようになってようやく行われるようになったが、その研究は量・質ともに不足している現状がある。段落もその例外ではない。

本章では、学習者が初級、中級、上級と、日本語を継続的に習得していく過程で、日本語力の成長にともない、作文における段落がどのように変容していくのか、その変容過程を分析する。その分析により、文章を書くとき、どのようなところで文章を改行し、段落を形成していくのかという学習者の段落習得の過程を明らかにし、教育への応用に一定の示唆を与えることを目指したい。

1.2　本章の構成

ここでは、本章の章立てについて説明する。本節「1．はじめに」では、日本語の発達段階に応じた作文の段階習得の過程について論じるという本章の目的を示した。「2．先行研究と本研究の研究課題」では、作文の段落研究について、本章に関わる内容を四つの観点に分けて紹介したうえで、本節のリサーチクエスチョンを示す。「3．データと分析方法」では、作文の段落調査で扱ったデータと分析方法を示す。「4．分析の結果と考察」では、作文の段落調査の分析結果を示し、その背景にある要因について記述する。「5．おわりに」はまとめである。

2.　先行研究と本研究の研究課題

2.1　日本語学の段落研究

本章に関連する段落研究は、大きく分けて、日本語学における段落研究と日本語教育における段落研究が存在する。この2.1では、日本語学における段落研究について検討する。

日本語学における段落研究の多くは、文章論の影響のもとに発展した。とくに段落と関連の深い文章論の研究を挙げるなら、形態上区分できる形式段落のみを段落と考える永野（1986）、内容上のまとまりである意味段落にも注目すべきと考える市川（1978）が代表的な研究となる。

形態上区分できる形式段落は、分析するさいの取り扱いが容易であり、コーパス研究とも親和性が高いのが特徴である。最近のものでは、たとえば、接続詞が段落冒頭にあるかどうかで機能領域の範囲に差が生じることを明らかにした井伊（2023）の研究があるが、これなどは形式段落を接続詞の分析に生かした研究である。また、形式段落を用いてまとまりのある文章が書けるかどうかは、文章構造にたいする書き手の意識を探るうえで重要な研究であり、国語教育や日本語教育の段落指導につながると考えられる。こうした作文指導に関連する形式段落の研究は、次の2.2で論じる。

　一方、意味段落の研究は、形態上の形式段落と内容上の意味段落がずれがちである日本語の文章において有力な観点であり、市川（1978）は内容上の統一から区分できる文章の段落を「文段」と名づけ、考察を深めた。その後、佐久間（2003）が市川（1978）の「文段」を発展させ、書き言葉の文章における「文段」にくわえ、話し言葉の談話における「話段」という概念を導入し（佐久間1987）、「文段」と「話段」を合わせた「段」という概念を定着させたことで、文章・談話研究において長いテキストの多重構造を分析する中間的単位として広く用いられるようになった。話し言葉の場合、改行一字下げという表記上の区切りはないため、談話の統括機能に基づく「話段」という中間的単位を措定することで、テキストのマクロな構造を分析することが容易になると考えられる。

　本章は、日本語教育の作文指導という教育的見地に立つ論文であるため、意味段落からのアプローチではなく、形式段落からのアプローチを重視し、分析を行う。段落の内部構造、佐久間（2003）の「内的統括」を考える場合、意味段落からのアプローチも作文指導に役立つが、本章では、段落の外部構造、佐久間（2003）の「外的統括」を中心に検討するため、形式段落を重視して分析を行う。

2.2　日本語教育の段落研究

　この2.2では日本語教育の段落研究の検討を行う。国語教育では伝統的に作文指導が行われ、そのなかで段落構成の指導は重要な位

置を占めるため、国語教育では 1950 年代後半から 70 年代前半にかけて、日本ローマ字教育協議会の『ことばの教育』、実践国語研究所の『実践国語（教育）』、明治図書出版の『教育科学国語教育』などで盛んに議論された。その当時で主な論点は出てしまったためか、それ以降はむしろ下火になって現在に至っている。

　これにたいし、日本語教育ではむしろ近年になって学習者の書いた文章における段落研究が増加傾向にある。中級学習者の作文に見られる問題点を扱った柳田（2004）をはじめ、中上級日本語学習者の意見文に見られる段落意識を扱った李（2011）、日本語上級学習者の作文における文章型の選択と説得力の関係を扱った石黒（2017）、日本語学習者の段落構成の実態に基づいて日本語のレベル別シラバスを提案した宮澤（2017）、上級日本語作文の段落を含む誤用を文章構造分析から特定することを論じた木戸（2020）などが挙げられる。

　しかしながら、学習者の段落の分け方とその課題を論じたものが中心であり、経年的な学習者コーパスを用いて段落習得の過程を論じたものは管見のかぎり見あたらない。そこで、日本語の発達段階において学習者が段落分けの技術をどのように向上させるのか、その点を中心に記述を行いたい。

2.3　本研究の段落の考え方

　段落は、長い文章において、改行プラス一字下げという表記によって表される意味の単位である。複数の文によって成り立つのが基本であり、読み手の目には視覚的な大きなまとまりとして見えるため、読み手が話の流れを追うときに効果を発揮する。

　石黒（2020）で述べたように、引っ越しと文章には共通点がある。引っ越しの場合はものの移動であり、文章の場合は情報の移動である。引っ越しをする家のなかには、衣類、食器、書籍、文房具、玩具、趣味の道具など、たくさんの小物が散らばっており、引っ越しをするときには、こうした小物をすべて段ボール箱に入れておく必要がある。小物一つひとつを引っ越し会社のトラックの荷台に積みこんでいたら、トラックの荷台に小物が散乱するし、そもそも積

みこむ効率が悪くて無駄な時間がかかってしまう。小物は段ボール箱にしまい、段ボール箱を単位として荷物の積み下ろしをするのが、引っ越しの効率を上げるコツである。

　文章の場合、書き手の頭のなかにある情報を、文章をつうじて読み手の頭のなかに移動させる、書き手の頭から読み手の頭へのいわば情報の引っ越しである。文章のなかの一文一文は、引っ越しの小物に相当する。引っ越しと同じように、文一つひとつをばらばらに伝えてしまうと情報の整理もつかず、情報伝達の効率が下がってしまう。引っ越しの小物を段ボール箱に入れて積みこむように、文もまた段落という箱に入れて読み手の頭に積みこむ必要がある。

　このように段落を引っ越しの段ボール箱にたとえて考えると、考えるべきは、段ボール箱のサイズ、段ボール箱の数、段ボール箱の運び出す（あるいは運び入れる）順序である。

　段ボール箱のサイズは小さすぎても大きすぎてもよくないと考えられる。小さすぎると段ボール箱の数が増え、運ぶ回数が増え、段ボール箱に入れる意味が失われてしまう。一方、大きすぎると段ボール箱を持ち運ぶのが大変で、重い段ボールは作業者が腰を痛めるなど、身体に悪い影響を及ぼすおそれがある。同じように、段落のサイズも小さすぎず大きすぎずがもっとも無駄も無理もない。

　段ボール箱の数も引っ越しの効率を上げる重要なポイントであり、多すぎず少なすぎずが望ましい。段ボール箱の数は引っ越しの総量とも関係があり、一人暮らし用の引っ越しと5人家族の引っ越しとでは段ボール箱の数もおのずと異なる。段落の数も多すぎず少なすぎずが望ましく、文章全体の長さに合った適度な数の段落が、バランスがよく読みやすいだろう。

　段ボール箱の運び出す（あるいは運び入れる）順というのも工夫が必要である。トラックの荷台に段ボール箱を積むとき、重い段ボール箱を上に、軽い段ボール箱を下に積むと、下の段ボール箱が潰れてしまうだけでなく、トラックが運転中に不安定になり、横転事故を引き起こす可能性すらある。同様に、文章においても、段落をどのように並べるかという順序が重要であり、適切な順序に配列して初めて情報の安定した運送が可能になる。

以上の考察から本章では、段落のサイズ、段落の数、段落の配列順が重要であると考え、学習者の日本語習得の過程を重視する本研究から導き出されるリサーチクエスチョンは次のようになる。

①学習者の日本語力が向上すると、段落のサイズはどう変わるか。
②学習者の日本語力が向上すると、段落の数はどう変わるか。
③学習者の日本語力が向上すると、段落を用いた文章構成はどう変わるか。

3. データと分析方法

3.1　分析に用いたデータ

　本節では、分析に用いたデータと分析方法について説明する。

　分析に用いた作文データは、中国語を母語とする学習者の作文コーパス『北京日本語学習者縦断コーパス（B-JAS）』である。このコーパスは、国立国語研究所、北京外国語大学北京日本学研究センター、北京師範大学外国語言文学学院の3者が連携して構築したもので、すでに公開されている（章末の分析資料を参照）。

　調査は北京師範大学外国語言文学学院日本語学科に2015年9月に入学した中国人大学生17人を対象に実施したもので、日本語をゼロから学ぶ学習者たちが入学から卒業までにたどる日本語習得の過程を見ることができるコーパスとなっている。

　本章で用いるのは、上記B-JASの多様なデータのうち、非対面で収集された作文データである。作文調査は1年に3回、「私」に関わる類似のテーマで行い、大学入学時から4年卒業時まで年3回（1年次のみ入学直後の期間を除く年2回）、全11回実施している。B-JASの作文データの詳細は、次ページの表1に示したとおりである。なお、毎回の作文のテーマをはじめ、作文調査の設計は、本章の筆者が担当したものである。

3.2　データ分析の方法

　データは章末に示した分析資料を用い、文字数、文数、段落数は、

国立国語研究所の技術補佐員がすべて手作業で数えている。文数は句点がついているものを、段落数は句点のあとが改行されているものをそれぞれ機械的に判定した。また、文章全体の構成を示す文章型（佐久間1999）については、作文のテーマに即して本章の筆者自身が認定作業を行った。

表1　B-JASの作文データの詳細

学年	実施時期	テーマ	字数目安
1年	2016.01	私の一日	200字
	2016.05	私のもらって嬉しかった贈り物	400字
2年	2016.10	私の休日	600字
	2017.01	私の今一番ほしいもの	700字
	2017.05	私の思い出の旅行	800字
3年	2017.10	私の得意料理の作り方	900字
	2018.01	私の好きな日本語	1,000字
	2018.05	私の将来の夢	1,200字
4年	2018.10	私のふるさとの四季	1,300字
	2019.01	私の好きな有名人	1,500字
	2019.05	私の趣味の変遷	1,600字

4. 分析の結果と考察

4.1　段落あたりの文字数

17名の学習者が書いた作文の文字数は9ページの表2–1、10ページの表2–2のとおりである。「文字数平均」が毎回の一作文あたりの平均文字数を表しており、作文執筆のさいに目安として指示した「文字数目安」を超えて執筆する学習者が多いことがわかる。なお、平均値は小数第一位まで示しており、CCB009は欠番である。

表2–1、表2–2の「文字／段落」、すなわち各回の作文の総文字数を総段落数で割った1段落あたりの文字数は、大きく三つに分けられる。1年次の第1回、第2回では段落内文字数が平均100字前後、2年次から3年次前期に相当する第3回～第7回では第6回でやや減少するものの、段落内文字数が平均150字前後、3年次後期

から4年次に相当する第8回～第11回では段落内文字数が平均200字前後となる。中国語母語の日本語学習者の場合、初級段階では平均100字、中級段階では平均150字、上級段階では平均200字で段落を構成するのが一つの目安として考えられる。

表2-1 各回の作文に用いられる文字数（第1回～第6回）

	第1回	第2回	第3回	第4回	第5回	第6回
CCB001	282	388	628	736	814	918
CCB002	265	389	630	722	851	895
CCB003	287	355	619	770	818	889
CCB004	359	416	685	736	837	938
CCB005	271	290	635	827	810	1,035
CCB006	258	355	698	737	851	899
CCB007	469	648	722	765	875	1,274
CCB008	253	274	668	825	849	905
CCB010	647	521	874	765	883	946
CCB011	273	396	800	831	880	904
CCB012	244	343	629	715	879	1,056
CCB013	285	671	644	816	898	972
CCB014	312	606	710	794	955	954
CCB015	266	373	645	689	839	891
CCB016	215	372	611	824	883	959
CCB017	253	435	582	689	817	902
CCB018	424	443	664	831	982	946
文字数合計	5,363	7,275	11,444	13,072	14,721	16,283
文字数平均	315.5	427.9	673.2	768.9	865.9	957.8
文字数目安	200	400	600	700	800	900
段落数合計	47	76	81	86	101	135
段落数平均	2.8	4.5	4.8	5.1	5.9	7.9
文字／段落	114.1	95.7	141.3	152.0	145.8	120.6

表2-2　各回の作文に用いられる文字数（第7回～第11回）

	第7回	第8回	第9回	第10回	第11回
CCB001	1,160	1,276	1,348	1,529	1,787
CCB002	1,015	1,222	1,586	1,615	1,617
CCB003	1,390	1,243	1,319	1,532	1,670
CCB004	1,146	1,510	1,375	1,656	1,726
CCB005	1,000	1,344	1,350	1,477	1,649
CCB006	984	1,205	1,362	1,476	1,701
CCB007	998	1,254	1,366	1,669	1,575
CCB008	997	1,232	1,407	1,500	1,689
CCB010	1,199	1,217	1,695	1,731	1,613
CCB011	1,134	1,393	1,507	1,569	1,622
CCB012	1,049	1,513	1,361	1,616	1,625
CCB013	1,136	1,651	1,413	1,530	1,715
CCB014	1,222	1,281	1,517	1,707	1,682
CCB015	979	1,185	1,420	1,497	1,592
CCB016	1,356	1,203	1,368	1,515	1,555
CCB017	988	1,210	1,309	1,553	1,688
CCB018	1,045	1,213	1,380	1,597	1,715
文字数合計	18,798	22,152	24,083	26,769	28,221
文字数平均	1,105.8	1,303.1	1,416.6	1,574.6	1,660.1
文字数目安	1,000	1,200	1,300	1,500	1,600
段落数合計	129	110	137	136	124
段落数平均	7.6	6.5	8.1	8.0	7.3
文字／段落	145.7	201.4	175.8	196.8	227.6

4.2　段落あたりの文数

　段落あたりの文字数と同様に、文数を考える場合も、初級段階の第1回と第2回、中級段階の第3回～第7回、上級段階の第8回～第11回という3期に分けて考えるのが妥当であろう。11ページの表3-1、12ページの表3-2の「文／段落」、すなわち各回の作文の総文数を総段落数で割った段落あたりの文数を見るかぎり、初級段階は1段落3文前後、中級段階は1段落4文前後、上級段階は1段

落 5 文前後で推移することがわかる。唯一の例外が第 1 回であり、ここでは 1 段落あたりの文数が 5.3 文と上級段階の学習者のような数値を示すが、これは初級段階にある学習者が重文・複文の習得が不十分であり、単文を中心に文章を組み立ててしまうためである。

表 3-1　各回の作文に用いられる文数（第 1 回〜第 6 回）

	第1回	第2回	第3回	第4回	第5回	第6回
CCB001	12	12	17	19	26	29
CCB002	10	13	19	15	25	27
CCB003	9	9	12	18	18	26
CCB004	17	12	18	16	20	22
CCB005	15	10	22	28	31	32
CCB006	14	18	21	25	25	31
CCB007	20	17	26	26	25	35
CCB008	16	11	22	30	27	31
CCB010	21	18	17	25	25	21
CCB011	14	9	22	24	29	25
CCB012	13	10	15	17	21	23
CCB013	14	23	22	23	19	29
CCB014	17	17	17	21	24	25
CCB015	15	13	21	18	24	24
CCB016	11	9	19	26	29	32
CCB017	13	23	20	23	26	35
CCB018	17	13	22	28	36	33
文数合計	248	237	332	382	430	480
文数平均	14.6	13.9	19.5	22.5	25.3	28.2
段落数合計	47	76	81	86	101	135
段落数平均	2.8	4.5	4.8	5.1	5.9	7.9
文／段落	5.3	3.1	4.1	4.4	4.3	3.6

表3-2　各回の作文に用いられる文数（第7回～第11回）

	第7回	第8回	第9回	第10回	第11回
CCB001	32	29	42	35	45
CCB002	28	31	50	37	41
CCB003	37	27	32	36	37
CCB004	30	38	44	40	40
CCB005	26	36	46	41	41
CCB006	30	37	40	32	59
CCB007	27	37	45	43	41
CCB008	21	33	36	38	50
CCB010	23	26	42	35	39
CCB011	29	36	50	41	53
CCB012	26	30	47	31	36
CCB013	20	44	32	34	37
CCB014	28	27	44	50	39
CCB015	18	24	34	32	36
CCB016	41	34	41	35	36
CCB017	30	36	46	42	45
CCB018	32	29	33	33	38
文数合計	478	554	704	635	713
文数平均	28.1	32.6	41.4	37.4	41.9
段落数合計	129	110	137	136	124
段落数平均	7.6	6.5	8.1	8	7.3
文／段落	3.7	5.0	5.1	4.7	5.8

4.3　文章あたりの段落数

　この4.3では、作文全体にたいする段落数を検討する。13ページの表4-1、14ページの表4-2からわかるように、日本語のレベルが上がるにつれて段落数が増えていくが、第6回で増加傾向は止まり、そこからは段落数は増えたり減ったりしている。

　段落数が増えるのは、総文字数が増えて作文自体が長くなっているためであり、「/1000字」、すなわち1000字あたりの段落数を確認すると、初級段階の第1回と第2回では9段落前後、中級段階の

第3回～第7回では7段落前後、上級段階の第8回～第11回では5段落前後とむしろ段落が減少していることに気づく。これは、4.1「段落あたりの文字数」と4.2「段落あたりの文数」のところで見たように、日本語力の伸長とともに段落のサイズが大きくなったことと表裏の関係にある。

表4-1 各回の作文に用いられる段落数（第1回～第6回）

	第1回	第2回	第3回	第4回	第5回	第6回
CCB001	3	5	5	4	7	12
CCB002	2	3	4	5	6	5
CCB003	1	4	4	3	5	10
CCB004	6	5	5	4	7	6
CCB005	2	6	5	6	7	9
CCB006	1	4	5	5	4	6
CCB007	7	5	6	5	5	19
CCB008	1	3	3	5	6	3
CCB010	3	5	4	8	6	3
CCB011	5	3	5	4	6	6
CCB012	1	4	6	5	5	6
CCB013	3	3	7	6	4	6
CCB014	2	5	5	5	13	7
CCB015	2	4	4	4	4	5
CCB016	1	4	5	7	5	14
CCB017	5	8	4	4	6	13
CCB018	2	5	4	6	5	6
段落数合計	47	76	81	86	101	135
段落数平均	2.8	4.5	4.8	5.1	5.9	7.9
総文字数	5,363	7,275	11,444	13,072	14,721	16,283
/1000字	8.8	10.4	7.1	6.6	6.9	8.3

表4-2 各回の作文に用いられる段落数(第7回〜第11回)

	第7回	第8回	第9回	第10回	第11回
CCB001	5	6	5	8	7
CCB002	6	6	9	8	8
CCB003	12	6	7	7	7
CCB004	5	10	7	7	7
CCB005	5	7	6	7	5
CCB006	5	7	7	6	7
CCB007	7	6	11	8	9
CCB008	7	5	6	4	5
CCB010	9	7	9	8	10
CCB011	5	6	8	4	4
CCB012	8	7	9	8	7
CCB013	6	5	6	6	6
CCB014	12	7	9	16	12
CCB015	5	4	6	5	5
CCB016	16	7	7	8	7
CCB017	11	10	18	20	14
CCB018	5	4	7	6	4
段落数合計	129	110	137	136	124
段落数平均	7.6	6.5	8.1	8.0	7.3
総文字数	18,798	22,152	24,083	26,769	28,221
/1000字	6.9	5.0	5.7	5.1	4.4

　なお、中級段階から上級段階に上がるさいには、留学という要因が作用していると見こまれる。B-JASの対象となる学習者は1名を除き、3年次に日本に半年ないしは1年間留学をしている。残りの1名も数ヶ月日本に滞在しているため、日本の大学への留学を機に、日本語で長い文章を書くことが鍛えられ、文章のスタイルが変容したものと推察される。

4.4　段落から見る文章型

　この4.4では文章全体の構成を示す文章型を検討する。文章型は、

文章全体のメッセージを表す主題文が置かれる位置によって判定する。ここでは、佐久間（1999）にならい、文章の冒頭の段落に主題文が来る場合を「頭括型」、文章の末尾の段落に主題文が来る場合を「尾括型」、文章の冒頭と末尾の両方に主題文が来る場合を「両括型」、文章の冒頭・末尾以外の段落に主題文が来る場合を「中括型」、両括型以外で文章の複数箇所に主題文が現れる場合を「分括型」、主題文が明確に現れない場合を「潜括型」として分類した。文章全体が1段落の場合は判定不能のため、判定は控えた。

表5–1　各回の作文の個人別文章型（第1回～第6回）

	第1回	第2回	第3回	第4回	第5回	第6回
CCB001	両括型	頭括型	尾括型	頭括型	両括型	頭括型
CCB002	尾括型	尾括型	尾括型	両括型	尾括型	中括型
CCB003	1段落	頭括型	頭括型	頭括型	尾括型	頭括型
CCB004	両括型	中括型	潜括型	両括型	中括型	頭括型
CCB005	頭括型	頭括型	尾括型	両括型	両括型	頭括型
CCB006	1段落	両括型	中括型	分括型	頭括型	中括型
CCB007	両括型	中括型	尾括型	両括型	中括型	中括型
CCB008	1段落	両括型	両括型	両括型	尾括型	潜括型
CCB010	両括型	中括型	両括型	両括型	尾括型	頭括型
CCB011	両括型	尾括型	頭括型	分括型	両括型	中括型
CCB012	1段落	潜括型	中括型	頭括型	中括型	潜括型
CCB013	両括型	両括型	尾括型	両括型	両括型	中括型
CCB014	尾括型	両括型	両括型	両括型	両括型	両括型
CCB015	潜括型	両括型	両括型	両括型	頭括型	中括型
CCB016	1段落	両括型	分括型	両括型	両括型	中括型
CCB017	頭括型	尾括型	尾括型	頭括型	尾括型	分括型
CCB018	潜括型	両括型	両括型	尾括型	尾括型	分括型

表5-2　各回の作文の個人別文章型（第7回～第11回）

	第7回	第8回	第9回	第10回	第11回
CCB001	両括型	頭括型	尾括型	頭括型	両括型
CCB002	尾括型	尾括型	尾括型	両括型	尾括型
CCB003	1段落	頭括型	頭括型	頭括型	尾括型
CCB004	両括型	中括型	潜括型	両括型	中括型
CCB005	頭括型	頭括型	尾括型	両括型	両括型
CCB006	1段落	両括型	中括型	分括型	頭括型
CCB007	両括型	中括型	尾括型	両括型	中括型
CCB008	1段落	両括型	両括型	両括型	尾括型
CCB010	両括型	中括型	両括型	両括型	尾括型
CCB011	両括型	尾括型	頭括型	分括型	両括型
CCB012	1段落	潜括型	中括型	頭括型	中括型
CCB013	両括型	両括型	尾括型	両括型	両括型
CCB014	尾括型	両括型	両括型	両括型	両括型
CCB015	潜括型	両括型	両括型	両括型	頭括型
CCB016	1段落	両括型	分括型	両括型	両括型
CCB017	頭括型	尾括型	尾括型	頭括型	尾括型
CCB018	潜括型	両括型	両括型	尾括型	尾括型

　各回の作文の文章型は上掲の表5-1および表5-2のとおりであるが、個人別だと傾向がつかみにくいので、型別の文章型を次ページの表6-1および表6-2に示す。

　全体として多い文章型は両括型であり、それに頭括型、分括型、尾括型と続く。中括型と潜括型は若干少なめであり、文章全体が1段落で文章型の判断ができないものは第1回の作文にのみ見られた。全体として、飛び抜けて多い、あるいは飛び抜けて少ない文章型はなく、どの文章型もまんべんなく使われている印象であった。

　また、調査前は日本語力の伸長にともなって文章型の変容が見られることを予想したが、実際はそうした傾向は見られなかった。

表6-1　各回の作文の型別文章型（第1回〜第6回）

	第1回	第2回	第3回	第4回	第5回	第6回
頭括型	2	3	2	4	2	5
尾括型	2	3	6	1	6	0
両括型	6	7	5	10	6	1
中括型	0	3	2	0	0	7
分括型	0	0	1	2	3	2
潜括型	2	1	1	0	0	2
1段落	5	0	0	0	0	0
合計	17	17	17	17	17	17

表6-2　各回の作文の型別文章型（第7回〜第11回）

	第7回	第8回	第9回	第10回	第11回	合計
頭括型	6	0	6	8	1	39
尾括型	0	2	1	0	10	31
両括型	4	3	3	3	2	50
中括型	1	1	3	1	1	19
分括型	4	9	3	5	3	32
潜括型	2	2	1	0	0	11
1段落	0	0	0	0	0	5
合計	17	17	17	17	17	187

　文章型は日本語のレベルよりも作文のテーマによって影響を受けるものが多く、たとえば、第10回のテーマは「私の好きな有名人」であり、文章の冒頭から「私の好きな有名人は……」と書き出すことが多いため、頭括型が必然的に増える。第11回の「私の趣味の変遷」では、自分の趣味の変遷を一通り書きおえたあと、文章の末尾で「振り返ってみると」とまとめに入ることが多いため、尾括型が増加する。第4回の「私の今一番ほしいもの」では、文章の冒頭で「私の今一番ほしいものは……」で始めて、中間部でほしい理由について書き、末尾で「そうした理由で私は〜が一番ほしい」とまとめるパターンが多いため、両括型の頻度が高くなる。第8回の

「私の将来の夢」で分括型が増えるのも、複数の異なる夢や関連する夢を語ったりする関係で、主題文が複数箇所に出現することが多いためである。

通読して分析を行った印象としては、一般に読みやすいとされる頭括型、尾括型、両括型については、大きな問題は見られなかった。一方、読みにくくなりがちな中括型と潜括型のうち、中括型は、中国語を母語とする日本語学習者の場合、冒頭の段落に前置きを入れて、主題文を2段落目から書き出すパターンが多く、中括型だからと言って読みにくいという印象は薄かった。ただし、前置きである冒頭の段落と、主題文を含む第2段落を一つの段落にしたほうが読みやすい例が、とくに初期の段階において散見された。

一方、主題文が明確に指摘できない潜括型の文章は総じて意図がつかみにくく、読みにくい印象があった。上級段階では読みやすく工夫された作文もあるが、初級・中級段階の作文は読みにくいものがほとんどであり、作文指導で注意が必要な点である。

5. おわりに

ここまで見てきたことを、2節の終わりで示した①〜③のリサーチクエスチョンに答える形で最後にまとめておく。

① 学習者の日本語力が向上すると、段落のサイズはどう変わるか。

学習者の日本語力が向上すると、段落のサイズは段階的に大きくなる。段落あたりの文字数で考えると、初級段階に相当する1年次の第1回、第2回では段落内文字数が平均100字前後、中級段階に相当する2年次から3年次前期の第3回〜第7回では段落内文字数が平均150字前後、上級段階に相当する3年次後期から4年次の第8回〜第11回では段落内文字数が平均200字前後となる。また、段落あたりの文数で考えると、初級段階では1段落3文前後、中級段階では1段落4文前後、上級段階では1段落5文前後で推移する。

なお、第一回の調査のみ、1段落あたりの文数が5.3文と多いが、これは初級段階にある学習者が重文・複文の習得が不十分であり、単文を中心に文章を組み立ててしまうためである。

　②　学習者の日本語力が向上すると、段落の数はどう変わるか。

　学習者の日本語力が向上すると、段落の絶対数は増えるが、相対的には段落数はむしろ減少する。段落の絶対数が増えるのは、総文字数が増えて作文自体が長くなっているためであり、1000字あたりの段落数に換算すると、初級段階では9段落前後、中級段階では7段落前後、上級段階では5段落前後とむしろ段落数が減少することがわかった。

　③　学習者の日本語力が向上すると、段落を用いた文章構成はどう変わるか。

　基本的には学習者の日本語力の影響はさほど受けず、むしろ作文のテーマの影響を受ける傾向が見られた。全体として多い文章型は両括型であり、頭括型、分括型、尾括型が続き、中括型と潜括型は若干少なめであるが、どの文章型もまんべんなく使われていた。
　こうした結果は、学習者の段落は日本語力の伸長とともに長くなるという従来漠然と考えられてきた教師の感覚に数値的な裏付けを与えるものである。とくに、初級段階、中級段階、上級段階と段階的に段落が発達していくことを明らかにしたことは、日本語教師が教室で作文指導を行うさいに、あるいは作文シラバスを検討するさいに、参考になる手がかりを示しえたと考える。ただし、本研究での分析は量的な分析が中心であり、質的な分析、とくに段落内部の構造について、一文一文の文構造の複雑さとの関係、中心文、支持文、結論文との関係などは検討できなかった。今後の課題としたい。

付 記

　調査に協力してくださった17名の学生のみなさま、調査のサポートをしてくださった先生方、データの整理ご尽力くださった国立国語研究所のスタッフのみなさまに深く感謝申し上げる。本研究は、科研費JP21H04417および国立国語研究所機関拠点型基幹研究プロジェクト「多様な言語資源に基づく日本語非母語話者の言語運用の応用的研究」の研究成果である。

分析資料

「北京日本語学習者縦断コーパス：B-JASデータ配布サイト」
　（https://www2.ninjal.ac.jp/jll/bjas/bjasindex.html）

参考文献

李宗禾（2011）「中上級日本語学習者の意見文に見られる段落意識」『明海日本語』16、pp. 23–35.
井伊菜穂子（2023）「接続詞の出現位置からみた連接領域の広さの特徴―人文科学論文の接続詞を対象に―」『国立国語研究所論集』24、pp. 113–131.
石黒圭（2017）「日本語学習者の作文における文章構成と説得力の関係」『一橋大学国際教育センター紀要』8、pp. 3–14.
石黒圭（2020）『段落論』光文社.
市川孝（1978）『国語教育のための文章論概説』教育出版.
木戸光子（2020）「〈研究ノート〉上級日本語作文の誤用の文章構造分析の意義」『筑波大学グローバルコミュニケーション教育センター日本語教育論集』35、pp. 1–12.
佐久間まゆみ（1987）「文段認定の一基準（Ⅰ）―提題表現の統括―」『文藝言語研究言語篇』11、pp. 89–135.
佐久間まゆみ（1999）「現代日本語の文章構造類型」『日本女子大学紀要文学部』48、pp. 1–28.
佐久間まゆみ（2003）「文章・談話における『段』の統括機能」佐久間まゆみ編『朝倉日本語講座7 文章・談話』朝倉書店、pp. 91–119.
永野賢（1986）『文章論総説』朝倉書店.
宮澤太聡（2017）「説得力のある段落構成の組み立て方」石黒圭編『わかりやすく書ける作文シラバス』pp. 199–224、くろしお出版.
柳田恵里子（2004）「中級学習者の作文に見られる問題点とその指導―段落分けに注目して―」『熊本大学留学生センター紀要』8、pp. 53–66.

第2章
接続詞の表記の実態と選択要因

井伊菜穂子

キーワード

接続表現、文字種、『現代日本語書き言葉均衡コーパス』（BCCWJ）、文体、文法化

1. はじめに

　日本語は豊富な文字種を持つ言語であり、現代の日本語は主にひらがな・カタカナ・漢字・アルファベットの四つの文字種によって表記されている。文字種別の表記の実態や選択要因についてはこれまで多くの研究がなされており、日本語表記一般に共通する要因だけでなく、特定の語や品詞特有の表記の選択要因も明らかにされてきた（指示語に着目した堀尾他2005等）。
　一方で、いまだに表記の実態調査が十分になされていないのが、接続詞である。接続詞は公用文において原則ひらがなで表記することとされているが（文化庁2010）、公用文以外の文章では例文（1）のような漢字表記や、例文（2）のようなカタカナ表記が使用されることもある。例文はいずれも『現代日本語書き言葉均衡コーパス』から抽出した用例であり、例文内の下線は筆者による。

（1）ムシキング二千四ファースト拡張パックカードはゲームとは別にパックで購入可能ですか？<u>又</u>どんな方法で手に入れられますかどなたか知りませんか宜しくお願いします。

（BCCWJ_特定目的・知恵袋_OC01_00104）

(2) バタバタと仕事やっつけて帰りついた次第でありましゅる・・0時までには戻れたね・・・馬車がかぼちゃに戻る前にｗｗ<u>ケド</u>・・・明日までにしておかないとアカン仕事残ってるぅ・・・・　（BCCWJ_特定目的・ブログ_OY07_00038）

　このような接続詞の表記の選択には、接続詞特有の興味深い要因が影響していると予想される。なぜなら、接続詞は書き手（あるいは話し手）の感情や態度が表れやすい表現であり、それが表記の選択に影響している可能性があるためである。また、接続詞の多くは他品詞からの転成や複合によりできたものであるため、文法化前の品詞が接続詞の表記に影響している可能性もある。このような特徴を持つ接続詞の表記を研究の俎上にあげることで、日本語表記の新たな側面の記述に貢献できるのではないか。

　そこで、本章では接続詞の表記を文字種別に調査し、接続詞の表記の実態と表記の選択に影響する要因を明らかにすることを目的とする。なお、本章では接続詞を、主に文頭で自立語として用いられ、先行文脈の内容を受け後続文脈の展開の方向性を予告する表現と定義し、文中で使用されているものや接続助詞は考察の対象から除外する。

　本章の流れは次のとおりである。まず、2節では日本語の表記と接続詞の表記に関する先行研究を概観し、本章の位置づけを述べる。次に、3節では分析対象のデータについて述べ、4節で分析結果と考察を述べる。最後に、5節がまとめと今後の課題である。

2. 先行研究と本章の位置づけ

2.1　日本語の表記に関する先行研究

　まずは接続詞に限定せず、日本語の表記について論じた先行研究を見ていきたい。

　次頁の表1は、先行研究の記述をもとに、日本語表記の選択に影響する要因を筆者が整理したものである。特に説明を要するものとして、「①内閣・省庁等の方針―c.団体等が定めた方針」と「②歴史的な背景―a.漢文訓読や旧字体の名残」があるが、「①内閣・省

庁等の方針―c.団体等が定めた方針」は、例えば日本新聞協会が定めた「新聞漢字表」のようなものが該当する。また、「②歴史的な背景―a.漢文訓読や旧字体の名残」は、漢文訓読の影響でカタカナ表記が稀に現れたり、1949年に内閣訓令・告示された「当用漢字字体表」よりも以前に使用されていた旧字体が現在も氏名や文学作品等に残っていることによる影響を指している。

表1　先行研究で挙げられた日本語表記の選択に影響する要因

表記の選択に影響する要因	先行研究（一部抜粋）
①内閣・省庁等の方針	
a.当用漢字字体表・常用漢字表	堀尾他（2005）、小椋（2012）
b.公用文や法令に関する告示	小椋（2012）
c.団体等が定めた方針	小椋（2012）
②歴史的な背景	
a.漢文訓読や旧字体の名残	吉本（2016）、楊（2017）
③語の特性	
a.語種（和語・漢語・外来語）	小林（1982a）、成田他（2004）
b.実質語か機能語か	石黒（2004）
c.品詞	中山（1998）、成田他（2004）
d.意味分野	則松他（2006）、鄧（2022）
e.使用頻度	吉村（1985）、間淵（2017）
f.画数	吉村（1985）
g.視覚的印象	堀尾他（2005）、増地（2021）
h.漢字本来の意味を表すか否か	吉村（1985）、柏野他（2012）
i.発音（読み）の難易度	中山（1998）、柏野他（2012）
j.音転訛や語の一部の欠落	堀江（2001）、鄧（2022）
④特別な表現効果	
a.感情や評価の強調	佐竹（2002）、柏野他（2012）
b.語感の弱化	堀江（2001）、則松他（2006）
c.意味の希薄化	石黒（2007）
d.音声・音色の表示	堀江（2001）、喜古（2007）
e.会話文らしさの表示	石黒（2007）、喜古（2007）
f.臨場感の表示	石黒（2007）

⑤語の出現環境	
a. 文体・レジスター	柏野他（2012）、間淵（2017）
b. 前後の文字種	中山（1998）、堀江（2001）
⑥使用する道具	
a. 手書きかワープロか	井上（2002）
⑦書き手の属性	
a. 年齢・世代	佐竹（1980）
b. 職業	佐竹（1980）、吉村（1985）

　表1からわかるように、日本語表記の選択には語そのものの特性だけでなく、歴史的な背景や、「①内閣・省庁等の方針」のような外的要因等、さまざまな要因が働いており、これらの要因は接続詞の表記の選択にも影響していると予想される。それでは、接続詞の表記についてはこれまでどのような指摘がなされているだろうか。続けて検討していきたい。

2.2　接続詞の表記に関する先行研究

　まず、接続詞の表記に関する公用文の規定からとりあげる。2010年11月30日の内閣訓令第1号「公用文における漢字使用等について」では、接続詞の表記に関する留意点として下記のように記されている。なお、2022年1月7日に建議された「公用文作成の考え方」（文化庁 2022）においても同様の主旨の記述がなされている。

　（3）次のような接続詞は，原則として，仮名で書く。
　　　　例　よって　かつ　したがって　ただし　ついては　ところが　ところで　また　ゆえに
　　　ただし，次の4語は，原則として，漢字で書く。
　　　　　　及び　並びに　又は　若しくは　　　　　（文化庁 2010）

　ここから、公用文においては、「常用漢字表」に含まれる漢字であっても接続詞を原則ひらがなで書くこと、「及び」「並びに」「又は」「若しくは」の4語のみ例外的に漢字表記が推奨されていることがわかる。4語のみ漢字表記とされた理由は、法令文で厳密に扱

われている語であるため公用文にも影響が及んだこと（小林1982b）、この4語は名詞を並列することが多く、並列する名詞がひらがなで表記された場合に接続詞もひらがなで表記されると理解しにくくなること（玉木1978）が指摘されている。

一方、公用文以外の文章では、接続詞が漢字やカタカナで表記されることもある。前節で挙げた例文（1）（2）がその例である。

このような接続詞の表記について、実態調査を行った数少ない研究の一つが、宮島他（1991）である。同論文では1956年度の雑誌90種から抜きだした延べ約44万語のうちの和語約20万語を対象に、かな・漢字のどちらで書かれるかを調査している。調査の結果から、「接続詞・感動詞」の「かな表記率」が90％になること（下記（4）参照）、また、どの接続詞がどれくらいの「かな表記率」になるのかについても解明されている。

（4）名詞33％、動詞60％、形容詞・副詞68％、接続詞・感動詞90％　　　　　　　　　　　　　　　　　　（宮島他1991）

宮島他（1991）の調査結果は非常に重要なものであるが、調査対象とされたのは1956年度の資料であり、その後1981年に「常用漢字表」が、2010年に改訂版「常用漢字表」が告示されたり、ワープロの普及により漢字変換が容易になったりと、表記に関わる状況は当時から大きく変化している。また、宮島他（1991）では、接続詞について「かな表記率」は示されているものの、詳細な分析はなされていない。近年作成された資料をもとに、あらためて接続詞の表記の実態と要因を調査する必要があるだろう。

2.3　本章の位置づけ

以上から、接続詞の表記の実態について十分に明らかにされているとは言いがたい。また、1節でも述べたように、接続詞には表記の選択に影響する接続詞特有の要因があると予想される。本章では、接続詞がどのような文字種で表記されているのかという接続詞の表記の実態と、表記の選択に影響する要因を明らかにし、日本語表記の研究にわずかでも貢献することを目指す。以下が本章のリサーチクエスチョン（RQ）である。

RQ1　接続詞はどのような文字種で表記される傾向があるか
RQ2　表記の選択に影響する接続詞特有の要因はなにか

3.　調査デザイン

　本章で使用する資料は『現代日本語書き言葉均衡コーパス』（以下、BCCWJ）である。BCCWJを選んだのは、接続詞の表記の選択に影響する要因を抽出するにあたって幅広いレジスターの資料が必要であり、法律や白書のような硬い文体から、ブログのようなくだけた話し言葉に近い文体のデータまで含まれるBCCWJが適切だと考えたためである。ただし、紙幅の都合上、レジスター別の詳細な分析までは行っておらず、書き言葉全体における接続詞の表記の実態を明らかにすることに主眼を置いている。

　データの抽出にあたっては、「品詞」の「大分類」を「接続詞」、検索対象を「国会会議録」を除くすべてのコア・非コアデータとし、検索ツール「中納言2.7.0」を用いて長単位検索を行った（2022年12月検索）。「国会会議録」は発話を文字起こししたものであり、他のレジスターとは表記の性質が大きく異なるため除外した。

　検索結果から得たデータのうち、文頭での出現頻度（語彙素）が100以上の接続詞に対象を絞り、文頭で使用されている用例を分析対象のデータとした。文頭には、接続詞の直前が「#（文区切り記号）」の場合だけでなく、「#＋空白」「#＋開き括弧等の記号」「#＋空白＋開き括弧等の記号」の場合も含み、会話文や括弧内の冒頭で接続詞が使用されている用例も収集している。なお、非コアデータも対象としているため品詞の誤解析が含まれることが予想されるが、本章では人手による修正は施さず、明らかに接続詞ではない語彙素「て」「から」「だと」と、文中での名詞（句）並列の用例が多くを占める「及び」のみ対象から除外した。

　以上の条件でデータを抽出した結果、接続詞53語（語彙素・異なり数）、416,456件の用例が分析対象のデータとなった。次節以降では、「また」「しかし」のようにひらがなのみの表記を「ひらが

な表記」、「又」「然し」のように漢字を含む表記を「漢字表記」、「ダッテ」「じゃァ」のようにカタカナを含む表記を「カタカナ表記」として分析を行う。なお、漢字とカタカナを含む「即チ」が1例のみ観察されたが、本章ではカタカナ表記として扱っている。

4. 結果と考察

4.1 接続詞の表記の実態

まず、接続詞の表記の実態から見ていく。

接続詞の表記について文字種別の使用頻度と割合を集計した結果、すべてひらがな表記の用例であった接続詞が下記（5）の20語（語彙素）であった。数値は用例数である。ここには助動詞「だ」（な・です）を含む接続詞が多く含まれ、そもそも漢字表記が存在しないものが多く該当している。

(5) そして 42,977、でも 33,813、だから 17,681、
　　だが 17,480、で 8,064、すると 5,735、では 5,480、
　　が 4,735、けれど 3,589、ですから 3,158、
　　だけれど 2,353、じゃ 1,631、なので 1,485、
　　そうして 1,303、ですが 978、だったら 855、
　　なのに 687、んで 524、さてさて 281、されど 145

一方、残りの33語はひらがな以外の文字種でも表記されていた。文字種ごとに用例を集計し、ひらがな表記率が高い接続詞から順に並べたものが次頁の表2である。漢字表記は基本的に語彙素と同じ漢字が使用されていたが、「その他の漢字」に挙げた漢字が使用される場合も観察された。

表2から、33語中28語の接続詞がひらがな表記率8割超であり、主にひらがなで表記される接続詞が多いことがわかる。なかでも、「其れから」から「因って」までの14語はひらがな表記率が99％を超えており、現代の日本語ではほぼひらがなで表記されると言えそうである。このような接続詞には、漢字表記をした際に「然」「其」「所」という漢字を含むものが多く該当している。

表2 接続詞の表記ごとの出現頻度と割合

語彙素	ひらがな	漢字	カタカナ	合計	その他の漢字
其れから	7,087 (99.9)	3 (0.1)	0 (0.0)	7,090	
其れでも	5,788 (99.9)	3 (0.1)	1 (0.1)	5,792	
其れとも	3,853 (99.9)	1 (0.1)	0 (0.0)	3,854	
だって	3,429 (99.9)	0 (0.0)	1 (0.1)	3,430	
其れで	3,241 (99.9)	2 (0.1)	0 (0.0)	3,243	
其れでは	2,693 (99.9)	4 (0.1)	0 (0.0)	2,697	
所が	10,475 (99.8)	26 (0.2)	0 (0.0)	10,501	処
然も	8,471 (99.8)	17 (0.2)	0 (0.0)	8,488	而
じゃあ	3,006 (99.8)	0 (0.0)	6 (0.2)	3,012	
扨	7,129 (99.7)	12 (0.2)	10 (0.1)	7,151	扨偖
所で	3,951 (99.7)	11 (0.3)	0 (0.0)	3,962	処
然し	60,808 (99.5)	280 (0.5)	0 (0.0)	61,088	併而
然しながら	2,078 (99.5)	11 (0.5)	0 (0.0)	2,089	併乍
因って	755 (99.5)	4 (0.5)	0 (0.0)	759	依
唯	12,973 (98.8)	157 (1.2)	0 (0.0)	13,130	只但
又	54,651 (98.6)	772 (1.4)	0 (0.0)	55,423	
けど	1,202 (98.4)	0 (0.0)	19 (1.6)	1,221	
されば	180 (97.8)	4 (2.2)	0 (0.0)	184	左
猶	9,434 (97.4)	254 (2.6)	0 (0.0)	9,688	尚
尤も	3,080 (97.3)	84 (2.7)	0 (0.0)	3,164	
或いは	2,393 (95.1)	122 (4.9)	0 (0.0)	2,515	
因みに	7,672 (94.5)	443 (5.5)	0 (0.0)	8,115	
但し	9,743 (93.0)	730 (7.0)	0 (0.0)	10,473	
更に	12,026 (92.4)	983 (7.6)	0 (0.0)	13,009	
即ち	4,603 (92.3)	384 (7.7)	1 (0.1)	4,988	乃則卽
故に	146 (91.8)	13 (8.2)	0 (0.0)	159	
従って	6,750 (85.0)	1,189 (15.0)	0 (0.0)	7,939	随從
若しくは	430 (84.0)	82 (16.0)	0 (0.0)	512	
又は	550 (67.6)	264 (32.4)	0 (0.0)	814	
且つ	75 (54.3)	63 (45.7)	0 (0.0)	138	

要するに	138（8.4）	1,513（91.6）	0（0.0）	1,651	
一方	312（4.4）	6,806（95.6）	0（0.0）	7,118	
而して	0（0.0）	105（100.0）	0（0.0）	105	然

　一方、「而（しこう・しか）して」「一方」「要するに」は漢字表記率が9割を超えている。漢語を含む「要するに」「一方」と、現代の日本語では一般的に使用されていない「而して」が該当している点が特徴である。

　カタカナ表記の用例が非常に少ない点も接続詞の表記の特徴である。次節で詳しく言及するが、接続詞をカタカナ表記する場合は特殊な表現効果を狙っているものと考えられる。

　ここで、1956年度の雑誌90種を対象とした宮島他（1991）の調査結果と、本章のBCCWJを用いた調査結果との比較を行いたい。BCCWJのデータから「出版・雑誌」（2001〜2005年までに出版）のみにレジスターを絞り、宮島他（1991）の結果と並べると次頁の表3のようになる。なお、ここでは両者に共通する接続詞のみ表に掲載している。また、「かな表記率」とはひらがなで表記された用例の割合である。

　表3を見ると、「さて」を除くすべての接続詞で、1956年度の雑誌よりも2001〜2005年の雑誌のほうがひらがな表記率が高い。ここに統計的な差があるかを検証するため、宮島他（1991）とBCCWJ「出版・雑誌」の「ひらがな」「漢字カナ」の頻度をもとにフィッシャーの正確確率検定を行った（R ver.4.2.2を使用）。その結果、「しかし」「しかも」「なお」「また」「もっとも」「さらに」「あるいは」「したがって」について1％水準で有意差が見られ、1956年度の雑誌よりも2001〜2005年の雑誌のほうがひらがな表記率が高いことがわかった。少なくとも雑誌では、接続詞のひらがな表記率は上昇、あるいは統計的な差はなく横ばいの傾向にあるようである。

　以上、文字種ごとに接続詞の表記の実態を見てきたが、表記を選択する際どのような要因が影響しているのだろうか。次節では接続詞の表記の選択に影響する要因について分析していく。

表3 宮島他（1991）の結果と、BCCWJ「出版・雑誌」の比較

接続詞	1956年度（宮島他 1991）			2001〜2005年（BCCWJ）			p値
	ひらがな	漢字カナ	かな表記率	ひらがな	漢字カナ	かな表記率	
そして	438	0	1.000	1,382	0	1.000	
さて	76	0	1.000	204	1	0.995	
しかし	590	32	0.949	2,148	16	0.993	**
しかも	142	8	0.947	446	0	1.000	**
なお	120	13	0.902	230	1	0.996	**
また	663	119	0.848	2,024	4	0.998	**
もっとも	53	11	0.828	106	0	1.000	**
もしくは	7	3	0.700	6	0	1.000	
さらに	153	66	0.699	697	13	0.982	**
あるいは	91	40	0.695	66	2	0.971	**
または	67	41	0.630	12	2	0.857	
したがって	46	46	0.500	91	23	0.798	**

$**p < .01$

4.2　表記の選択に影響する接続詞特有の要因

　表記の選択に影響する要因には、接続詞に限らない日本語表記に関わるものと、接続詞特有のものがある。前者の接続詞に限らない日本語表記に関わるものについては、2.1で先行研究の記述をもとに整理した。そこでとりあげた要因も当然接続詞の表記の選択に影響していると考えられるが、ここでは後者の接続詞特有の要因に焦点を当てて整理していきたい。なお、「接続詞特有」という表現は、接続詞にのみ観察されるという意味だけでなく、接続詞の特徴が表れているという意味も含んで用いている。

　前項4.1で示した各接続詞の文字種別の使用割合から、表記の選択に影響する接続詞特有の要因として、五つの要因を指摘したい。すなわち、［接続詞の文体差］［文法化前の品詞］［公用文に関する内閣告示］［論理関係の希薄化］［キャラクタの表示］である。それぞれ順に説明する。

［接続詞の文体差］

　まず、一つ目の要因が［接続詞の文体差］である。接続詞は、話し言葉で使用されやすい「でも」と書き言葉で使用されやすい「しかし」のように、文体の差が使い分けの重要な基準として挙げられることが多いが、これが表記の選択とも関係している。

　接続詞の文体差と表記との関係を示すにあたって、本章では馬場（2018）によって示された接続詞の文体差を指標にする。馬場（2018）は、BCCWJの「図書館サブコーパス」の書籍サンプルに付与されている指標である「硬度」と「くだけ度」をもとに、接続詞の文体差を数値化し、その有用性を検討した論文である。「硬度」とは、BCCWJの一つ一つの文章に対して施されたアノテーションであり、「テキストの文体の形式性、親疎性を問うもの」（柏野2013）として、「1とても硬い、2どちらかといえば硬い、3どちらかといえば軟らかい、4とても軟らかい」の4段階の指標で判断されたもの（柏野2013）である。すなわち、「硬度」は数値が低いほど硬い文章だということである。馬場（2018）では、「『硬度（平均値）』と『くだけ度（平均値）』に基づく各接続詞の位置は、若干のずれはあるが、ほぼ一致している」と述べられているため、本章では接続詞の文体差を「硬度（平均値）」（以下、「硬度」）に代表させて、表記との関係を分析する。

　まず、馬場（2018）で硬度2.775以上、すなわち軟らかい文体であるとされた接続詞は、本章の結果においてひらがな表記がされやすい傾向が観察された。硬度2.775以上の接続詞は、柏野（2016）における「a」（「話し言葉的」な語と比較的はっきり位置づけられるため、学術的文章には避けるべき語）に対応するとされている。本章の分析対象の接続詞で硬度2.775以上に該当する接続詞は、すべての用例がひらがな表記である「でも」「だから」「で」「すると」「けれど」「ですから」「だけれど」「じゃ」「そうして」「ですが」「だったら」「なのに」（前掲（5））と、99％以上がひらがな表記の用例である「其れから」「其れとも」「だって」「其れで」「じゃあ」（前掲表2）、ひらがな表記の用例は99％にわずかに満た

ないが、ひらがな表記以外の用例がすべてカタカナ表記の用例である「けど」（前掲表2）であり、軟らかい文体の接続詞は漢字表記が少なく、ひらがな表記がなされやすいことがわかる。

　また、硬度2.571以上2.730以下の接続詞も同様に、ひらがな表記がされやすい。硬度2.571以上2.730以下の接続詞は、柏野（2016）における「c」（「書き言葉的」な語と比較的はっきり位置づけられるが、学術的文章の文脈・内容によっては使用に注意が必要な語）に対応するとされている。具体的に該当するのは、すべての用例がひらがな表記であった「そして」「だが」「では」（前掲（5））、99％以上がひらがな表記の用例である「其れでも」「所が」「扨」「唯」（前掲表2）である（「唯」のみひらがな表記率が98.8％であるが、ほぼ99％でありひらがな表記率が高いと言える）。ただし、「要するに」のみ、馬場（2018）で硬度2.571とされているにもかかわらず漢字表記の用例が9割を超えるという例外的な結果になっている。これは、漢語を含む接続詞であるという別の要因が優先的に働いているためと考えられる。

　上記とは対照的に漢字表記がされやすいのが、馬場（2018）で硬度2.526以下、すなわち硬い文体とされた接続詞である。硬度2.526以下の接続詞は、柏野（2016）における「d」（「書き言葉的」な語として学術的文章での使用に特に問題のない語）と対応するとされる。本章の分析対象で硬度2.526以下に該当する接続詞は、「又」「猶」「尤も」「或いは」「因みに」「但し」「更に」「即ち」「従って」「若しくは」「又は」「且つ」「一方」のように、これまで見てきた硬度2.571以上の接続詞と比べてひらがな表記率が低く、漢字表記率が高い接続詞が多く該当する（前掲表2）。ただし、一部例外として、硬度2.526以下であるにもかかわらずひらがな表記されやすい接続詞も観察された。具体的には、助詞由来であり漢字表記が困難な「が」と、指示語由来の「其れでは」「然も」「然し」「然しながら」である。ここには次項で述べる［文法化前の品詞］という要因が優先的に働いていることが考えられる。

　以上から、表記の選択に影響する要因に接続詞の文体差があり、軟らかい文体の接続詞はひらがな表記になりやすく、硬い文体の接

続詞は漢字表記になりやすいことを述べた。

［文法化前の品詞］

　二つ目の表記の選択に影響する要因が、［文法化前の品詞］である。接続詞はもともと副詞や動詞等、他の品詞だったものが転成あるいは複合して接続詞としての機能を持つようになったものであるが、このような文法化前の品詞が表記の選択に影響する要因として働いていると考えられる。

　まず、ひらがな表記の割合が高いのが、指示語由来の接続詞（「其れから」「其れでも」「其れとも」「其れで」「其れでは」「然も」「然し」「然しながら」「されば」）と、助動詞「だ」を含む接続詞（「でも」「だから」「だが」「では」「ですから」「だけれど」「じゃ」「なので」「ですが」「だったら」「なのに」「だって」）である。指示語由来の接続詞については、前掲の表2を見ると、現代の日本語では一般的に用いられない「されば」を除いたすべての指示語由来の接続詞が99％以上の割合でひらがな表記となっている。助動詞「だ」を含む接続詞はそもそも漢字表記にすることができないため、多くが前掲（5）のすべてひらがな表記であった接続詞に該当している。「だって」は1例のみカタカナ表記の用例があるが、やはり漢字表記の用例は観察されていない。

　上記の接続詞に比べて漢字表記の割合が高いのが、副詞由来の接続詞（「唯」「又」「猶」「尤も」「或いは」「更に」「即ち」）である。表2を見ると、これらは漢字表記の割合が1割に満たないものの、99％以上がひらがな表記であった指示語由来の接続詞に比べると漢字表記の割合が高い。なかでも「唯」「又」「猶」「尤も」「或いは」のように副詞としての意味と接続詞としての意味が明確に異なる語のほうが漢字表記の割合が低く、「更に」や「即ち」のように副詞として使用された場合の意味と接続詞として使用された場合の意味との間に乖離が小さい語のほうが漢字表記の割合が高いという特徴が見られ、文法化の進んでいる語のほうがひらがな表記率が高い傾向が見られる。

　副詞由来の接続詞よりもさらに漢字表記の割合が高い傾向にある

のが、動詞由来の接続詞（「因って」「因みに」「従って」「要するに」）と名詞由来の接続詞（「一方」（形式名詞由来の接続詞である「所で」「所が」は該当しない））である。たとえば、「要するに」「一方」は漢字表記の割合が9割を超えている他、「従って」も漢字表記の割合が15.0％であり、指示語由来や副詞由来の接続詞に比べて高い割合である。ただし、「因って」と「因みに」は指示語由来や副詞由来の接続詞と近い割合となっている。

　このように、一部例外はあるものの、指示語由来の接続詞と助動詞「だ」を含む接続詞がひらがな表記、動詞由来の接続詞と名詞由来の接続詞が漢字表記になりやすく、その中間に副詞由来の接続詞が位置しており、［文法化前の品詞］が接続詞の表記の選択に影響する要因の一つとなっていることがわかった。

［公用文に関する内閣告示］
　三つ目の要因が、［公用文に関する内閣告示］である。2.2で述べたように、公用文における漢字使用は原則「常用漢字表」に従うとされる一方で、接続詞に関してはひらがなで書くこと、また、「及び」「並びに」「又は」「若しくは」の4語だけは例外的に漢字で表記することが述べられている。このような表記の基準も、接続詞の表記の選択に影響する要因となっている。ここではとくに、漢字表記にするよう明記されていた「又は」と「若しくは」を対象に（「並びに」「及び」は分析対象外）、公用文に関する表記の基準が公用文にのみ影響しているのか、あるいは、公用文以外の文章にも影響が見られるのかを見ていきたい。

　「又は」と「若しくは」の文字種別の出現頻度を、BCCWJのレジスターごとに分けて示したものが表4である。表4では、「出版・書籍」と「図書館・書籍」を合わせて「書籍」として扱っている他、出現頻度が少なかった「雑誌」「新聞」「ベストセラー」「教科書」「広報誌」「韻文」は除外している。また、括弧内の割合は、レジスターごとのひらがな表記と漢字表記の割合である。

　表4から、やはり内閣告示の影響が大きいのは「白書」と「法律」であり、すべての用例が漢字表記となっている。一方で、内閣

告示の影響は「書籍」「ブログ」「知恵袋」には及んでおらず、ひらがな表記が8割を超えている。この結果を統計的に検証するため、「又は」と「若しくは」それぞれについてフィッシャーの正確確率検定を行ったところ、いずれも「書籍」「ブログ」「知恵袋」の三つと「法律」との間に1％水準で有意差が見られた。「又は」「若しくは」の漢字表記は公用文に特有のものであると言えるだろう。

表4 「又は」「若しくは」のレジスター別出現頻度と割合

レジスター	又は		若しくは	
	ひらがな	漢字	ひらがな	漢字
白書	0 (0.0)	0 (0.0)	0 (0.0)	2 (100.0)
法律	0 (0.0)	178 (100.0)	0 (0.0)	58 (100.0)
書籍	190 (83.7)	37 (16.3)	59 (92.2)	5 (7.8)
ブログ	39 (86.7)	6 (13.3)	55 (98.2)	1 (1.8)
知恵袋	250 (86.8)	38 (13.2)	306 (95.6)	14 (4.4)

［論理関係の希薄化］

　四つ目の要因は、接続詞が明示する前後の［論理関係の希薄化］である。これは主に接続詞のカタカナ表記の選択要因となるものである。

　本章の調査でカタカナ表記の用例が観察された接続詞は「其れでも」「だって」「じゃあ」「抂」「けど」「即ち」の6語であり、このうち話し言葉で使用されやすい接続詞（［接続詞の文体差］の節で述べた馬場（2018）における硬度2.775以上だった接続詞）は「だって」「じゃあ」「けど」であった。たとえば、次の例文（6）では「だって」がカタカナで表記されている。この例文では、不安や愚痴を言っても全て良い方向に話を昇華する「天空人」（例文内の用語）について不満を述べている。

(6) 会社が倒産したんだよーそうなノ！ーーじゃあ新しいところで一からやりなさいって言ってくれてるのよねーーそういう風に来ることなすことすべてがそう聞こえるそのよくない事柄の一つ二つ上を行く先を行く話しになってしまう<u>ダッテ</u>その3で転んでも天空人のクセは3つも4つも先く

らいを読んでいるのだもの〜そしてその３つ４つ先はみんなＧｏｏｄ〜の方向しか置いてないの〜〜〜！！！

(BCCWJ_特定目的・ブログ_OY14_05003)

　このように、話し言葉の接続詞がカタカナで表記されるのはなぜだろうか。

　そもそも表記に関わらず、話し言葉の接続詞は論理関係を明示する機能が希薄化する傾向があり、話し手の感情が前面に現れやすいと言われている（石黒 2008、萩原 2012 等）。また、カタカナ表記は音の表示が際立つため、会話文らしさを表現するために使用されたり（喜古 2007）、発話を再現したり臨場感を出すために使用される（石黒 2007）ことが指摘されている。このような話し手の感情が前面に現れやすい話し言葉の接続詞と、会話文らしさが際立つとされるカタカナ表記は相性がよいと考えられる。すなわち、話し言葉の接続詞をカタカナで表記することによって音の表示に重きが置かれ、そのぶん論理関係を明示する機能が希薄化し、話し手の感情の表示がより前面に現れるのではないか。そして、論理関係が希薄化することによって、硬い文体でないことを示したり、冗談めかした言い方になるのではないだろうか。

　BCCWJ のデータでカタカナ表記の用例が見られた接続詞を見ると、「其れでも」「けど」等の逆接の接続詞や、自己正当化の「だって」が含まれる。ここから、相手との対立を生む恐れのある接続詞をカタカナ表記しやすいという仮説が立てられそうだが、本章のデータはカタカナ表記の用例が非常に少ないため、今後新たに調査を行い、検討を重ねる必要がある。

［キャラクタの表示］

　最後に五つ目の要因が、前項の［論理関係の希薄化］とも関わりが深い、［キャラクタの表示］である。

　ある文章の中で、接続詞が通常ひらがなで表記されているにもかかわらず、特定の文脈でのみカタカナ表記された場合は、前項の［論理関係の希薄化］が要因の一つと考えられる。一方で、特定の人物にのみ一貫してカタカナ表記になっているとすれば、それは

［論理関係の希薄化］だけでなく［キャラクタの表示］にもつながっているのではないか。たとえば、BCCWJのデータには、一つのブログ記事の中で逆接の接続詞「けど」を繰り返しカタカナで表記している例が観察された。

(7) 任せるって言われてもアタシに任せたら切り詰めます！（きっぱりｗｗ）食費に月２万はかけてくれぇ～～って言われても削りますｗｗ<u>ケド</u>ちゃんと？健康維持できるよぉにうまぁく食費繰り回してぐゎんばるから・・ヘソクリしちゃぃますｗ・・・・（をぉぉぉ～い、それかよ！！）<u>ケド</u>まぁウチのだぁちゃんも決して浪費家ではないので充分だと思われ・・ｗ　　　（BCCWJ_特定目的・ブログ_OY05_00571)

これは文学作品や漫画等とも関係が深いと考えられる。キャラクタの表示に関わる人称表現や終助詞等と並んで、接続詞の表記もキャラクタの表示に貢献しているのではないか。

　以上見てきた表記の選択に影響する接続詞特有の要因は、2.1で整理した日本語表記に見られる要因とあわせて、複合的に作用していると考えられる。たとえば、「要するに」という接続詞は、漢語を含むという語種による影響と、［文法化前の品詞］や［接続詞の文体差］という「要するに」がもつ特性だけでなく、使用される際の出現環境や書き手の属性のような周辺の要因も関わり、最終的に表記が選択されているのだと考えられる。

5. おわりに

　以上、本章では、BCCWJのデータを対象に接続詞の表記の実態調査を行い、表記の選択に影響する要因について考察した。その結果をまとめると以下のようになる。

　RQ1「接続詞はどのような文字種で表記される傾向があるか」について、分析対象の接続詞53語のうち、すべてひらがな表記の用例であった接続詞が20語、ひらがな表記率が8割を超える接続詞が28語であり、主にひらがなで表記される接続詞が多いことが

わかった。一方で、「要するに」「一方」「而して」のように漢字表記の割合が9割を超える接続詞もわずかではあるが観察された。

RQ2「表記の選択に影響する接続詞特有の要因はなにか」については、［接続詞の文体差］［文法化前の品詞］［公用文に関する内閣告示］［論理関係の希薄化］［キャラクタの表示］の五つの要因を指摘した。これらの要因が、接続詞に限らない日本語表記に見られる選択要因とあわせて複合的に作用し、接続詞の表記が選択されているのだと考えられる。

今後は、紙幅の関係上取りあげることができなかったレジスターごとの接続詞の表記の使用実態について研究を進めていきたい。

調査資料

『現代書き言葉均衡コーパス』国立国語研究所（https://chunagon.ninjal.ac.jp/bccwj-nt/search）（データバージョン2021.03）

参考文献

石黒圭（2004）『よくわかる文章表現の技術Ⅰ―表現・表記編―』明治書院.
石黒圭（2007）『よくわかる文章表現の技術Ⅴ―文体編―』明治書院.
石黒圭（2008）『文章は接続詞で決まる』光文社新書.
井上道雄（2002）「日本語の表音文字化について―手書きからワープロへ―」『神戸山手大学紀要』4、pp. 13–21.
小椋秀樹（2012）「コーパスに基づく現代語表記のゆれの調査―BCCWJコアデータを資料として―」『第1回コーパス日本語学ワークショップ予稿集』pp. 321–328.
柏野和佳子（2013）「書籍サンプルの文体を分類する」『国語研プロジェクトレビュー』4（1）、pp. 43–53.
柏野和佳子（2016）「学術的文章作成時に留意すべき『書き言葉的』『話し言葉的』な語の分類」『計量国語学会第六〇回大会予稿集』pp. 37–42.
柏野和佳子・奥村学（2012）「和語や漢語のカタカナ表記―『現代日本語書き言葉均衡コーパス』の書籍における使用実態―」『計量国語学』28（4）、pp. 153–161.
喜古容子（2007）「片仮名の表現効果―戦後の小説を資料に―」『早稲田日本語研究』16、pp. 61–72.

小林一仁（1982a）「〈国語表記のチェックポイント〉8 接続詞「及び・並びに・又は・若しくは」について その一」『月刊国語教育』2（2）、pp. 142–143.

小林一仁（1982b）「〈国語表記のチェックポイント〉9 接続詞「及び・並びに・又は・若しくは」について その二」『月刊国語教育』2（3）、pp. 143–144.

佐竹秀雄（1980）「表記行動のモデルと表記意識」『国立国語研究所報告』67、pp.142–168.

佐竹秀雄（2002）「変容する『書く暮らし』」『日本語学』21（15）、pp. 6–15.

玉木英彦（1978）「接続詞『および』『または』はどうして『及び』『又は』にされたか―『新漢字表試案』の『説明資料』の『素性』について―」『みすず』20（10）、pp. 32–35・25.

鄧琪（2022）「現代日本語における漢語副詞の仮名表記問題に対する一考察―『現代日本語書き言葉均衡コーパス』を用いた計量的調査―」『統計数理研究所共同研究リポート』456、pp. 166–185.

中山惠利子（1998）「非外来語の片仮名表記」『日本語教育』96、pp. 61–72.

成田徹男・榊原浩之（2004）「現代日本語の表記体系と表記戦略―カタカナの使い方の変化―」名古屋市立大学大学院人間文化研究科『人間文化研究』2、pp. 41–55.

則松智子・堀尾香代子（2006）「若者雑誌における常用漢字のカタカナ表記化―意味分析の観点から―」『北九州市立大学文学部紀要』72、pp.19–32.

萩原孝恵（2012）『「だから」の語用論―テクスト構成的機能から対人関係的機能へ―』ココ出版.

馬場俊臣（2018）「接続詞の文体差の計量的分析の試み―『BCCWJ図書館サブコーパスの文体情報を用いて』―」『北海道教育大学紀要 人文科学・社会科学編』69（1）、pp. 1–14.

文化庁（2010）「内閣訓令第1号（別紙）公用文における漢字使用等について」『文化庁ホームページ』(https://www.bunka.go.jp/kokugo_nihongo/sisaku/joho/joho/kijun/naikaku/kanji/index.html（最終閲覧日2023年1月10日）

文化庁（2022）「公用文作成の考え方（建議）」『文化庁ホームページ』https://www.bunka.go.jp/seisaku/bunkashingikai/kokugo/hokoku/93650001_01.html（最終閲覧日2023年6月15日）

堀江紫野（2001）「カタカナ表記の研究―非外来語系を中心に―」『国文目白』40、pp. 16–24.

堀尾香代子・則松智子（2005）「若者雑誌におけるカタカナ表記とその慣用化をめぐって」『北九州市立大学文学部紀要』69、pp. 35–44.

増地ひとみ（2021）「商品名を表記する文字種―『ソウゾウ』の楽しみ―」『日本語学』40（3）、pp. 30–41.

間淵洋子（2017）「漢語の仮名表記―実態と背景―」『言語資源活用ワークショップ発表論文集』1、pp. 201–213.

宮島達夫・髙木翠（1991）「雑誌九十種資料の和語表記」『国立国語研究所報告』103、pp. 1–82.

楊瓊（2017）『古代日本語の因果関係を表す接続表現―漢文訓読の影響を中心に―』博士学位取得論文.
吉村弓子（1985）「語表記意識の変異」『言語学論叢』4、pp. 82-93.
吉本啓（2016）「漢字の新旧字体について」『ことばと文字』5、pp. 135-140.

第 3 章
「ニアタッテ」は仮名で書くか、漢字で書くか
―複合助詞における動詞の表記に注目して―

本多由美子

キーワード
複合助詞、動詞の意味、仮名、漢字、レジスター

1. はじめに

　本章では「ニアタッテ」や「ヲトオシテ」のような、複合辞の中でも特に動詞を含む複合助詞の表記を分析する。複合辞は「幾つかの語が複合して一まとまりの形で辞的な機能を果たす表現」(『日本語文法事典』) と定義される。「ニアタッテ」と「ヲトオシテ」は「助詞 (ニ、ヲ)」と「動詞 (アタル、トオス)」が合わさった形式で、複合辞の中で助詞相当語とされる表現である。複合助詞における動詞は、本来の意味・機能を失って形式化した表現だと言われる。複合助詞における動詞が意味を失っていれば動詞は仮名で表記されると思われるが、複合助詞の表記には揺れが見られる。(1)(2) は「ニアタッテ」の用例である。用例は後述する調査に用いた国立国語研究所の『現代日本語書き言葉均衡コーパス』(以下、BCCWJ と略す) からのものである。なお、各用例のあとの丸括弧内の英数字は BCCWJ のサンプル ID と動詞の開始位置である。下線は筆者による。

(1) 福沢家が桃介を養子に迎える<u>にあたって</u>桃介の実家である岩崎家に送付した『大意』なる覚え書きに一家全員の署名があり　　　　　　　　　(LBo2_00041, 49950)

(2) 新しい年を迎える<u>に当たって</u>、誰しもが「今年こそは私たちにとって良い年でありますように」と願わないものはない。　　　　　　　　　　　　　　　　　（LBi8_00002, 850）

　複合助詞に関する研究は、意味や用法、類義表現の研究（山崎・藤田 2001 など）が中心であり、表記の傾向を調べた調査は本多（2019）など限られている。

　本章では複合助詞の表記について、特に複合助詞に含まれる動詞の表記に注目して分析を行い表記の傾向の一端を明らかにする。なお、本章は本多（2019）の結果を参考に集計方法を変え、追加調査と分析を行ったものである。

　本章は以下のような構成で進める。まず、2. で動詞および複合助詞の表記にかかわる先行研究について述べ、研究課題を示す。3. で調査デザインを示す。次に 4. では BCCWJ を用いた調査結果について 2 つの観点から分析を行う。1 つ目はレジスター（言語使用域（山崎編 2014: 23））による表記の傾向の違い、2 つ目は語種および意味と表記との関係である。最後に 5. で結論を述べる。

2. 先行研究と本研究の研究課題

2.1　語の意味と表記

　現代日本語の漢字仮名交じり文における表記において、漢字は「実質的な概念を担うのに対して、平仮名はその実質的部分を目立たせるために付属部分を受け持つ」（佐竹・佐竹 2005: 94）とされる。助詞や助動詞、形式名詞、活用語尾は付属部分に当たるため一般に仮名で表記される。

　また、語種では「漢語は漢字で書かれやすく、和語は漢語に比べると平仮名書きになりやすい」（佐竹・佐竹 2005: 83）という傾向がある。漢語の表記について BCCWJ における高頻度（上位 1000 位）の二字漢語の表記を調査した本多（2022）では、漢語が漢字で表記される割合は平均約 98 ％で約半数の語が 100 ％であったことが報告されている。

　佐竹・佐竹（2005）では複合助詞の表記については取り上げら

れていないが、「当たる」のような多義の動詞が漢字の意味から大きく外れた意味で用いられる場合、一般には仮名で書かれる傾向が強いことが指摘されている（佐竹・佐竹 2005: 168–169）。本多（2019）ではBCCWJの「図書館・書籍」を用いて複合動詞の調査が行われ、複合助詞12形式について動詞が平仮名で表記される割合がほぼ100％の形式（ニツレテ、トイッタ）、漢字で表記される割合が100％に近い形式（ニタイシテ）、その中間の形式が見られたことが報告されている。また、「ヲモッテ」と「ニアタッテ」の表記が、前接する1語との関係から分析されている。

2.2　研究課題

　本章では以下の2点に注目する。1つ目は、レジスターによる違いである。本多（2019）では一般的な用語用字の傾向を把握するために、BCCWJの「図書館・書籍」が用いられている。しかし、他のレジスターでの表記の傾向は明らかではない。例えば「公用文における漢字使用等について」など公的な文章の表記について定められたものを見ても複合助詞の表記については明らかではない。そこで本章では調査対象のレジスターを増やし、レジスター間の違いを見ることにする。レジスターによる表記傾向の違いには、そこに用いられるテキストの性格の違いが現れるのではないかと考える。

　2つ目は、複合助詞に含まれる動詞の語種および意味と、表記との関係である。複合助詞に含まれる動詞は本動詞よりもその意味が失われているため、仮名で表記される傾向が強いと思われる。本多（2019）では複合助詞に含まれる動詞が和語の場合は平仮名、漢語の場合は漢字が用いられる傾向が見られたという報告がされているが、考察は十分にはされていない。以上のことから、本章でのリサーチクエスチョン（以下、RQと略す）は以下の2点とする。

　RQ1. テキストの性格によって複合助詞の表記の傾向は異なるか。
　RQ2. 複合助詞の表記の傾向は動詞の語種および意味によって異なるか。

3. 調査デザイン

　複合助詞の表記を分析するには、その動詞が本動詞として用いられたときの表記の傾向と比較する必要がある。本章では複合助詞と同じ形式の用例を抽出し、複合助詞の用例と本動詞の用例に分類した上で表記ごとに集計する。また集計の際、出現頻度ではなくBCCWJのサンプルごとに漢字表記と仮名表記のいずれが（あるいは両方が）用いられているかを調べ、表記の傾向をまとめる。1サンプル内という狭い範囲では、表記はある程度統一されていると思われるが、サンプル内で揺れが見られる場合も把握できると考えた。後述する「特定目的・知恵袋」では1サンプルが質問とその答えで構成されており、書き手が異なる文章が1サンプル内に含まれている（国立国語研究所 2015）ため、分析の際には留意する。なお、本多（2019）ではサンプル数ではなく出現頻度を用いて分析が行われている。

3.1　調査データ

　BCCWJの「図書館・書籍」「特定目的・白書」「特定目的・知恵袋」を用いた。「図書館・書籍」のデータが一般的な用語用字のテキスト、「特定目的・白書」が公的な性格のテキスト、「特定目的・知恵袋」は一般の人が書いたウェブ上のテキストである。以下、それぞれを「書籍」「白書」「知恵袋」と呼ぶ。

3.2　調査対象とする形式

　表1は本章で調査対象とする複合助詞の7形式である。「動詞語彙素」は複合助詞に含まれる動詞のBCCWJでの語彙素、「漢字学年」は学年配当の学年を表す。和語を含む形式が4、漢語を含む形式が3である。これらの複合助詞は、森田・松木（1989）に掲載されている形式の中から本動詞の用例が想定できるものを中心に、動詞が教育漢字の範囲内の漢字で表されるものを選んだ。

表1 調査対象の複合助詞（語種別、五十音順）

形式	平仮名表記	動詞語彙素	漢字学年	動詞の語種
ニアタッテ	にあたって	当たる	2年	和語
ニシタガッテ	にしたがって	従う	6年	和語
ヲトオシテ	をとおして	通す	2年	和語
ヲモッテ	をもって	持つ	3年	和語
ニカンシテ	にかんして	関する	4年	漢語
ニタイシテ	にたいして	対する	3年	漢語
ヲツウジテ	をつうじて	通ずる	2年	漢語

3.3 抽出した用例の分析方法

表1の複合助詞を対象にBCCWJから抽出した用例を複合助詞の用例と本動詞の用例とに分けた。分ける際には森田・松木（1989）に掲載されている意味・用法による用例を複合助詞の用例とし、それ以外を本動詞の用例とした（章末資料参照）。

3.4 手順

BCCWJを用いて以下のように用例を抽出し、表記をまとめた。

① コーパス検索アプリケーション「中納言2.7.0」（データバージョン2021.03）の短単位検索を用い、動詞の語彙素と前後に共起する語彙素を条件に、表1に示した形式の用例を抽出した。例えば、「ニアタッテ」はキーが「語彙素＝"当たる"」、前方共起が「語彙素＝"に"」、後方共起が「語彙素＝"て"」である。

② 各形式について、サンプルごとに用例をまとめた。

③ 形式ごとに「書籍」「白書」「知恵袋」から100サンプルずつ計300サンプルをランダムに抜き出し、サンプルに含まれる用例を目視で複合助詞の用例と本動詞の用例とに分けた。

④ 複合助詞の用例と本動詞の用例について、各サンプルにおける表記を「仮名表記のみ」「漢字表記のみ」「仮名表記と漢字表記の両方」に分けた。複合助詞および本動詞のサンプルの

数における各割合を「仮名表記率」「漢字表記率」「仮名漢字表記率」と呼ぶ。

　用例には表1の語彙素で示した漢字以外の表記も見られたが、仮名表記との対応を見るときに重要だと考え分析対象に含めた。本調査では「ヲモッテ」に「を以って」が用いられている用例が1サンプルに見られた。なお、森田・松木（1989: 19）では「『もって』は本来、動詞『持つ』の連用形に接続助詞『て』のついた『持ちて』が音便化したもの」であると述べられている。

4．結果と考察

　表1に各形式について、意味・用法とその表記をレジスターごとにまとめたものを示す。各形式について、左側に複合助詞の用例、右側に本動詞の用例における表記の割合を示した。表には複合助詞、本動詞を合わせて仮名で書かれる傾向の強い形式から順に並べた。

　表2の見方を「ニアタッテ」を使って説明する。「知恵袋」100サンプルにおいて、複合助詞の用例を含むサンプルは61、本動詞を含むサンプルは39であった。複合助詞の表記は、用例が仮名表記のみだったサンプルが51（83.6％）、漢字表記のみだったサンプルが10（16.4％）であった。仮名と漢字が混ざっていた（「仮漢両方」）サンプルは見られなかった。本動詞も同様にまとめた。「ニアタッテ」の「書籍」では複合助詞の用例を含むサンプルは65、本動詞の用例を含むサンプルは36で、両者の合計は101であり100を超える。これは複合助詞と本動詞の両方の用例を含むサンプルが1つあったことによる（表2の「復本両方」）。

　表2の合計の欄を見ると、「ニシタガッテ」の「知恵袋」は78、「ヲトオシテ」の「白書」は90であるが、これは全サンプルの数である。各形式が含まれるサンプル数が100未満だったためである。

表2　各形式の意味・用法およびレジスター別の表記

（上段：サンプル数、下段：割合）

形式	レジスター	複合助詞				本動詞				複本両方	合計
		仮名のみ	漢字のみ	仮漢両方	計	仮名のみ	漢字のみ	仮漢両方	計		
ニアタッテ	知恵袋	51 (83.6)	10 (16.4)	0 (0)	61 (100.0)	13 (33.3)	26 (66.7)	0 (0.0)	39 (100.0)	0	100
	書籍	44 (67.7)	18 (27.7)	3 (4.6)	65 (100.0)	14 (38.9)	22 (61.1)	0 (0.0)	36 (100.0)	1	100
	白書	12 (12.9)	69 (74.2)	12 (12.9)	93 (100.0)	1 (9.1)	10 (90.9)	0 (0.0)	11 (100.0)	4	100
ヲモッテ	知恵袋	9 (56.3)	7 (43.8)	0 (0.0)	16 (100.0)	8 (9.5)	76 (90.5)	0 (0.0)	84 (100.0)	0	100
	書籍	27 (73.0)	7 (18.9)	3 (8.1)	37 (100.0)	26 (32.9)	51 (64.6)	2 (2.5)	79 (100.0)	16	100
	白書	57 (82.6)	11 (15.9)	1 (1.4)	69 (100.0)	7 (17.1)	33 (80.5)	1 (2.4)	41 (100.0)	10	100
ニシタガッテ	知恵袋	5 (41.7)	7 (58.3)	0 (0.0)	12 (100.0)	13 (19.7)	52 (78.8)	1 (1.5)	66 (100.0)	0	78
	書籍	15 (65.2)	7 (30.4)	1 (4.3)	23 (100.0)	27 (33.8)	49 (61.3)	4 (5.0)	80 (100.0)	3	100
	白書	7 (33.3)	14 (66.7)	0 (0.0)	21 (100.0)	6 (7.4)	75 (92.6)	0 (0.0)	81 (100.0)	2	100
ヲトオシテ	知恵袋	1 (2.2)	45 (97.8)	0 (0)	46 (100.0)	0 (0.0)	54 (100.0)	0 (0.0)	54 (100.0)	0	100
	書籍	6 (8.7)	62 (89.9)	1 (1.4)	69 (100.0)	4 (12.1)	29 (87.9)	0 (0.0)	33 (100.0)	2	100
	白書	0 (0.0)	73 (100.0)	0 (0.0)	73 (100.0)	1 (4.8)	20 (95.2)	0 (0.0)	21 (100.0)	4	90
ニタイシテ	知恵袋	2 (2.2)	90 (96.8)	1 (1.1)	93 (100.0)	0 (0.0)	7 (100.0)	0 (0.0)	7 (100.0)	0	100
	書籍	4 (4.3)	88 (95.7)	0 (0.0)	92 (100.0)	0 (0.0)	19 (100.0)	0 (0.0)	19 (100.0)	11	100
	白書	0 (0.0)	95 (100.0)	0 (0.0)	95 (100.0)	0 (0.0)	18 (100.0)	0 (0.0)	18 (100.0)	13	100
ニカンシテ	知恵袋	0 (0.0)	100 (100.0)	0 (0.0)	100 (100.0)	0 —	0 —	0 —	0 —	0	100
	書籍	3 (3.1)	94 (95.9)	1 (1.0)	98 (100.0)	0 (0.0)	2 (100.0)	0 (0.0)	2 (100.0)	0	100
	白書	0 (0.0)	100 (100.0)	0 (0.0)	100 (100.0)	0 —	0 —	0 —	0 —	0	100
ヲツウジテ	知恵袋	0 (0.0)	77 (100.0)	0 (0.0)	77 (100.0)	0 (0.0)	1 (100.0)	0 (0.0)	1 (100.0)	0	78
	書籍	2 (2.0)	95 (96.9)	1 (1.0)	98 (100.0)	0 (0.0)	2 (100.0)	0 (0.0)	2 (100.0)	0	100
	白書	0 (0.0)	100 (100.0)	0 (0.0)	100 (100.0)	0 —	0 —	0 —	0 —	0	100

4.1　全体の傾向

「ニアタッテ」「ヲモッテ」「ニシタガッテ」の3形式では複合助詞の仮名表記率が12.9〜83.6％、本動詞の仮名表記率は7.4〜38.9％と、それぞれ仮名表記と漢字表記の揺れが見られる。一方、「ヲトオシテ」「ニタイシテ」「ニカンシテ」「ヲツウジテ」の4形式の仮名表記率は、「ヲトオシテ」の「書籍」では複合助詞と本動詞がいずれも10％前後であるが、それ以外の形式では複合助詞と本動詞の両方で仮名表記率がいずれも5％未満である。つまり「ヲトオシテ」「ニタイシテ」「ニカンシテ」「ヲツウジテ」の4形式では複合助詞も本動詞もほぼ漢字で表記されているということがわかる。

表記に揺れが見られた「ニアタッテ」「ヲモッテ」「ニシタガッテ」の3形式において複合助詞と本動詞の仮名表記率を比べてみると、すべてのレジスターにおいて、本動詞よりも複合助詞のほうが仮名表記率が高い。また、本動詞の仮名表記率は、最も高い「ニアタッテ」の「書籍」が38.9％であり50％未満である。一方で、複合助詞の仮名表記率が50％を超えるレジスターは、9レジスターのうち6レジスターである。これらのことから表記に揺れが見られた3形式においては、本動詞よりも複合助詞のほうが仮名で書かれる傾向が強いと言える。

また、1つのサンプル内での表記の揺れ（表2の「仮漢両方」）を見ると、複合助詞の表記では「ニアタッテ」の「白書」で12.9％、「ヲモッテ」の「書籍」で8.1％とやや高いが、それ以外の形式およびレジスターでは、5％以下でありわずかである。本動詞の表記も5％以下で揺れはほぼ見られない。

4.2　テキストの性格による表記の傾向

本節ではRQ1「テキストの性格によって複合助詞の表記の傾向は異なるか」について本動詞の表記も参考にしながら検討する。本章では、レジスターの違いをテキストの性格の違いと捉える。

図1は表2の複合助詞と本動詞における表記の傾向をグラフにしたものである。4.1でも述べたように表2および図1から、レジスター間で表記の傾向に違いが見られる形式と見られない形式がある

ことがわかる。まず「ヲトオシテ」「ニタイシテ」「ニカンシテ」「ヲツウジテ」の4形式における複合助詞の表記は、各レジスターで漢字表記が用いられ、表記に揺れがほぼ見られず同様の傾向を示している。

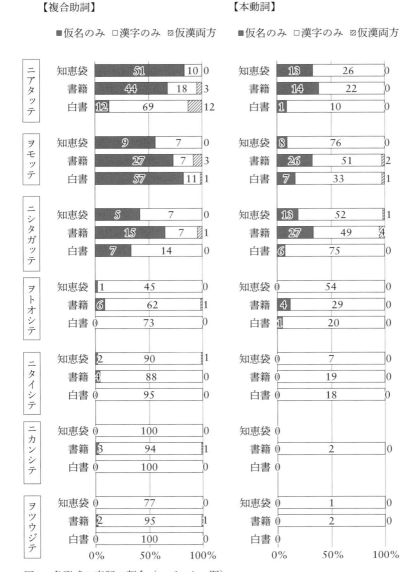

図1　各形式の表記の割合（レジスター別）

次に表記に揺れが見られる「ニアタッテ」「ヲモッテ」「ニシタガッテ」の3形式を見ていく。表3には、3形式の仮名表記の傾向をレジスターに注目してまとめた。

複合助詞について見ると、「ニアタッテ」では「知恵袋」の仮名表記率が最も高く「白書」の仮名表記率が最も低いが、「ヲモッテ」では「白書」の表記率が最も高く、「ニシタガッテ」では「書籍」の仮名表記率が最も高い。複合助詞において表記率が最も高いレジスターと最も低いレジスターの差は「ニアタッテ」が約60ポイント、「ヲモッテ」が約25ポイント、「ニシタガッテ」が約30ポイントと25ポイント以上の差がある。一方で本動詞では、仮名表記率が最も高いのは3形式とも「書籍」であり、最も低いレジスターとの差が小さい。これらのことからこの3形式では本動詞よりも複合助詞のほうが、レジスター間、すなわちテキストの性格によって、複合助詞の表記の傾向には違いがあることがわかる。

表3 レジスター間の仮名表記率の比較

形式	複合助詞		本動詞	
	最も高い	最も低い	最も高い	最も低い
ニアタッテ	知恵袋（83.6）	白書（12.9）	書籍（38.9）	白書（9.1）
ヲモッテ	白書（82.6）	知恵袋（56.3）	書籍（32.9）	知恵袋（9.5）
ニシタガッテ	書籍（65.2）	白書（33.3）	書籍（33.8）	白書（7.4）

括弧内：各レジスターにおける割合（表2参照）

4.2.1 「白書」の特徴

表3の「ニアタッテ」と「ニシタガッテ」では、複合助詞と本動詞のいずれにおいても「白書」の仮名表記率が最も低い。また、「ニアタッテ」では複合助詞と本動詞の仮名表記率がいずれも10％前後と低く、「ニシタガッテ」の本動詞も仮名表記率が7.4％と低い。この結果は「白書」は公的な性格が強い文章で漢字が多く使われる硬い文章だというイメージに合ったものだと言えるだろう。一方、「ヲモッテ」の複合助詞では「白書」の仮名表記率が最も高く、他の2形式における仮名表記率の傾向とは大きく異なる。表2で「ヲモッテ」の「白書」を見ると、本動詞の仮名表記率が17.1％、

すなわち8割以上が漢字で表記されているのに対して、複合助詞は8割以上が仮名で表記されている。

「白書」で「ヲモッテ」の仮名表記率が高い理由として、白書には（3）（4）のような「金額＋ヲモッテ」「日付＋ヲモッテ」の文が多くみられることが挙げられる。

(3) 3年度は、総額3億千万円をもって整備を行うこととしている。　　　　　　　　　　　　　　　（OW4X_00041,45730）

(4) 電力用炭販売株式会社法は，昭和五十二年3月三十一日をもって廃止された。　　　　　　　　（OW1X_00110,10860）

（3）は森田・松木（1989）の「②仕手・仲介・手段・根拠・原因」、（4）は「③基準・境界」に当たる（稿末資料参照）が、「金額＋ヲモッテ」「日付＋ヲモッテ」が漢字で書かれた例は見当たらなかった。基準点を表す「日付＋ヲモッテ」は意味・用法からして「手に取る、所持する」という意味の「持つ」という表記は用いられにくいと思われる。「金額＋ヲモッテ」の場合は「〜円を持って〜を行う」ように漢字を用いた場合、実際に金銭を手に取った状態で行動するという意味と混同される可能性があるため、漢字は用いられにくいのだろう。

（3）のような事業にかけた金額や予算を示すような文や、事業や施策の実行される日付を明示する文は、白書の公的な報告書としての特徴を表す内容であると思われる。「ヲモッテ」の「白書」において「仮名のみ」の57サンプルのうち、（3）の用例は22.8%（13サンプル）、（4）の用例は15.8%（9サンプル）に見られた。本調査に用いた「知恵袋」「書籍」のサンプルに（3）（4）の用例は見当たらなかった。

4.2.2 「知恵袋」と「書籍」の特徴

「知恵袋」はウェブ上の書き言葉であるため「書籍」よりもくだけたテキストが含まれ、仮名表記が用いられる傾向が強いというイメージがある。表2、図1を見ると「ニアタッテ」の複合助詞では、「書籍」よりも「知恵袋」のほうが仮名表記率がやや高いが、その他の形式では、複合助詞と本動詞の両方で「書籍」よりも「知恵

袋」のほうが仮名表記率がやや低い傾向が見られた。本調査の範囲では「知恵袋」と「書籍」で用いられている用例と表記には目立った違いは見られなかった。「ニアタッテ」や「ヲモッテ」のような複合助詞が用いられる文脈はやや硬い内容であるため、くだけたテキストには現れにくい表現であることも考えられる。「書籍」よりも「知恵袋」のほうが漢字表記率が高いことについては、今後ほかの語の表記とも合わせて検討したい。

4.3 動詞の語種および意味と表記の関係

RQ2「複合助詞の表記の傾向は動詞の語種および意味によって異なるか。」について、これまでの分析から語種と表記の揺れには関係があることがわかる。表記の揺れが大きい「ニアタッテ」「ヲモッテ」「ニシタガッテ」の3形式は和語動詞を含む。「ヲトオシテ」「ニタイシテ」「ニカンシテ」「ヲツウジテ」の4形式はいずれも表記の揺れがほぼ見られず漢字が用いられているが、このうち「ヲトオシテ」は和語動詞を含み、「ニタイシテ」「ニカンシテ」「ヲツウジテ」は漢語動詞を含む形式である。表2と図1からは、①漢語動詞を含む3形式では複合助詞と本動詞の両者がほぼ漢字で表記され、②和語動詞を含む4形式では本動詞は漢字で表記される傾向が強く、③複合助詞は形式によって仮名表記率が高い形式と低い形式があることがわかる。

4.3.1 漢語動詞・和語動詞を含む複合助詞と表記

漢語動詞を含む複合助詞「ニタイシテ」「ニカンシテ」「ヲツウジテ」の表記に漢字が用いられる理由として、複合助詞の意味と本動詞の意味の重なりが大きいことが考えられる。章末の森田・松木(1989)の資料では、「ニタイシテ」と「ニカンシテ」の意味・用法には「対象・関連」と記載され、「対」「関」という漢字を含む語が用いられている。「ニタイシテ」「ニカンシテ」と「対する」「関する」は「対」「関」という漢字の意味を共有している。複合助詞の意味に動詞の意味が強く感じられる場合、仮名で漢語の音を表記するのではなく、漢字を用いたほうが意味を明確に示すことができ

ると書き手に判断されているのではないだろうか。

　一方、和語動詞を含む形式は、複合助詞の意味・用法を説明する際に本動詞と複合助詞の意味に「対」や「関」のような重なりは見られない。本調査では森田・松木（1989）の意味・用法に従ったが、和語動詞は本動詞の意味が広く本動詞と複合助詞を明確に区別することは難しいものもある。実際に文を書く場面では、文脈に合わせて仮名と漢字のいずれを用いるかが判断されている場合もあれば、いずれかの表記に揃えられる場合もあると思われる。

4.3.2　同一サンプル内における複合助詞と本動詞の表記の違い

　図1には示されていないが、本調査では1つのサンプル内に同じ形式の複合助詞と本動詞の用例が見られるものがあった（表1の「複本両方」）ため、それらの表記の傾向をまとめておく（表4）。

表4　同一サンプル内における複合助詞と本動詞の表記

（単位：サンプル数）

| 形式 | レジスター | 複合助詞と本動詞の表記 | | | | 計 |
| | | 同じ | | 異なる | | |
		仮―仮	漢―漢	仮―漢	両方―漢	
ニアタッテ	書籍	1	0	0	0	1
	白書	0	4	0	0	4
ヲモッテ	書籍	7	4	3	2	16
	白書	2	4	4	0	10
ニシタガッテ	書籍	3	0	0	0	3
	白書	1	1	0	0	2
ヲトオシテ	書籍	0	2	0	0	2
	白書	0	4	0	0	4
ニタイシテ	書籍	0	11	0	0	11
	白書	0	13	0	0	13
計		14	43	7	2	66
		(21.2)	(65.2)	(10.6)	(3.0)	(100.0)

括弧内は割合を示す。

表4を見ると、複合助詞と本動詞の表記がどちらも仮名表記（表中の「仮―仮」）か漢字表記（表中の「漢―漢」）のように、同じ表記が用いられるサンプルの割合が高いことがわかる。「ヲモッテ」では、複合助詞は仮名表記、本動詞では漢字表記のように、それぞれの表記が異なるサンプルが見られた。校正漏れの可能性もあるが、異なる表記を使うことによって意味・用法の区別を明確にしたいという書き手の意識が働いているのではないだろうか。

4.3.3 「ヲトオシテ」の表記

本調査で扱った複合助詞の表記は、それに含まれる動詞の語種によって、表記の傾向をある程度説明することができた。しかし、表2、図1において、「ヲトオシテ」は和語動詞「通す」を含む形式であるが表記の傾向は他の形式とは異なる。動詞に含まれる「通」という漢字を用いた「ヲツウジテ」も合わせて調査した結果、「ヲトオシテ」と「ヲツウジテ」は両形式とも複合助詞の漢字表記率が89.9〜100.0％と高い。本動詞の「ヲトオシテ」の表記を見ても漢字表記率は87.9〜100.0％であり、用法にかかわらず他の和語動詞よりも表記に漢字が用いられる傾向が強いことがわかる。

ここでは「ヲトオシテ」に含まれる「通」という漢字を含む形式をさらに検討したい。「通」を用いた形式には「思った通り」のような「ル／タトオリ」がある。「ル／タトオリ」は複合助詞ではないが、グループ・ジャマシイ（1998）には文型として掲載されており、「それと同じようである」（グループ・ジャマシイ 1998）という意味である。「通り」は動詞「とおる（通）」の連用形が名詞化された語（『日本国語大辞典』）である。

「ル／タトオリ」の表記を複合助詞と同様の方法で調べたところ、「同じようである」という意味を表す用例と「人や車の通るところ」という「道路」を表す用例が見られた。図2はそれぞれの用例の表記を集計した結果である。

「道路」を表す「ル／タトオリ」（例 海岸に沿った通りに出た。）を含むサンプルは書籍に3サンプル見られ、いずれも漢字が用いられていた。「同じようである」（例 娘に教わった通り、〜した。）と

いう意味を表す「ル／タトオリ」の表記を見ると、「白書」ではほぼすべてが仮名で表記され、「知恵袋」と「書籍」の仮名表記率はそれぞれ53.0%、61.2%であった。「ヲトオシテ」が複合助詞と本動詞のいずれの用例でも表記にはほぼ漢字が用いられていたのと比べると、「ル／タトオリ」は「同じようである」という意味を表す場合には、仮名が用いられる傾向が強いと言える。

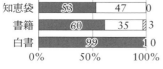
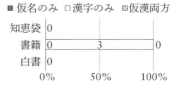

図2　「ル／タトオリ」の表記

「ル／タトオリ」が「同じようである」を表す場合に仮名が用いられる理由には、「トオリ」が名詞であることや、「道路」を表す「通り」との混同を避けるためであるとも考えられるため、複合助詞の表記と事情は異なると思われる。しかし、「通」という漢字の「トオ（リ／シテ）」という訓を含む表現には、漢字で表記される傾向が強いものと仮名で表記される傾向が強いものとがあることがわかった。なお、図2には示されていないが、「同じようである」と「道路」の両方の用例が出現しているサンプルが書籍に1サンプル見られた。

また、「ヲトオシテ」と「ヲツウジテ」を漢字で書くと「を通して」と「を通じて」である。両者の表記は「し」と「じ」の濁点の違いしかなく類似している。混同されやすければ、それを避けるために「をとおして」のように和語動詞の表記に仮名が用いられると思われるが、実際には漢字が用いられている。考えられる理由として「を通して」が「に関して」「に対して」と同じように漢字1字に「して」が付くため、漢語動詞の表記に似ているところから漢語動詞と同様に漢字が用いられることが挙げられるが、詳細な検討は今後の課題としたい。

5. まとめ

　本章では、複合助詞に含まれる動詞が本来の意味を失っているという説明をもとに本動詞と比較しながら表記の傾向を調査し、分析を行った。7形式のみの調査であるが、本調査で明らかになった点は以下の2点である。

　1. テキストの性格によって複合助詞の表記の傾向は異なる。
　2. 動詞の語種や意味によって複合助詞の表記の傾向は異なる。

　1については「知恵袋」「書籍」「白書」における複合助詞の表記を比較したところ、複合助詞によって、表記に違いが見られないものと表記の傾向に違いが見られるものがあった。さらに表記の傾向に違いが見られた形式では、形式によって仮名表記率の高いレジスターが異なった。特に「白書」では公的な報告書というテキストの特徴にもとづく表記も見られた。

　2については、本動詞の表記とも関連付けてまとめると、漢語動詞を含む形式では複合助詞と本動詞のいずれもほぼ漢字で表記されていた。和語動詞を含む形式では本動詞は漢字で表記される傾向が強く、複合助詞は形式によって仮名表記率が高い形式と低い形式があることがわかった。

　本章では動詞の意味に注目し語の意味と漢字表記とを結びつけて考察した。複合助詞の機能は助詞であると考えれば、漢語動詞が含まれていても「にたいして」や「にかんして」のように複合助詞を仮名で表記する場合もあると思われる。しかし、本調査で調べたレジスターの範囲では漢語動詞を含む複合助詞はほぼ漢字で表記されていた。これらの形式の表記においては、助詞という機能よりもそこに含まれる漢語動詞が意識される傾向が強いのではないかと思われる。

　本調査の課題としては、本動詞と複合助詞の境界の引き方が挙げられる。本章は森田・松木（1989）をもとにしたが、複合助詞と本動詞の意味・用法は連続的であるため両者の分け方によって結果も変わることが予想される。今後、他の形式の表記を調査する際には留意したい。

調査資料

国立国語研究所『現代日本語書き言葉均衡コーパス』(データバージョン 2021.03)(2022年11月利用)

参考文献

グループ・ジャマシイ編著(1998)『教師と学習者のための日本語文型辞典』くろしお出版

国立国語研究所(2015)「『現代日本語書き言葉均衡コーパス』利用の手引き」第1.1版, https://clrd.ninjal.ac.jp/bccwj/doc.html

佐竹秀雄・佐竹久仁子(2005)『ことばの表記の教科書:日本語を知る・磨く』ベレ出版

日本国語大辞典第二版編集委員会(2002)『日本国語大辞典　第二版』小学館(ジャパンナレッジ利用, 最終アクセス2023年1月10日)

日本語文法学会編(2014)『日本語文法事典』大修館書店

本多由美子(2019)「『現代日本語書き言葉均衡コーパス』における複合助詞の表記:動詞の漢字表記に着目して」「言語資源活用ワークショップ発表論文集」4, pp. 94–105, info:doi/10.15084/00002558

本多由美子(2022)「高頻度の二字漢語の透明性と表記の傾向」『二字漢語の透明性と日本語教育への応用』くろしお出版、pp. 157–175.

森田良行・松木正恵(1989)『日本語表現文型』アルク

山崎誠編(2014)『講座日本語コーパス　2, 書き言葉コーパス—設計と構築—』朝倉書店

山崎誠・藤田保幸著(2001)『現代語複合辞用例集』国立国語研究所

章末資料

複合助詞7形式の意味・用法（森田・松木1989より）

形式	意味・用法の分類	例文
ニアタッテ	時・場所・状況	「今度の事業を成功させるにあたっては、多くの人々の協力が必要である。」（J）
ニシタガッテ	① 時間的関係（相関）	その子は大きくなるにしたがって、だんだんきれいになりました。（型Ⅰ）
	② 順接条件（因果関係）	「字がだんだん複雑になり殖えるに従って、種々な物語が書けて来たというわけね。」（伸）
ヲトオシテ	仕手・仲介・手段・根拠・原因	映画を通して都会生活に憧れたこの娘の素朴な夢は……（型Ⅰ）
ヲモッテ	①資格・立場・状態・視点	彼は伸子を助け自分の立場を理解しているものの自信を以て振舞った。（伸）
	②仕手・仲介・手段・根拠・原因	「今夜爆弾には爆弾をもって報ゆるであろう！」（夜）
	③基準・境界	一月一日をもって所長に就任した。
ニカンシテ	対象・関連	この大学には有名な先生が大ぜいいるが、経済学に関していうなら、まず小林先生の名をあげなければならない。（J）
ニタイシテ	①対象・関連	今日科学の欺瞞に対して感謝の意を表してしかるべきであろう。（現）
	②割合	アルバイト一人に対して一日五千円が支払われる。
ヲツウジテ	①仕手・仲介・手段・根拠・原因	書物を通じて得た知識や情報を…（J）
	②起点・終点・範囲	このようなことは人類の歴史を通じていつの時代にも見られたことである。（J）

用例の後ろの（　）は、森田・松木（1989）に示されている用例の出典を表す略号である。略号と出典については森田・松木（1989）の凡例参照。

第4章
日本語教育学分野における研究論文の要旨の表記の実態
―文字種比率と符号・記号の用いられ方―

三谷彩華

キーワード

論文要旨、文字種比率、記号、読点、文段

1. はじめに

　本章では、学術的文章の一種である研究論文の要旨を対象に、表記の実態を明らかにする。

　研究論文の読み手は、本文の前に、題名やキーワード、そして要旨を読むことが想定される。研究論文の要旨を対象とした研究においては、構成要素や表現に関する研究があり、要旨という文章の特徴が明らかにされている。要旨は、読み手に短い文字数で本文の内容を伝えなければならないため、符号・記号や文字種といった表記上の工夫がなされている可能性がある。そこで本章では、要旨における文字種、符号・記号の用いられ方といった表記の実態を計量的な分析により捉えることを目的とする。

　本章の構成は次の通りである。「2. 先行研究と本研究の課題」では、研究論文の要旨に関する研究と文章の表記に関する研究を概観し、研究課題を提示する。「3. 分析方法」では、分析対象と分析の手順を述べ、続く「4. 分析結果」では、本研究で行った計量的な分析を文字種、符号・記号、読点の観点に分けて述べる。そして、「5. おわりに」では、分析から得られた結論と今後の課題を述べる。

2. 先行研究と本研究の課題

2. では、2.1 で日本語の研究論文の要旨に関する研究、2.2 で文章の表記に関する研究を概観する。そして、2.3 で本研究の課題を提示する。

2.1 日本語の研究論文の要旨に関する研究

佐久間（1989: 11）によれば、要約文には「目的や原文の長さに応じた『大意的要約』と『要旨的要約』」がある。佐久間（1989: 11）は、次のように述べている。

> 前者は原文の順序に忠実に全段落から均等に要点を抽出するのに対し，後者は原文の重要な点のみをさらに短くまとめ，原文の順序にこだわらないものだといわれる。　　　（佐久間 1989: 11）

前者は「大意的要約」、後者は「要旨的要約」を指している。本研究で対象とする研究論文の要旨は、原文となる本文の長さとその要約である要旨の長さを考慮すると「要旨的要約」にあたると考えられるが、佐久間（1989: 11）は、「原文中の要素の性質やその組み合わせによっても、要約文の書き方に違いが生ずるのではないかと予想される」とも述べている。

日本語で書かれた研究論文の要旨の研究においては、要旨に用いられる表現と本文に用いられる表現を分析した澤田（1993）や村田（2009）、要旨に書かれる構成要素を分析した王他（2009）、李他（2011）、三谷（2017、2018、2021）がある。

王他（2009）、李他（2011）、三谷（2017、2018、2021）は、日本語学や日本語教育学分野の論文要旨を分析し、それぞれ要旨の構成要素を挙げているが、研究目的と結論が共通している。

日本語学分野の要旨に「研究背景」「研究目的」「研究方法」「研究結果」「結論」の5種の構成要素があるとした三谷（2018）は、佐久間（2003）の「段」を用いた文章構造分析を行っている。

「段」は、佐久間（2003: 93）において、次のように規定され、分析対象が文章の場合には「文段」、談話の場合には「話段」が用いられている。

「段」の構成要素は，「文」よりも，むしろ，1対の「提題表現」と「叙述表現」からなる「題―述関係」に基づく，話題の統括機能を有する「情報単位」であり，いわゆる「節」に相当する成分と考えるほうがよいだろう。　　　　　（佐久間 2003: 93）

「文段」を用いることで、「文」という単位にとらわれずに、構成要素を分析することが可能となった。さらに、三谷（2018）は、「日本語の文章・談話における情報伝達を図る尺度」（佐久間 2010: 28）である「情報伝達単位（CU）」を用いて、要旨の言語単位が本文中のどこから用いられているかの使用傾向調査も行っている。その結果、本文の「序論」「本論」「結論」の文章構造が要旨に反映されていることを指摘した。

ただし、三谷（2021）では、要旨の文章構造は原文を反映しているものの、その分量的配分は必ずしも原文における構成要素の配分と同様ではないことを指摘している。三谷（2021）は、三谷（2018）に基づいて要旨の計量的分析を行い、日本語学の論文要旨には、「概要提示型」「結論詳述型」「背景・目的詳述型」「方法詳述型」の4種の分量的配分の類型があることを示した。

以上の研究は、分野を限定していることから、他分野との比較が今後の課題となるが、研究論文の要旨が本文の文章構造を反映しながら内容を短くまとめたものであること、要旨の構成要素の分量的配分にはいくつかの類型があるということ等、要旨という文章の表現特性を様々な観点から明らかにしている。

2.2　文章の表記に関する研究

文章の表記に関する研究には、文章の漢字使用の実態を調査した安本（1963）、野村（1980）、佐竹（1982）、宮島（1988）、菅野（2017、2021）、読点に関する分析をした金（1994）、岩崎（2018、2021）、括弧を分析した中山他（2010）がある。

文章の表記の様相を知るために、漢字含有率という尺度が用いられる。漢字含有率の計算の方法は一定していない（野村 1980）が、分析対象となる各文章から一定の分量を抽出し、それに含まれる漢字の割合を算出するというものである。

小説の文章に用いられる漢字の割合を明らかにし、「漢字の将来」を予測した安本（1963）やその後検証を行った宮島（1988）をはじめ、漢字含有率を調査した研究は多くあるが、本研究では佐竹（1982）、菅野（2017、2021）について述べる。
　佐竹（1982: 329）は、漢字含有率を「漢字の量と漢字以外の文字または表記記号の量との相対的な比率によって定まる値」として、次のように述べている。

　　したがって，文章表記の様相をとらえるには単に漢字含有率だけを問題にするのではなく，漢字以外の字種の比率との関連についても調べることが必要となろう。　　　　（佐竹 1982: 329）

　佐竹（1982）は、文章の種類や表現の内容によって漢字含有率がどれほど異なるかを明らかにするため、1979年7月―8月に発行された雑誌63誌から7項目（「小説」「評論・論文」「実用・解説」「ルポ・報告」「インタビュー・座談会」「随筆・エッセー」「読者投稿」）の記事を抽出し、漢字を含む字種比率を比較している。その結果、カタカナ比率は「実用・解説」が、漢字比率は「評論・論文」と「ルポ・報告」がそれぞれ他の項目より高く、雑誌記事の種類や内容によって字種比率が異なることを明らかにした。また、漢字含有率が比較的高い評論や論文では、漢字とひらがなとの間に字種比率の「補完性」があるという仮説を立てている。
　菅野（2017）は、「22世紀の末葉に日本語の文章から漢字が無くなる」（菅野 2017: 481）という安本（1963）の予測を検証するため、宮島（1988）の調査に倣い、1986年から2015年までの芥川賞作品を対象に各作品の漢字含有率の変遷を調査している。調査の結果、漢字の割合が減少し続ける傾向は裏付けられず、20世紀末葉から漢字含有率が安定傾向にある可能性を明らかにした。さらに、菅野（2021）では、その要因を分析し、20世紀の中葉まで見られた語種の構成比率や語種別に見た漢字使用に大きな変化が見られなくなったことが要因だと指摘している。
　これらの研究により、文字種の比率が文章の種類によって異なることや、時代変化の様相が明らかになっている。
　文字種としての符号・記号のうち、最も多く用いられるのは、句

読点である。句読点の打ち方は、「日本語の表記の上でも基本的なルールが定まっておらず、特に読点についてはルール化が難しい」（礒崎 2022: 92）とされている。石黒（2011: 302–304）は、「読点はとらえどころのない印象がある」とし、読点が打たれる要因として「①意味、②長さ、③構造、④表記、⑤音調、⑥リズム、⑦強調」を挙げ、これらが複雑に絡み合っていると述べている。一方、読点の打ち方を具体的に検証した先行研究には、文学作品を対象に、読点の打ち方に著者の特徴が表れているかを複数の観点から分析した金（1994）や、読点が接続詞の直後に打たれる要因をレジスターごとに分析した岩崎（2018、2021）がある。岩崎（2018）は、『現代日本語書き言葉均衡コーパス』のコアデータを対象に読点を分析し、レジスターの中でも「OW（白書）」における接続詞直後の読点が高い規範性を持っていることを明らかにしている。そして、その要因は「書き手が公文書作成の要領に則り，注意を払っているために起きた結果」（岩崎 2018: 440）であることを指摘している。

続いて、括弧表現に関する研究について述べる。中山他（2010）は、新聞記事の括弧表現を抽出し、「丸括弧」を「頭文字」「外来語の頭文字」「その他換言」「読み」「場所」「所属」「年齢」「補完」「補足・注釈」「発言者」「数字」「年月」「職業」「著者」「複合」「その他」の16種に、「鉤括弧」を「会話」「強調」「題目」の3種に分類している。

石黒（2012: 104）は、レポートや論文に用いるかぎ括弧について、「引用以外で「」を使ってよい場合」として、「いわゆる（書き手は本来使わない）という意味を込める」「意味を限定したり，特殊な意味を加えたりする」「読み手にとってなじみがない語を導入する」「内容ではなく表現の形式を取りあげる」の4つのケースを挙げている。

以上の先行研究は、主として本文を対象としたものであるが、本章で対象とする要旨のような要約した文章の場合、どのような表記の特徴があるのだろうか。研究論文の要旨においては、表記について詳細に言及している教材や書籍は少ないが、原文となる論文本文の書き方に則って作成している可能性がある。

2.3　本研究の課題

2.1で述べた、学会誌に掲載された論文を対象とした要旨の研究成果は、これから要旨を作成する初学者にとって必要な知識であるが、表記の観点を含むものは少ない。要旨には字数制限が設けられることが多いため、2.2で述べた文字種比率や句読点を含む記号など、表記に関しても工夫がなされているのではないかと考えられる。

そこで、本研究では、要旨の表記の基礎的な分析を行うことで、学会誌に掲載された要旨の表記の実態を把握することを目的とする。研究課題は以下の2点である。

　課題1　要旨において文字種はどのような比率で用いられるか。
　課題2　要旨における符号・記号の用い方には、どのような特徴があるか。

課題1では、要旨の文字種比率を調査し、要旨という文章ジャンル独自の文字種比率があるかを検討する。課題2では、文字種の中でも符号・記号を取り上げ、どのような符号・記号が、どのように要旨に多く用いられているのかを分析する。なお、以下では符号・記号をまとめて記号と表記する。

3.　分析方法

3.では、本章で行う分析の対象と手順について述べる。3.1では本研究で取り扱う分析データについて、3.2では分析の手順について述べる。

3.1　分析対象

本研究では、2.1で述べた先行研究においても分析対象となっていた、学会誌『日本語教育』に掲載された日本語の研究論文の要旨を対象とする。「『日本語教育』投稿要領」（日本語教育学会学会誌委員会2021年1月）によれば、和文論文の場合、要旨は400字以内という指定がある。

『日本語教育』の既刊の中でも、144号（2010）〜180号（2021）の約10年分の「研究論文」カテゴリーに掲載された全80

編の要旨を分析する。

3.2　分析手順

　要旨の表記の特徴を明らかにするため、まず分析対象である全80編の要旨の形式段落数、文数、文字数を集計した。次に、要旨の文字種（ひらがな、カタカナ、数字、英字、記号）を集計した。形式段落数、文数は目視で確認し、文字数、文字種は、「日本語読解学習支援システム　リーディングチュウ太」（https://chuta.cegloc.tsukuba.ac.jp/index.html）の「漢字チェッカー」を用いた。「日本語読解学習支援システム　リーディングチュウ太」は、インターネット上で日本語の文章読解に役立つツールを提供しており、大きく「道具箱」「読解教材バンク」「リンク集」「文法クイズ」の4つからなる（川村 2009: 2–3）。「道具箱」にある「レベル判定ツール」は、文中の単語や漢字の難易度を判定するもので、「語彙チェッカー」と「漢字チェッカー」がある（川村 2009: 16–33）。「漢字チェッカー」は、テキストボックスに対象の文章をいれると、文中の漢字難易度を自動判定できるだけでなく、総文字数、ひらがな、カタカナ、数字、英字、記号といった表記に関する計量的な情報を得ることができる。改行や空白は「その他」として集計されるが、本研究では「その他」は対象外とした。また、「々」は記号として数えられるが、単語の一部であるため、漢字として集計を行った。

　本研究では、文字種を集計する際に、文字種を総文字数で割り、各文字種が要旨1編あたりにどのくらい含まれているのか、比率を算出した。本章ではその比率をそれぞれ「漢字率」「ひらがな率」「カタカナ率」「数字率」、「英字率」、「記号率」と記す。

　次に、要旨における記号の使い方の特徴を明らかにするために、記号の種類を分析した。集計には、文字種の集計と同様に、「日本語読解学習支援システム　リーディングチュウ太」の「漢字チェッカー」を用いた。文章においては、「，」「。」の句読点が多く用いられることが推測されるため、句読点の使用実態およびその特徴も分析した。なお、「『日本語教育』執筆の手引き」（日本語教育学会学

会誌委員会2024年12月）において、日本語の句読点は全角の「，」「。」を用いるよう定められている。

　2. でも述べたとおり、三谷（2018、2021）では、佐久間（2003）の「段」を用いて文章構造を分析し、分類した5種の文段を要旨の構成要素としている。表1に三谷（2021）の5種の文段とその説明をまとめる。

表1　日本語学における要旨の文段の種類

文段	説明
研究背景	研究動機を説明し、主な先行研究を示す
研究目的	論文の執筆目的を述べ、研究課題を示す
研究方法	研究課題の調査・分析方法や分析観点を示す
研究結果	調査や分析を記述し、結果の考察を示す
結論	研究結果をまとめて、研究の意義を述べる

　要旨には限られた文字数で複数の文段を述べる必要があることから、各文段において、句読点の用いられ方に特徴がある可能性がある。そこで本研究においても、三谷（2018、2021）の手順に従い、要旨に述べられる内容のまとまりと形態的指標から文段を分析し、表記の特徴の考察に用いる。なお、佐久間（2003: 93）が述べるように、文段は、「「節」に相当する成分」であることから、1文中に複数の文段が出現することがある。

　本研究で集計した数値に対しては、SPSS Statistics 29を用いて分析を行った。

4. 分析結果

　4. では、『日本語教育』の要旨全80編に対して行った分析の結果を述べる。4.1 では、要旨の文字数、段落数、文数と文字種の比率について述べ、4.2 では、要旨に用いられる記号について述べる。そして、4.3 では記号のなかでも多く用いられる句読点について述べ、4.4 では文段における読点の特徴を述べる。なお、4.4 の文段の分析の一部には、三谷（2024）の分析結果のデータを用いてい

る。

4.1　要旨における表記の特徴

　要旨全80編に含まれる総文字数は30,666、総形式段落数は99、総文数は443であり、1編あたりの文字数、形式段落数、文数の最小値、最大値、平均値は表2に示す通りであった。なお、本研究における形式段落数は、改行一字下げによってはじまる段落に基づくものとする。

表2　要旨全80編の1編あたりの文字数、形式段落数、文数

単位	最小値	最大値	平均値	標準偏差
文字数	184	440	383.3	36.46
形式段落数	1	3	1.2	0.53
文数	3	9	5.5	1.36

　平均値は、文字数は383.3、形式段落数は1.2、文数は5.5である。形式段落は、1段落が65編（81.25％）、2段落が11編（13.75％）、3段落が4編（5％）と、1段落で書かれる要旨が圧倒的に多い。

　一方、文は、3文が4編（5％）、4文が19編（23.75％）、5文が21編（26.25％）、6文が22編（27.5％）、7文が9編（11.25％）、8文が2編（2.5％）、9文が3編（3.75％）と、形式段落数に比べてばらつきがあった。

　次に、文字種の内訳について述べる。全80編の要旨の総文字数30,666の中で、漢字は12,772、ひらがなは12,372、カタカナは1,793、数字は361、英字は763、記号は2,605であった。表3には、要旨1編あたりの各文字種の数の内訳と文字種比率を示す。文字種比率は、数の下段に（）で示した。

表3　全80編の文字種の内訳と文字種比率

字種	最小値	最大値	平均値	標準偏差
漢字	64 (0.253)	255 (0.642)	159.7 (0.416)	32.70 (0.07)
ひらがな	94 (0.258)	208 (0.587)	154.7 (0.406)	25.54 (0.07)
カタカナ	0 (0)	85 (0.214)	22.4 (0.059)	18.26 (0.05)
数字	0 (0)	24 (0.061)	4.5 (0.011)	5.71 (0.01)
英字	0 (0)	144 (0.339)	9.5 (0.024)	20.19 (0.05)
記号	11 (0.034)	64 (0.161)	32.6 (0.085)	12.35 (0.03)

　表3の文字種比率の平均値から、漢字率とひらがな率がともに40％以上で要旨の多くを占めていることがわかる。

　佐竹（1982: 333）の調査では、「評論・論文」の項目は、漢字が31.99％、ひらがなが53.80％、カタカナが6.13％、「英文字」が0.30％、「洋数字」が0.30％、記号が1.55％、句点が1.63％、読点が3.86％、スペースが0.43％であったことが報告されている。本研究においてもカタカナ（5.9％）と記号（8.5％、句読点を含む）の比率においては、類似した結果が得られた。ただし、佐竹（1982）の結果に対して、漢字率（41.6％）は約10％上回り、ひらがな率（40.6％）は約10％下回るという漢字とひらがなとの間の補完性（佐竹1982）が確認された。これは、要旨に字数制限があり、簡潔に書くために漢語がより多く用いられるためではないかと考えられる。

4.2　要旨における記号の特徴

　4.2では、要旨に用いられる記号について述べる。表4に示すのは、全80編に用いられる記号の数の内訳である。

表4 要旨全80編に用いられる記号の数の内訳

順位	記号	合計	順位	記号	合計	順位	記号	合計
1	，	968	11	』	13	23	；	4
2	。	446	11	／	13	24	○	3
3	「	319	14	？	12	24	〈	3
3	」	319	14	《	12	24	〉	3
5	）	139	14	》	12	24	＊	3
6	（	122	17	：	11	28	×	2
7	・	91	18	＋	10	28	"	2
8	-	18	19	＝	8	28	"	2
9	〜	17	20	．	7	28	｛	2
9	数字記号	17	21	→	6	28	｝	2
11	『	13	22	、	5	33	％	1

　表4によると、読点（「，」）、句点（「。」）が圧倒的に多い。句点が全80編の文数（443）より多いのは、文中の引用で用いられた「。」（3例）を独立した1文とみなさなかったためである。句読点を除く記号で多く見られたのは、かぎ括弧（「」）や丸括弧（()）など、括弧の使用である。次いで、中黒（「・」）、ハイフン（「-」）、波線（「〜」）、数字記号（①②、ⅠⅡ）と続く。括弧は、はじめ括弧と終わり括弧の組み合わせで用いられることがほとんどだが、「)」（139）は、「(」（122）より多く用いられている。これは、次に示す（1）の下線部分のように、分析の結果明らかになったことや、研究課題、研究の手順等を並列する際に片括弧「)」として用いられるためである。なお、用例の文字装飾と〈後略〉は、本章の筆者によるものである。

（1）その結果，以下の点が明らかになった。<u>1）</u>「によって」「ため」との比較において，①「ため」は必然的因果関係のみ表すが，「結果」「によって」は契機的因果関係をも表しうる。②「ため」は前後に　〈後略〉　　　（池上　2010: 109）

　（1）のように、節・文レベルの並列の冒頭に記号を用いている要旨は、18編あった。要旨という限られた紙幅の中で本文の内容

をわかりやすく示すために用いているのだと考えられる。

次に、句読点を除く記号の中で、最も多く用いられたかぎ括弧について述べる。文レベルの引用の他にかぎ括弧が用いられる例として、(2) を示す。

(2) その結果，文字チャット開始初期の学習者の特徴として，「ね」の使用頻度が母語話者に比べ低く，**「任意の『ね』」**を多用する傾向が見られた。また，**「必須の『ね』」**の非用と見られる発言も多く見られた。　　　　　　（船戸 2012: 1)

(2) のように、本研究で対象とした要旨では、研究対象を示す括弧や、観点・類型の区別を示すための括弧が見られた。

4.3　句読点の用いられ方

4.2 では、要旨において読点（「,」）と句点（「。」）が最も多く用いられる記号であることを述べた。4.3 では、句読点の用いられ方について分析する。

まず、表5に要旨全80編の句点と読点の1編あたりの数を示す。

表5　要旨全80編における1編あたりの句読点の数

句読点	最小値	最大値	平均値	標準偏差
句点（。）	3	10	5.6	1.44
読点（,）	4	20	12.1	3.31

表5によると、要旨1編あたりの句点の数は5.6、読点の数は12.1であり、1文あたり約2回読点が打たれているということになる。

4.1で述べたとおり、総文字数が30,666、総文数が443であることから、1文あたりの文字数と読点の数の平均値は、文字数が69.2、読点が2.2である。1文あたりの文字数と1文あたりの読点の数をヒストグラムで表すと、図1、図2のようになる。

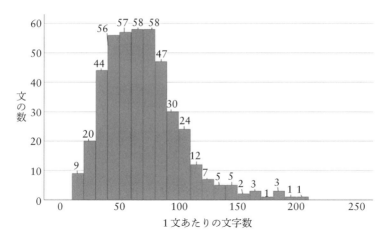

図1　1文あたりの文字数

　図1によると、要旨の1文あたりの文字数は、40文字台、50文字台、60文字台、70文字台が50文以上ある。

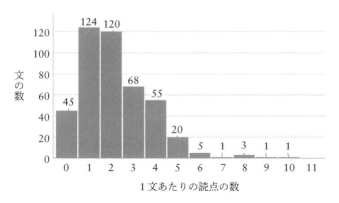

図2　1文あたりの読点の数

　一方、1文あたりの読点の数は、1回が124文で最も多く、次いで2回が120文、3回が68回、4回が55回、0回が45回と続く。
　1文あたりの文字数と1文あたりの読点の数の関係を見るため、相関分析を行った。本研究では、1文あたりの文字数と1文あたりの読点の数に正規性が確認できなかったため、Spearmanの順位相関係数を算出した。その結果、文字数が多ければ、読点の数も多くなるという強い正の相関があった（$\rho = .734$, $p < .001$）。

4.4 文段の分析による読点の特徴

4.4では、要旨に出現する文段と、1文あたりの文字数および読点の間に関連があるかを分析する。

まず、全80編の文段について述べる。『日本語教育』における要旨の文段を分析した結果、1文あたりに含まれる文段は、「1_研究背景」「2_研究目的」「3_研究方法」「4_研究結果」「5_結論」「6_今後の課題」「7_複数文段」の7種に分類された。表6に各文段の文数と文字数、読点の数を示す。

日本語学分野の論文要旨を分析した三谷（2018, 2021）と比較すると、「6_今後の課題」の有無が異なる。しかし、「6_今後の課題」の文段は全体のうち2文しか見られないことから、要旨ではほぼ言及されないと言ってよいだろう。以下、「6_今後の課題」を除く6種について述べる。

表6 要旨の各文段の1文あたりの文字数と読点の数

文段	文数	文字数と読点の数	最小値	最大値	平均値	標準偏差
1_研究背景	66	文字数	24	137	58.4	23.12
		読点の数	0	5	1.5	1.14
2_研究目的	75	文字数	25	160	76.7	29.18
		読点の数	0	5	2.3	1.33
3_研究方法	56	文字数	14	137	61.1	25.05
		読点の数	0	10	2.3	1.75
4_研究結果	80	文字数	11	191	62.8	32.38
		読点の数	0	9	2.1	1.59
5_結論	137	文字数	14	207	72.0	33.55
		読点の数	0	8	2.3	1.66
6_今後の課題	2	文字数	43	46	44.5	2.12
		読点の数	0	2	1.0	1.41
7_複数文段	27	文字数	48	188	98.5	37.17
		読点の数	1	8	3.0	1.60
合計	443	文字数	11	207	69.2	31.85
		読点の数	0	10	2.2	1.57

「7_複数文段」は、1文中に複数の文段があることを示す。内訳は、「研究方法＋結論」（10文）、「研究方法＋研究結果」（6文）、「研究方法＋研究目的」（4文）、「研究目的＋研究方法」（3文）、「研究背景＋研究目的」（2文）、「研究目的＋結論」（1文）、「研究結果＋結論」（1文）である。例として（3）に、「研究方法＋結論」と認定した「7_複数文段」の例を示す。なお、4.2と同様に、用例の文字装飾と〈後略〉は、本章の筆者によるものである。

(3) また変数間の関係について，アクセント生成と他変数との関係を考察するために重回帰モデルの検討を行った**結果,**アクセント生成成績を予測する変数はアクセント正誤判断課題成績のみであることが示された。 （高橋 2018: 16）

文の前半では、どのような方法で分析をしたのかを述べた上で（「3_研究方法」）、「行った**結果,**」と順接型の接続表現で連接し、後半ではその結果得られた結論（「5_結論」）を述べている。このような「7_複数文段」が見られた要旨は、80編中23編あり、要旨1編あたりの最大値は2（4編）であった。1文に複数の文段が含まれるのは、限られた文字数に内容を凝縮したためだと考えられる。「7_複数文段」に出現する文段には、「3_研究方法」（23）が最も多かった。

表6の各文段の文数によれば、文数が多い順に、「5_結論」（137文）、「4_研究結果」（80文）、「2_研究目的」（75文）、「1_研究背景」（66文）、「3_研究方法」（56文）、「7_複数文段」（27文）、「6_今後の課題」（2文）である。三谷（2021）では、要旨における「情報伝達単位（CU）」数の割合は、「結論」と「研究結果」が高いことが報告されているが、本研究の分析においても同様の結果が得られた。

1文あたりの文字数は、「7_複数文段」が98.5文字と最も多い。これは、複数の文段が1文で述べられるためである。次いで、「2_研究目的」（76.7文字）、「5_結論」（72.0文字）、「4_研究結果」（62.8文字）と続く。最も少ないのは、「1_研究背景」（58.4文字）であった。総文数（443文）における1文あたりの平均値（69.2文字）と比べると、「7_複数文段」「2_研究目的」は1文あたりの

文字数が多い。

　読点の数の平均値に関しても、「7_複数文段」が3.0で最も多い。一方、「1_研究背景」の平均値は1.5と、4.3で述べた全体の平均値である2.2より少ない。

　各文段の文字数や読点の数の平均値の差を確認するため、Kruskal Wallisの検定を行った。Kruskal Wallisの検定としたのは、各文段の文字数と読点の数に正規性が確認できなかったためである。「6_今後の課題」（2文）は除き、441文を対象とした。その結果、文字数においても、読点の数においても有意差が認められた（文字数, $H(5) = 42.208, p < .001$；読点の数, $H(5) = 22.782, p < .001$）。

　ペアごとの比較では、文字数においては、「1_研究背景」と「5_結論」「2_研究目的」「7_複数文段」の間、「3_研究方法」と「2_研究目的」「7_複数文段」の間、「4_研究結果」と「2_研究目的」「7_複数文段」の間、「5_結論」と「7_複数文段」の間にそれぞれ$p < .05$の有意差があった。

　つまり、「7_複数文段」の文字数は「2_研究目的」を除く他の文段の文字数より有意に多く、「2_研究目的」の文字数は、「1_研究背景」、「3_研究方法」、「4_研究結果」の文字数より有意に多い。そして、「5_結論」の文字数は「1_研究背景」の文字数より有意に多いということになる。

　一方、読点の数においては、「1_研究背景」と「2_研究目的」「5_結論」「7_複数文段」の間にそれぞれ$p < .05$の有意差があり、「1_研究背景」の読点の数が「2_研究目的」、「5_結論」、「7_複数文段」の読点の数より有意に少ないということが明らかになった。

　「1_研究背景」の文字数が少ないのは、400字という限られた要旨の中で「2_研究目的」および「5_結論」の必須要素を長く述べるためだと考えられる。ただし、三谷（2021）で「研究背景」や「研究目的」を長く述べる「背景・目的詳述型」に分類される要旨は、この限りではないと予想される。一方、「7_複数文段」は、1文中に2以上の文段を含むことから、文字数が多くなり、読点も多くなったのだと考えられる。同様に、「2_研究目的」、「5_結論」の

文字数や読点の数が多いのは、4.2節で挙げた（1）のように、研究課題や結論を並列して述べるためであると考えられる。また、1文あたりに読点が多く打たれた文には、（4）のような例も見られた。

（4）その結果，引用・解釈に関わる文には「A 中立的引用文」，「B 解釈的引用文」，「C 引用解釈的叙述文」，「D 解釈文」の4種があり，それぞれ独自の機能を果たしていることが判明した。
(山本他 2015: 94)

（4）では、「引用・解釈に関わる文」を4種に分類している。分類名等の名詞句レベルの並列に読点を用いるため、読点が多く用いられている。

5．おわりに

本研究では、日本語教育学分野の研究論文の要旨における表記の実態を捉えることを目的として、要旨の文字種比率と記号の用いられ方の計量的分析を行った。その結果、以下の4点が明らかになった。

まず、要旨の文字種比率は、佐竹（1982）で示された複数種類の文章の字種比率に比べ、漢字の比率が高く、ひらがなの比率が低い。本研究で対象とした学会誌の要旨には、400字の字数制限があり、少ない文字数で研究内容を述べようとしたため、漢語が増えたことが要因として考えられる。

次に、記号においては、句読点が圧倒的に多く、次いで研究対象や類型を示すかぎ括弧が多く用いられていた。その他、並列の冒頭において、丸括弧や片括弧、数字記号などが用いられている例がみられた。

読点は、1文あたりに平均約2回打たれるが、1文あたりの文字数が増えるにつれて読点の数も有意に増える。要旨においては、1文中に複数の文段を含める「7_複数文段」と、「2_研究目的」および「5_結論」の文段の1文あたりの文字数と読点の数が多い。「2_研究目的」や「5_結論」に読点が多いのは、研究課題や結論

を列挙することも要因として挙げられる。一方、「1_研究背景」では、文字数と読点の数が有意に少なかった。

　本研究では、研究論文の要旨の表記の基礎研究として文字種と記号の用いられ方を分析したが、単なる文字種比率だけではなく、語種や品詞との関連の検討や論文本文の文字種比率との比較も必要である。また、今回対象としなかった空白、そして記号の用いられ方についても内容や形態による分類をすることで、どのような時にどう表現すればいいのかが明らかになると考える。いずれも今後の課題としたい。

付　記

本研究は、JSPS科研費20K13090の助成を受けたものである。

調査に用いた学術雑誌

公益社団法人　日本語教育学会『日本語教育』144号（2010）、145号（2010）、146号（2010）、147号（2010）、148号（2011）、150号（2011）、151号（2012）、152号（2012）、153号（2012）、154号（2013）、155号（2013）、156号（2013）、157号（2014）、159号（2014）、160号（2015）、161号（2015）、162号（2015）、163号（2016）、164号（2016）、165号（2016）、166号（2017）、167号（2017）、169号（2018）、170号（2018）、172号（2019）、175号（2020）、176号（2020）、177号（2020）、178号（2021）、179号（2021）、180号（2021）.

用例の出典

(1)池上素子（2010）「因果関係を表す「結果」の用法」『日本語教育』144, pp. 109–120.
(2)船戸はるな（2012）「継続的な文字チャットによる日本語学習者の終助詞「ね」の使用の変化―必須要素／任意要素の観点から―」『日本語教育』152, pp. 1–13.
(3)高橋恵利子（2018）「韓国人日本語学習者のアクセント習得要件について―上級学習者を対象に―」『日本語教育』169, pp. 16–30.

⑷山本富美子・二通信子（2015）「論文の引用・解釈構造―人文・社会科学系論文指導のための基礎的研究―」『日本語教育』160，pp. 94–109.

参考文献

石黒圭（2011）「14　句読点のルール」中村明・佐久間まゆみ・髙崎みどり・十重田裕一・半沢幹一・宗像和重（編）『日本語文章・文体・表現事典』，pp. 301–304，朝倉書店.
石黒圭（2012）『論文・レポートの基本―この1冊できちんと書ける！』日本実業出版社.
礒崎陽輔（2022）『分かりやすい公用文の書き方［第2次改訂版］』ぎょうせい.
岩崎拓也（2018）「読点が接続詞の直後に打たれる要因―Elastic Net を使用したモデル構築と評価―」『計量国語学』31（6），pp. 426–442.
岩崎拓也（2021）「14 接続詞の直後の読点をどう指導すべきか」李在鎬（編）『データ科学×日本語教育』pp. 268–287，ひつじ書房.
王敏東・趙珮君・仙波光明（2009）「学会誌の『要旨』の考察―日本と台湾における日本語学／日本語教育の論文の場合―」『言語文化研究』17，pp. 103–122.
川村よし子（2009）『チュウ太の虎の巻―日本語教育のためのインターネット活用術―』くろしお出版.
金明哲（1994）「読点の打ち方と文章の分類」『計量国語学』19（7），pp. 317–330.
公益社団法人　日本語教育学会学会誌委員会（2021）「『日本語教育』投稿要領」『日本語教育』180，pp. 89–91.
公益社団法人　日本語教育学会学会誌委員会（2024）「『日本語教育』執筆の手引」https://www.nkg.or.jp/gakkaishi/.assets/toko_tebiki.pdf（2024年12月3日最終閲覧）
佐久間まゆみ（編）（1989）『文章構造と要約文の諸相』，くろしお出版.
佐久間まゆみ（2003）「第5章 文章・談話における「段」の統括機能」佐久間まゆみ（編）・北原保雄（監修）『朝倉日本語講座7　文章・談話』，pp. 91–119，朝倉書店.
佐久間まゆみ（編）（2010）『講義の談話の表現と理解』，くろしお出版.
佐竹秀雄（1982）「各種文章の字種比率」『研究報告集』3，pp. 327–346.
澤田深雪（1993）「学術論文の要旨の表現特性」『表現研究』57，pp. 18–27.
菅野倫匡（2017）「漢字は無くなるのか―再び「漢字の将来」を問い直す―」『計量国語学』30（8），pp. 481–498.
菅野倫匡（2021）「語種の観点から見る漢字含有率の安定要因―芥川賞作品の分析を通して―」『計量国語学』32（8），pp. 479–495.
中山悟・森田和宏・泓田正雄・青江順一（2010）「括弧表現の抽出・分類に関する研究」『言語処理学会　第16回年次大会 発表論文集』，pp. 379–382.
野村雅昭（1980）「週刊誌の漢字含有率」『計量国語学』12（5），pp. 215–222.
三谷彩華（2017）「日本語教育学の論文要旨の文章構造における文体特性」『文

体論研究』63，pp. 57-69.
三谷彩華（2018）「日本語学の論文要旨の文章構造類型―要旨における本文の要素の使用傾向―」『早稲田日本語研究』27，pp. 13-24.
三谷彩華（2021）「12 日本語の学術的文章を対象とした計量分析」李在鎬（編）『データ科学×日本語教育』，pp. 228-244，ひつじ書房.
三谷彩華（2024）「日本語の論文要旨の文章構造に関する基礎的研究」早稲田大学大学院日本語教育研究科博士学位論文.
宮島達夫（1988）「「漢字の将来」その後」『言語生活』436，pp. 50-58.
村田年（2009）「文章と文型 8―論文要旨における文型の使用頻度調査―」『日本語と日本語教育』37，pp. 61-92.
安本美典（1963）「漢字の将来―漢字の余命はあと二百三十年か―」『言語生活』137，pp. 46-54.
李国棟・王晶（2011）「学術論文要旨のテクスト性についての日中対照研究」『日本言語文化研究』15，pp. 32-44.

第 5 章
小中学生のかぎ括弧の使い方

砂川有里子

キーワード

かぎ括弧、使用実態、学年進行に伴う変化、児童・生徒作文コーパス

1. はじめに

　2022年1月に発表された文化審議会建議「公用文作成の考え方」では、括弧について、()（丸括弧）と「」（かぎ括弧）の使用を基本とすること、および、()や「」の中に、さらに()や「」を用いる場合、そのまま重ねて用いることなどが記されている。遙か昔、筆者が学校で習ったときには、「」の中に「」を用いる際は『』（二重かぎ括弧）を使うよう指導されたと記憶している。
　学校でのかぎ括弧の指導は公用文の考え方と異なっているのだろうか。現在の学校ではかぎ括弧の使い方をどのように指導しているのだろうか。子供たちのかぎ括弧の使用は年齢が上がるにつれてどのように変化するのだろうか。このような筆者の素朴な疑問に答えてくれる先行研究は、管見の限り見当たらない。
　そこで、本章では、「児童・生徒作文コーパス」を用いてかぎ括弧の使用実態調査を行った。まずは次節で学習指導要領と、国語科教科書におけるかぎ括弧の扱いを概観し、3節で本調査の課題と方法について述べる。4節では、使用頻度の調査結果を報告し、義務教育の9年間におけるかぎ括弧使用の学年進行に伴う変化について

分析する。5節では、学年が進んだ段階で使用する「言葉の引用」と「目立たせたい事物」のかぎ括弧について分析するとともに、木村（2011）や藤田（2000）の挙げたかぎ括弧の事例の中に、中学3年生までの段階では出現しない用法があることを述べる。

2. 学校教育におけるかぎ括弧の扱い

　学校教育でかぎ括弧がどのように指導されているのかを知るために、まずは、2020年度から実施された小学校学習指導要領を参照する。かぎ括弧の指導について触れられているのは、第2章第1節「国語」においてである。その記述は極めて簡潔で、「第1学年と第2学年で、「かぎ（「」）の使い方を理解して文や文章の中で使うこと」という指摘があるのみである。中学校学習指導要領ではかぎ括弧について触れられていない。

　また、文部科学省の『小学校学習指導要領（平成29年告示）解説 国語編』では、かぎ括弧について以下の記述がある。

> かぎ（「」）については、会話文におけるかぎ（「」）の使い方を中心に指導し、その他の箇所でもかぎ（「」）が使われていることに気付くようにすることが大切である。(p.44)

　以上から、学習指導要領では、小学校低学年でかぎ括弧の指導を行うことが記されているが、その内容は会話の引用に関する使い方が中心で、その他のかぎ括弧の使い方については具体的な指導内容が記されていないことが分かる。

　次に、学校で使われる国語科教科書でのかぎ括弧の扱いを調べることにする。国語科教科書で国内最大手と言われる光村図書出版の小学校国語科教科書（2021年度版）では、かぎ括弧について以下のように記述されている（同じ内容が繰り返されている場合は、最初に言及されている箇所のみを示す）。

〈こくご1下〉

　　p.16　はなした　ことばは、かぎ（「」）を　つかって　かきます。かぎを　つかって、ノートに　かきましょう。

　　p.51　はなした　ことばには、かぎを　つけます。かぎは、

その ほかにも、つよめたい ことばや おはなしの だいめいなどにも つかいます。

〈こくご2下〉

　p. 139　話したことばは、行をかえて、かぎ（「」）をつけて書く。ことばのおわりの丸とかぎ（。」）は、一ますにいっしょに書く。

〈こくご3上〉

　p. 97　かぎ（「」）：① 会話、② 書名・題名、③ 思ったこと、④ とくにほかの文と分けたい言葉や文をしめす場合に使います。

　p. 160　引用：他の人が言ったことや、本などに書かれていることを、自分の話や文章の中で使うこと。① かぎ（「」）をつけるなどして、他とくべつする。② 元の言葉や文を、そのまままぬきだす。③ どこから引用したのかをしめす。

〈こくご3下〉

　p. 159　かぎ（「」）でしめしている登場人物の言葉を会話文といい、他のところを地の文という。

〈こくご4上〉

　p. 134　書名を書くときはかぎ（「」）を付けて書く。

　p. 135　引用するときには、元の言葉や文をそのまま使い、かぎ（「」）を付けるなどして、他と区別できるようにする。

〈国語6〉

　p. 152　調べた情報の用い方

　●引用する：① かぎを付けたり、本文よりも少し下げたりして、引用部分が他と区別できるようにする。

　この教科書では、〈こくご1下〉で会話の引用のほかに「つよめたい ことば」や「おはなしの だいめい」にかぎ括弧が使われることが明記されている。かぎ括弧の用法が網羅的に挙げられているのは〈こくご3上〉で、① 会話、② 書名・題名、③ 思ったこと、④ とくにほかの文と分けたい言葉や文をしめす場合のほかに、「他の人が言ったことや、本などに書かれていること」の5種が示されている。

3. 小学生と中学生のかぎ括弧の使用実態

3.1 「児童・生徒作文コーパス」

　子供たちは国語科教科書の指導内容に従ってかぎ括弧の使い方を学んでいるはずである。そのような子供たちが、実際にどのようなかぎ括弧の使い方をしているのか、その実態は明らかではない。そこで、本章では小学生と中学生の作文を集めたコーパスを用いて学年ごとのかぎ括弧の使用実態を調査することにする。

　本章が使用するのは「児童・生徒作文コーパス」2016年版である。このコーパスは、国立大学附属の小学校と中学校各1校における9学年の全クラスを対象に、2014年から3年間にわたって収集された課題作文を搭載している（宮城・今田2015では小中各2校と記されているがコーパスに収録されているのは各1校分である）。本章はこのうちの各学年4クラス分（2015～2016年度の各学年1クラスと2クラスのデータ）を対象に「がんばったこと」と題する作文の調査を行った。調査に用いたデータの内訳を表1に示す。

表1　調査対象データの内訳

学年	作文数	文字数	1作文あたりの文字数
小1	135	31,773	235
小2	134	44,985	336
小3	131	61,826	472
小4	138	67,300	488
小5	146	69,111	473
小6	150	65,305	435
中1	148	82,074	555
中2	152	90,519	596
中3	148	85,092	575

　なお、この小学校では光村図書出版の国語科教科書を使用している。2015～2016年度版の教科書は、「国語6」の記述を除き、2021年度版の教科書と同じ内容が記されている。

3.2 調査の課題と方法

調査では各学年のかぎ括弧の使用について用法別に分類し、以下の課題を明らかにする。

・学年が進むにつれて、用法別の使用頻度や使用割合がどのように変化するか。

かぎ括弧の用法について詳しく分析した先行研究は見当たらないが、『日本語文章・文体・表現事典』の「第Ⅵ章15 記号の種類と用法」に簡潔な記述がある。この節の執筆を担当した石黒（2011）は、かぎ括弧の使用場面を以下の2種にまとめている（p. 305）。

（ア） 登場人物の会話や他の書物からの抜粋など、引用をしめすとき
（イ） ある表現をとくに地の文と区別して示したいとき
　● タイトルや見出しを示すとき
　● 読者に見慣れないことばを示すとき
　● いわゆるという意味を込めたいときなど

（ア）は、上述の教科書の「① 会話」「② 思ったこと」「他(ほか)の人が言ったことや、本などに書かれていること」に相当する。（イ）は、教科書の「③ 書名・題名」と「④ とくにほかの文と分けたい言葉や文をしめす場合」に相当する。このことから、教科書での分類は『日本語文章・文体・表現事典』での分類と齟齬のないことが分かる。以下では教科書の分類に準拠し、表2の用語を用いることにする。

表2　かぎ括弧の分類と本章で用いる用語

	本章の用語	教科書の分類
A	発話の引用	① 会話
B	思考の引用	② 思ったこと
C	言葉の引用	⑤ 他の人が言ったことや、本などに書かれていること
D	人やものの名前	③ 書名・題名、タイトルや見出し
E	目立たせたい事物	④ とくにほかの文と分けたい言葉や文をしめす場合

以下にそれぞれの例を示す（用例末尾の（）は学年）。

A）〈発話の引用〉

おとうさんが「日ようびにスケートボードパークにいこうよ。」といってくれたのでわたしは「うんいっしょにいこうね。」といいました。（小1）

B）〈思考の引用〉

そして、字を書くのが楽しくて、もっと「がんばろう！！」という気もちになれました。（小4）

C）〈言葉の引用〉

「努力は裏切らない」これは私の好きな言葉の一つです。（中1）

D）〈人やものの名前〉

また、今月の課題の「冬木立ち」もがんばっています。（小5）

E）〈目立たせたい事物〉

それは、「自分らしくなること」です。（小4）

　本章では「児童・生徒作文コーパス」から各学年のかぎ括弧の使用例を網羅的に抽出し、表2の分類に従って用法ごとの使用頻度調査を行った。なお、1文のなかに同じ用法のかぎ括弧が複数回使用されているときは、1回しか使用されていないときと同様に「1」としてカウントした。

4. 学年進行に伴う変化

4.1　使用頻度調査の結果報告

　図1は、各学年のかぎ括弧の使用頻度を5万語あたりに調整し、用法別に分類した結果である。

　この図が示すように、かぎ括弧の使用頻度は小1が最も少なく、その後増減を繰り返す。中1と中2で顕著な増加が見られるが、中3では再び減少し、小4とほぼ同じレベルになっている。このことから、かぎ括弧の使用頻度は、かならずしも学年進行と共に増加するわけではないと言える。

　このように、使用頻度だけでは各学年の特徴が見えにくい。しか

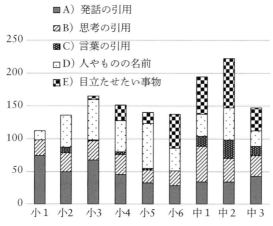

図1　各学年の用途別使用頻度
（5万語あたり）

し、用法ごとの使用頻度からは次のような特徴が読み取れる。

A) **発話の引用**：小1の頻度がどの学年よりも高く、小3までは比較的多いが、その後は減少する。

B) **思考の引用**：中1で目立って多いが、学年ごとの特徴は見えにくい。

C) **言葉の引用**：小学生にはほとんど見られない。中学生になると、どの学年も一定量の使用が観察される。

D) **人やものの名前**：小2から小5で多くを占めるが、小6からは減っている。

E) **目立たせたい事物**：小3から小5でわずかに出現している。小6からは一気に増える。

以上をまとめると次のようになる。

● 小学校の低学年から中学年：それより後の学年に比べて「発話の引用」や「人やものの名前」が多い。

● 小学校の高学年以降：それより前の学年に比べて「言葉の引用」や「目立たせたい事物」が多い。

宮城（2022）は、低学年で「発話の引用」が多いことの理由として、会話でしか表現できない状況の代替表現ではないかと述べ、次の例を挙げている。

（1）「明日プールに行こうよ」と言ったら、妹が「いやだよ」と言った。

この文は、過去のある時点で、その場において発話された言葉を直接話法の形で引用している。つまり、その場にいる「過去」の「私」が「そこ」で見たまま、聞いたままの言葉として引用したもので、過去の発話のコンテクストに強く依存している。一方、宮城（2022）が挙げる次の例は、事態を客観的に捉え直し「今」の「私」が「過去」の出来事について説明する表現で、コンテクストへの依存度が低い。

（2）妹をプールに誘ったら断られた。

宮城（2022）が述べるように、低学年の児童は「会話でしか表現できない状況の代替表現」、つまりコンテクストへの依存度の高い表現しか使えないが、学年が上がればコンテクストへの依存度の低い表現が使えるようになり、会話に頼らない、より客観的でより抽象的な表現が可能になるのではないかと予想される。この点について、宮城（2024）では、会話文に使われた直示的な表現の使用とかぎ括弧でくくられていない会話文を観察し、学年進行とともに会話文が説明的になっていくことを示している。

ところで、今回の調査では、発話と思考が引用される場合にかぎ括弧が使用されていないものが少なからず観察された。例えば、（3）が発話の引用、（4）と（5）が思考の引用であるが、波線で示したようにかぎ括弧のない場合もあるし、実線で示したようにかぎ括弧のある場合もある（波線と実線は砂川による）。

（3）ぼくはなんかいも一ばんだよというのでせんせいは「それなんかいもきいたよ。」といいます。（小1）

（4）私も歌いながら「いつか、この曲の指揮をしてみたい」と思いました。（小4）

（5）だからシン・オバサンよりおもしろい本を作りたいと思いました。（小2）

次節では、発話と思考の引用に関して、かぎ括弧の有無を調査した結果を報告する。

4.2 発話と思考の引用におけるかぎ括弧の有無

2節で述べたように、光村図書出版の〈こくご4上〉には「引用するときには、元の言葉や文をそのまま使い、かぎ（「」）を付けるなどして、他と区別できるようにする」と記されている。すなわち、直接話法ではかぎ括弧を使用する必要がある。

しかし、この決まりが守られていない例は学年を問わず観察される。

（6）練習中は<u>ファイト！</u>と声をかけてくださったり、練習後には<u>おつかれ！また明日も頑張ろうね！</u>と言ってくださったり・・・。（中1）

（6）は直接話法の発話の引用であるが、かぎ括弧が付いていない。次は、直接話法の思考の引用にかぎ括弧が付いていない例である。

（7）その時、きつかったけど<u>練習してきてよかったなー</u>と思いました。（小5）

前節で示した（4）と（5）も思考の引用だが、「〜たい」で終わる句にかぎ括弧が付いていたり付いていなかったりと一定していない。

直接話法の場合にかぎ括弧を付け、間接話法の場合に付けないという決まりは、上述のように必ずしも守られているわけではない。特に思考の引用の場合に、かぎ括弧が付いていない直接話法の例が多い。中でも特に多いのが、（7）のように終助詞「な」で終わる文が引用されているものである。

図2は発話の引用、図3は思考の引用についてかぎ括弧の有無を調査した結果である。かぎ括弧なしの引用は、「と聞」「と言」「と話」「と思」「と考え」「と信じ」を検索し、ヒットした用例を目視で確認して収集した（検索語に動詞の語尾を含めなかったのは、活用形の異なる場合も検索できるようにするためである）。図2と図3の棒グラフ上の数字は、各学年のかぎ括弧なしの引用の比率を示している。

これらの図を比べてみれば明らかなように、かぎ括弧なしの比率は、「発話の引用」より「思考の引用」のほうが遙かに多い。かぎ括弧なしの比率を平均すると、「発話の引用」が18.5％であるのに対し、「思考の引用」は75.6％という高い数値を占める。例外的に、

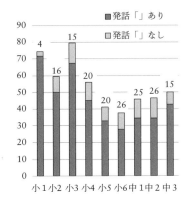
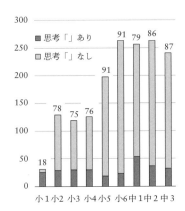

図2　発話：かぎ括弧のあるなし　　図3　思考：かぎ括弧のあるなし
　　　（5万語あたり）　　　　　　　　　（5万語あたり）

　小1の「思考の引用」はかぎ括弧ありのほうが多いが、小1は「思考の引用」の頻度自体が少ないことと、かぎ括弧の使い方を初めて指導される学年であるということが関係するものと思われる。一方、小2以降の全ての学年では「思考の引用」のかぎ括弧なしが高い比率を占めるようになる。興味深いのは、その比率が小5以降の学年でさらに大きく増えることである。この現象は、学年が上がるにつれて、思考や感情に目を向けた内省的な作文が多くなり、それとともに、コンテキストへの依存度が軽減することで、心内の言葉をより間接的な表現で言い表すことができるようになった結果ではないかと思われる。この点についても、さらなる事例分析を踏まえた検討を重ねる必要がある。

5．進んだ学年でのかぎ括弧の使用

　4.1節において、小学校の高学年からは「言葉の引用」と「目立たせたい事物」が増えることを述べた。本節では、これら2種のかぎ括弧の使用について量と質の両面から分析する。

5.1 言葉の引用

図4は、各学年のかぎ括弧の全使用数に対する「言葉の引用」の比率を示したものである。

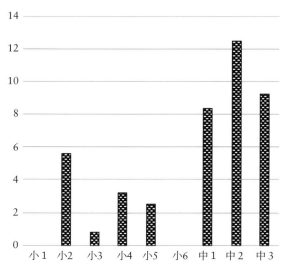

図4 「言葉の引用」の使用比率（％）

「言葉の引用」は小2から6％弱の使用が認められる。小2での使用は次のように、すべてが歌詞の引用である。

(8) わたしがにが手なところは、「おとずれたー。」というかしです。(小2)

小3以降は、標語、ことわざ、書物からの文言など、さまざまな言葉が引用され始める。

(9) 「努力しなければ何もはじまらない。」その言葉はわたしが作った大切な言葉です。(小4)

(10) そのことを未来の目標にして、今は「ちりもつもれば山となる」を目指してこれからもがんばっていきたい。(小5)

(11) それは高杉晋作の「面白きことなき世を面白く」という言葉だ。(中3)

中学生になってからは、自分の考えや本で読んだ内容をまとめた言葉にかぎ括弧が使用されるようになる。

(12) だから、「何も頑張らなくても、困らずに生活できる。」という私の結論は合っているのです。(中1)

(13) 多分、実例をふまえて、「大人になるとはどういうことか」を述べていたあの絵本は、僕にとって、「答え」の一つだったのだろう。(中2)

(14) 私が考えるに、この意志力を使って自分をコントロールするためには、「やることは分かっているのに、なぜいつまでたってもやらないのか」「いつ、どんなときに誘惑に負けたり怠けてしまうのか」を理解することが大切だと思います。(中2)

以上から、「言葉の引用」は比較的低学年から使用され始めるが、小学生では身近にある歌詞や標語などの引用が多く、自分の考えをまとめ直したり書物や人の言葉を自分の言葉に言い換えたりして引用することができるようになるのは、中学に入ってからであることが分かる。

5.2 目立たせたい事物

図5は、各学年のかぎ括弧の全使用数に対する「目立たせたい事物」の比率を示したものである。小3でわずかに使用されているが、小4で大きく増え、小6でさらに増えて全体の38%を占めるようになる。中学になると若干減少するが、それでも24%から34%と高い比率を維持している。

「目立たせたい事物」に分類されるかぎ括弧は、特定の語句を何らかの動機で地の文と区別して取り立てるために用いられている。その動機は多様であるが、本章が収集した用例からは次のようなタイプが観察された。

〈1〉作文の課題に関わる取り立て
〈2〉特定の語句を目立たせるための取り立て
〈3〉「いわゆる」または「筆者独自の」という取り立て
〈4〉談話展開に関わる取り立て

以下ではこれらのタイプについて、順次用例と共に解説する。

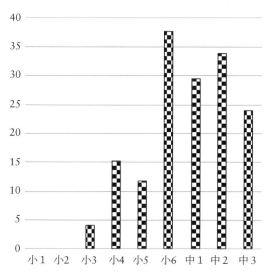

図5 「目立たせたい事物」の使用比率(%)

〈1〉作文の課題に関わる取り立て

　本章で用いたデータは「がんばったこと」という課題作文である。この課題に関わるものとして、A:「がんばったこと」という課題そのもの、B:「がんばったことやがんばりたいこと」の内容、C:「がんばったこと」の成果のそれぞれを取り立てるかぎ括弧の使用が観察された。用例は以下の通りである。

A:「がんばったこと」という課題の取り立て
（15）特に頑張った吹奏楽を中心にして、一年をふり返り、そうすることで、「わたしのがんばったこと」をお伝えしたいと思います。(小5)
（16）僕の「がんばったこと」よりも「がんばりたいこと」を書いたほうがこれから役に立つので「がんばりたいこと」を書きます。(中1)

B:「がんばったことやがんばりたいこと」の内容の取り立て
（17）私は、この三年間で「変わること」を目的として、がんばった。(中3)
（18）「歌をうまくする」それが私のがんばりたいことです。(中2)

C:「がんばったこと」の成果の取り立て
  (19) この件で学んだことは、「嫌だから、という理由でしないのは最低なこと」ということです。(中2)
  (20) そして、いろんな大会を「ゴールド金賞」で勝ち進み、「全国大会で金をとる。」という最大の目標を達成することができました。(小6)

〈2〉特定の語句を目立たせるための取り立て

　文の中の特定の語句を目立たせるためにかぎ括弧が使われているもので、A：強調、B：対比、C：擬態語の取り立てが観察された。

A：強調の取り立て
  (21) 女子メンバーだけでゆう勝できるように今年から先ぱいとして「ときにはきびしく」おこれるようなそんざいになりたいです。(小4)
  (22) どうしてよくがんばれるのかと言うと、ぼくは、アイスホッケーを習っている人たちに、「よろこんでもらいたい」からです。(小4)
  (23) まず僕が陸上部に入った理由は「なんとなく」という本当にてきとうな理由でした。(中2)

B：対比の取り立て
  (24) とにかく後のことを考えず、「今」だけ見てすごしていこうと思います。(小6)
  (25) トレーニングはただ「やる」だけではなく「意識」してやらなければいけないのではないかと。(中1)
  (26) そんな苦手を、「得意」にしてあげたいと思ったからです。(中3)

C：擬態語の取り立て
  (27) 家で歌だけで歌ってもそれほど「ぐっ」とくるものはありませんでした。(小4)
  (28) そうしないと、「ズーン」って、心がしずんじゃいそうだし、マイナス思考のヤツらに負けたら、それしか考えられなくなって、ずーっと落ちこんでることになりそうだからです。(小5)

(29) 理科室からハンマーを盗み出し家のパソコンを「ドカーン。」PCが壊れるだけであった。(中2)

〈3〉「いわゆる」または「筆者独自の」という取り立て

「いわゆる」とは「世間一般の人の言うところの」、「筆者独自の」とは「世間一般とは違い、筆者だけが言うところの」という意味である。それぞれに次のような例がある。

A：「いわゆる」という取り立て

(30) だから、その性格も、「地ごく耳」も「ひねくれ者」も「スネ子」も直して、自分を受け入れることをがんばりたいです。(小5)

(31) 今年はいわゆる「受験生」になります。(中2)

B：「筆者独自の」という取り立て

(32) 僕はそれ以来、勉強をして疲れたら休憩という名の「趣味」をくり返している。(中3)

〈4〉談話展開にかかわる取り立て

作文を書き進める過程において談話を効果的に展開させるためにかぎ括弧が使用されている場合がある。このような使い方として、A：新しい談話主題の導入、B：これまでの談話主題の取り立て、C：帰結部での要約的な取り立て、D：前文脈との対比の4種が観察された。

A：新しい談話主題の導入

この種のかぎ括弧は、(33)(34)のように「がんばりたいことは…です」や「がんばったことは…です」などの文に多く、小学生から中学生まで広く観察される。(33)〜(36)の「しかく」「我慢すること」「卒業」「時間」はこれらの作文で初出の語句である。かぎ括弧はこれらの語句を特立させ、それ以降の文脈での談話主題として語り継ぎやすくする役割を果たしている。

(33) わたしのがんばりたいことは、たくさんの「しかく」を取ることです。(小5)

(34) 私がこの一年間頑張ったことは、「我慢すること」です。(中2)

(35) 受検(ママ)が終わり、「卒業」に向かっている。(小6)

(36) 今まで私はあまり「時間」に対して深く考えたことがありませんでした。（中2）

B：これまでの談話主題の取り立て

　これまで語り継がれてきた談話主題をそれ以降の文脈でも語り継ぎやすくするために取り立てるものである。(37)はこれ以前に悪口についてのかなり長い論述がなされている（その段階では「悪口」という語にかぎ括弧が使われていない）。(37)のかぎ括弧は、前文脈の談話主題である「悪口」を取り立て、それ以降の文脈での談話主題として語り継ぎやすくする役割を果たしている。(38)も同様に、あきらめやすい自分にも何か才能があるかもしれないと述べた前文脈を受けて、それ以降に述べられる「あきらめないこと」の重要性に気付かせられたエピソード語りにつないでいる。

(37) どうしたら、「悪口」をなくせるか。（小6）

(38) なので、「あきらめない」ということはとてもたいせつなのです。（小4）

C：帰結部での要約的な取り立て

　これまで述べたことを作文の終結部でまとめるのに重要な概念を取り立てるものである。例えば、(39)は練習を頑張って音楽会で成功したというエピソードに続けて、これからも努力を続けるという決意を要約的に語り、作文の締めくくりとしている。(40)(41)も作文の終結部で、全体のまとめとなる重要な概念がかぎ括弧で囲われている例である。

(39) これからも、「努力する」ということをしっかりしていきたいです。（小6）

(40) 「真心」をもって、すばらしい友人関係を築きたい。（中1）

(41) これらが私の頑張った「孤独からの脱出」です。（中3）

D：前文脈との対比

　これまでに述べられてきたことと対比させて目立たせるものである。(42)は、前文脈でこれまで頑張ってこなかったことが語られている。「これから」のかぎ括弧はそれとの対比を目立たせるために使われたものである。(43)も、家庭で甘やかされて育ってきたこととの対比において、学校での「集団」が示されている。

(42) 私が「これから」がんばりたいなと思ったことは、人のがんばりを見つけるということ。(小5)
(43) しかし、学校では「集団で」行動しなければなりません。(中1)

以上が収集した用例に見られた「目立たせたい事物」の例である。ここでは便宜上、「目立たせたい」動機を一つひとつ解説したが、実は、ある表現の「目立たせたい」動機は必ずしも一つとは限らない。たとえば、(34) の「私がこの一年間頑張ったことは、<u>我慢すること</u>」です。」の下線部は、〈4〉談話展開にかかわる取り立てAの「新しい談話主題の導入」の例として示したが、〈1〉作文の課題に関わる取り立てBの「「がんばったことやがんばりたいこと」の内容の取り立て」にも分類することが可能である。一方、〈1〉B「「がんばったことやがんばりたいこと」の内容の取り立て」の例として挙げた (18)「「<u>歌をうまくする</u>」それが私のがんばりたいことです。」の下線部は、作文の最終行に用いられたもので、〈4〉Cの「帰結部での要約的な取り立て」の機能も果たしている。このように、「目立たせたい事物」に分類されたかぎ括弧による特定の語句の取り立てには、複数の動機が錯綜して関わる場合が少なくない。

5.3　高度なかぎ括弧の使用

ところで、藤田 (2000) は、かぎ括弧が書き言葉特有の文体効果を持つとし、その効果を「言表のモザイク性」の強調であると述べている。藤田の挙げる例のひとつは次のようなものである。

(44) 問2　傍線部A「彼の方を見ないようにして」とあるが、キリンはなぜ「<u>彼の方を見ないようにし</u>」たのか。
(「平成9年度大学入試センター試験　試験問題例集」本試・国語・第1問) (p. 21 藤田の用例番号10)

下線部はこの問の出題者が付したものである。このかぎ括弧は、括弧内が問題文からの引用で、閉じかぎの後の「た」からは出題者の言葉だということを示している。藤田はこの例について、かぎ括弧という手段により、「他者のコトバをも織り込み組み合わせて形成された、我々の言表のいわば"モザイク"的な成り立ちという事

実を強調したもの」であると述べている（p. 22）。さらに、この種の方法は「典拠があってそれを忠実に踏まえているというある種の学術的態度が示され」「言表全体の表出主体（書いた者）はその部分のコトバに責任を負うものでないこと」が示唆されると述べている（p. 23）。

　藤田と同様の効果に言及したものに木村（2011）がある。木村は、かぎ括弧を含む種々の括弧類に、区切ることによって意味の変容を起こす「意味論的括弧」という類を立てている。そこで挙げられているのは次の3つの例である。

1. 「菅側近」と「小沢側近」ゴマすり"バカ"比べ
2. 「進歩的」と自称する人々
3. 《かたち》づけていくこと

1の「菅側近」「小沢側近」"バカ"は「世間一般で言われているところの」という意味、2の「進歩的」は「これは私の言葉ではない」という意味、3の《かたち》は「私がここでいうところの」という意味で使われていると説明されている。1と2は、人々の好奇心を引き起こすセンセーショナルな文章に使われており、岩崎（2020）が「目立たせるためのカギカッコ」の表すさまざまなニュアンスのひとつとして掲げた「皮肉の意味」が感じられるものである。これらは「言表全体の表出主体（書いた者）はその部分のコトバに責任を負うものでない」という藤田（2000）の指摘にも当てはまるもので、上記のようなセンセーショナルな文章だけでなく、学術的な文章にもしばしば見られるものである。

　一方、3は自分が使用する用語が一般で使用される意味とは違う独自のものとして使われていることを示すもので、藤田の指摘とは異なり、「その部分のコトバが他の者が使用している意味ではなく、表出主体（書いた者）独自の意味で用いられている」ことを表している。こちらも学術的な文章に多く見られるものである。

　本章で調査した小学生と中学生のデータで1〜3に相当するのは、5.2節で示した〈3〉「「いわゆる」または「筆者独自の」という取り立て」に属するものである。このタイプの出現数は非常に少なく、「いわゆる」に相当するものが小5で1例、中2で2例、「筆者独自

の」に相当するものが中3で1例見られたのみである。さらに、藤田（2000）の言う「言表のいわば"モザイク"的な成り立ち」を示す例はひとつも見られていない。

　中学卒業後にこの種の高度なかぎ括弧をどの程度使いこなせるようになるのかは、日頃どのような文章に多く触れているかによって変わってくるものと思われる。4節で述べたように、小学生と中学生では、かぎ括弧の使い方に学年進行に伴う明らかな変化が観察された。しかし、中学卒業後は、各自がどのような読書体験を積み重ねるかによって個人差が広がるのではないかと推測される。中学卒業後にどのような変化をたどるのか、その変化に個人差を超えた共通の特徴が認められるのかどうか、さらなる調査が必要とされるところである。

6. おわりに

　かぎ括弧の使い方は小学校の教科書の指導項目に挙げられている。しかし、子供たちの書いた作文を調べてみると、必ずしも教科書通りの使い方をしているわけではない。例えば、元の言葉をそのままのものとして引用する場合はかぎ括弧を付けるように指導されているはずだが、すでに述べたように、それが守られていない作文が少なからず観察される。また、光村図書出版〈こくご2下〉には、発話の引用は閉じかぎの後で改行する、つまり、閉じかぎの直後の「と言った」などは次の行に書くという記述があるのだが、本章が調査したデータでは、全ての学年において、それが守られていない作文のほうが守られている作文より多数を占める。

　このことから、かぎ括弧の使い方は、学校教育の現場ではそれほど厳しく指導されていない（もしくは指導されていても定着していない）ことが推測される。そのような状況の中でも、本章の実態調査により、成長に伴って一定の段階を踏みながらかぎ括弧の使い方を習得していく児童・生徒の様子が観察された。

　本章の調査は、特定の地域の国立大学附属小中学校で収集された作文をデータとして使っている。そのため、データに地域的、学力

的、社会階層的などの偏りがあることは否めない。今後は公立・私立なども含めたさまざまな学校からデータを集め、同様の調査を継続することが求められる。また、前節で述べたように、中学卒業後の段階で、それまでに使わなかった用法のかぎ括弧をどのように使い始めるのかという問題も興味深いところである。「公用文作成の考え方」が必ずしも小学校国語科教科書のかぎ括弧の使い方と同じではないということからも、かぎ括弧の使い方には厳密な正書法があるわけではないと言える。そのため、かぎ括弧は、年齢を重ねるにつれ、学歴・職業・嗜好などの違いによって、使い方の個人差が広がっていくのではないかと思われる。今後は、高校生・大学生や各年齢層の社会人の作文データを集めた調査を行い、異なる属性の人々がかぎ括弧をどのように使っているのか、その実態を明らかにすることが期待される。

付　記

　本研究は、JSPS科研費20H01674の助成を受けたものです。分析においては、宮城信氏と岩崎拓也氏の助言を得ました。各位にお礼を申しあげます。

調査資料

「児童・生徒作文コーパス」2016年版（研究目的の利用に限定公開）
小学校学習指導要領
（https://www.mext.go.jp/content/20230120-mxt_kyoiku02-100002604_01.
　　pdf）2023年6月10日
中学校学習指導要領
（https://www.mext.go.jp/content/20230120-mxt_kyoiku02-100002604_02.
　　pdf）2023年6月10日
『小学校学習指導要領（平成29年告示）解説 国語編』（https://www.mext.go.
　　jp/content/20220606-mxt_kyoiku02-100002607_002.pdf）2023年6月
　　10日
「こくご1上」～「国語6」（2021年度版）：光村図書出版株式会社

参考文献

石黒圭（2011）「15 記号の種類と用法」中村明ほか編『日本語文章・文体表現事典』pp. 304–307，朝倉書店．

岩崎拓也（2020）「第 2 章 映えるカッコの使い方」石黒圭編『一目でわかる文章術』pp. 22–31，ぱる出版．

木村大治（2011）『括弧の意味論』NTT 出版．

藤田保幸（2000）『国語引用構文の研究』和泉書院．

宮城信（2022）「児童作文における、「」の言語表現の発達」接続表現研究会（2022 年 12 月 1 日）の配布資料．

宮城信（2024）「児童作文における会話文の展開」斎藤倫明・修徳健編『談話・文章・テクストの一まとまり性』pp. 69–91，和泉書院．

宮城信・今田水穂（2015）「『児童・生徒作文コーパス』の設計」『第 7 回コーパス日本語学ワークショップ予稿集』pp. 223–232，国立国語研究所．

第6章
子どもはいかに言葉を選ぶか？

宮城信

1. はじめに　研究の目的

　近年、児童・生徒らの作文を資料とした文章作成能力の研究が盛んになっている。古くは、国立国語研究所の研究（同1978、1989）などがあり、語彙や表現の特性の発達段階が抽出されている。現在は個人レベルで大規模コーパスの構築が可能になってきており、宮城・今田（2015）、阿部ほか（2017）、今田・宮城（2020）、石川ほか（2022）など研究者間での限定公開も含め共有可能な作文コーパスを使った研究が積極的に進められている。これらの先行研究の特徴は、語彙や語種の別、文章量など主に計量的な側面から、児童らの文章作成能力の実態に迫ろうとするものである。最近の作文コーパスの特徴は、言語発達研究を企図したものが多く、解明したい能力に合わせてさまざまな条件の元、大規模作文コーパスの構築・分析が進められている。

　一方で、広義の児童の文章作成能力の解明、例えば、以下のような観点からの探求課題においては、書かれた作文資料を活用した研究だけでは、解決が困難である。

- 子どもがどのように語彙や表現を選択したのか。…選択した結果だけではなく過程の候補語も可視化する。
- 子どもがどのように文章を書いているか。…書く順序、一気に書けるところ、詰まったところなどの実態。
- 子どもが一度書いた語をどのように書き換えているか。…広義の推敲に相当する。
- 子どもの作文時の思考過程の抽出…当然言語化できないものの

存在も予測されるので、どのような調査が有効かを検討する意図もある。
・子どもが文章を書きながら何をつぶやいているか、またはどんな話（文面に直接現れない話）をしているか。…一部の思考やその周辺が外言化したものと考えられる。

　これらの実態解明には、文章作成の過程を探るアプローチが必要である。本研究では特に作文を書く児童（以降「書き手」と呼ぶ）がどのような方法で言葉を選び、また書き換えているのかに着目して考察する。よって本研究では、児童が作文を書く過程における次の点を研究の目的（探求課題）とする。

・研究の目的：作文の過程における、児童の言葉選び・修正の方略と心的過程の可視化を目指す。

本章では、ある児童の作文過程をケーススタディとして、言葉選びの多様な方略について検討していく。書く過程を実証的に検証するため、これまで、ビデオで記録・観察する方法、書き手に書く過程で考えていることを意識的に外言化させ観察する方法（発話プロトコル法、思考発話法）、事後に書き手の書くときの内観を聞き取ったり報告させたりして確認する方法（内観（報告）法）といった調査方法が試みられてきた。それぞれの調査方法において、雑多な情報が含まれていたり、書き手の記憶の混同があったりと情報抽出の不安定さの問題が指摘されている。さらに、研究の目的である言葉選び・修正の過程では「他にどんな候補語があったのか」や「なぜこの語にしたのか」といった焦点化された返答が必要となるので、本調査では、作文過程で同席する聞き役（以降「聞き手」と呼ぶ）が適宜書き手とやり取りしながら聞き取る介入型の内観法による分析を試みる。また、先行研究の調査時に対して、現在ではメモや構想、授業のふりかえりや報告を含む広義の「書く」活動で用いるツールがワープロへ移行してきている。そこで、本章ではワープロを用いた作文過程を中心に据え、聞き手の介入の程度を変えた調査

を実施して分析を進めていく。なお本章では、ワープロを用いて文章を入力するが、便宜的に、ワープロを操作する場合も「書き手」、入力の作業も「書く」こと、ツールの環境を区別せずどちらも「紙面」と呼ぶことにする。

　本章の構成は以下のとおりである。2節では先行研究の知見を概観し、ツールの違いや聞き手の介入の程度によって児童の作文の書き方に影響があることを指摘する。3節では調査のデザインについてまとめる。4節では3編の作文を書く過程の記録を提示し、それぞれの場面でどのような書き換えややりとりがあったのかを詳述し、書き手の書き方の特徴について整理する。最後に5節で、書く過程の研究が時宜を得ていることや今後の課題について述べる。

2. 先行研究と本研究の研究課題

　児童の作文過程に注目した研究は安西・内田（1981）をはじめとした一連の研究（内田 1989a,b）で、多くの行動が観察され、また書く過程の思考モデルが提案されている。本研究の調査においても、内田が指摘する、言葉の文中での落ち着き具合を見る「文脈調和」や字の読みやすさや配列を意識した「視覚的効果」（内田 1989b: 94）相当の行動が観察されている。

　一方、本研究では、言葉選びや書き換えの場面において、書き手の休止がなくても、直後に聞き手が介入して内観についてやりとりをする場面があり、またそのやりとりの過程で書き手が思考を進めていく様を観察した。1970年代にもすでに、向小学校（1970）のような児童らが作文を書いた後の推敲の過程を記録した研究が存在する。しかしながら、内田らの研究を含め多くの先行研究が指摘するように推敲は作文を書く過程の各段階において随時行われていると見るべきものである。本章でいう修正の方略はもちろん、言葉選びの過程も推敲と同様に初めに思いついた語と別語とを比較して選択する心的過程を経ており、一度書き出すか否か、または一度決定するという段階を経ているかどうかの違いに還元される。

　本章の探求課題が、ケーススタディに基づき「児童の言葉選び・

修正の方略と心的過程を明らかにする」ことにあるので、多くの先行研究が注目する、作文の書き方の方略の発達段階の解明とは異なることにも注意されたい。発達段階が縦の変化に注目したものであれば、本研究の分析の観点は、特定の時点の特定の児童に見られた言葉選びの方略のバリエーションを記述するという横の変化に注目したものである。また環境の違いで、方略の使用にどのような偏りが出るのかについても探求課題の範疇に含まれる。

　内田（1989b,1995）は、小学生でも10種類以上の推敲方略を使いこなしていると指摘する。ただし、内田が示した方略の各項目においても、十分に議論が尽くされているわけではない。例えば、「文脈への調和」といっても、小学生がどのような理屈を立てて説明するのかなど、もう少し詳細な研究の蓄積が必要である。本研究で採用する場面ごとに内観を問う方法であれば、言葉選びの方略の説明が明確になるので、ケーススタディであっても有効な知見が得られ易くなる。

　1節で述べたが、現在学校現場では、書くことの活動がワープロ書きに移行しつつある。細谷（2003）では、ワープロを用いた文章産出過程の詳細な記録を示し分析を行っている。細谷はワープロに熟達した被験者にワープロ書きと手書きの両方で文章を作成させ、削除率や書き換えのために移動した距離ごとの修正箇所の頻度差を調査して、確かに書き方にツールの差があることを報告している。一方で、ワープロ書きでも手書きでも最終的に産出される文章にほぼ差が見られなかったと興味深い報告もしている。

　これまで児童らは、作文用紙に向かって鉛筆で書くので線条的に文章が書き進められることになり、作文の過程はおおよそそれに従うものであった。4節で観察するように手書きでもワープロ書きでもまずは初めから順に書き始めることから、おそらく児童らは使用するツールに合わせて意識的に書き方を大きく変えているわけではない。一方で、本研究の調査においても、特にワープロ書きで行きつ戻りつして書く、非線条的な言葉選びの過程が観察された（4.2節の（9）や（10）など）。よって、発達段階の児童であっても時にはツールの特性を活かした作文の方略を用いていることを確認す

ることができた。

3. 調査デザイン

3.1 調査手法の提案

1節で述べたように、書く過程の実態調査にはいくつかの方法が提案されてきたが、本研究の目的である「児童の言葉選び・修正の方略と心的過程を明らかにする」ためには、児童の思考過程の抽出に、より焦点化された手法を用いる必要がある。そこで本研究では、要所要所の選択時に適切に内観を抽出できるように、書き手とは別の聞き手が、（書き手の動きを見ながら）焦点化した質問を行うという調査方法を採用することにした。もちろん本調査で採用した手法は、「聞き手とのやり取りがある以上、書き手が一人で書いた作文ではないのではないか」のような批判を受ける可能性がある。一方で、偶々に由来する様々な刺激が存在する以上、書き手が外部からのどのようなことに触発されて作文に反映させたのかを正確に判断することは難しいし、聞き手とのやり取りの中で考えを明確化したとしても、それは書き手個人に帰する能力とも考えられることから、本研究の成果が否定されるわけではない。なお、聞き手が内観を引き出すとしても、書き手の児童が自発的に発するつぶやきや発話などの外言も重要なヒントになるので、本調査では、できるだけ正確に記録することに努めた。

3.2 調査の概要

児童が作文を書く過程の調査を、以下のように実施した。
調査対象：小学三年生、女児（9歳4ヶ月）
- 読書量は多く、文章を書くことに抵抗がない（作文ノート見開き2ページ程度を埋めることに苦はない）。
- すでに読み手意識が芽生えており、やりとりの中で「読む人が分かりにくいかもしれない。」のような発言がある。
- 月に何回か、「チャレンジ作文（「今がんばっていること」を書く生活作文）」を手書きで書く課題をこなしている。

調査時期：2023年1月〜2月
調査計画：

- （作文課題について）　本調査の作文過程調査は、日記を書くという課題を設定し、論者が聞き手となって調査を行う。
- （収録方法について）　書き手である女児と聞き手が向かい合って同じテーブルに座り、会話を交わしながら書き手が作文を作成する。ワープロ書きの作文の収録は、パソコンの入力画面（テキストエディタで入力）と音声を同時に記録できるアプリ（wander share demo creator）を利用し、手書きの作文の収録は、机上にカメラを設置し、紙面を俯瞰で撮影（確認用として書き終わった作文も撮影）する。音声はICレコーダで記録し、それぞれ資料を作成する。
- （収録時の対応について）　調査の目的に応じて介入の程度を調整するが、すべての調査で聞き手は作文を書き始める前から同席し、書き始める前の雑談、書いている途中のつぶやきへのあいづち、質問に対する返答など、日常会話に即した対応を心がける。書き手が書く内容に関わらない雑談を始めたときも思考を進める助けになると考え、あいづちを打つなどある程度応じることにするが、脱線が過ぎると感じた場合は消極的な反応を示すことで、作文に復帰することを促すことにする。一方、本調査の目的である思考の抽出に関わる、気になる表現を書いたり、考え込んでいたりする場面では、思考や作業の邪魔にならないタイミングを見計らって、そのときの内観を聞くことにする。また書いた内容に対する評価は行わない。

　本研究では、調査を実施するにあたって、必要以上に書き手に干渉しない。内観を聞くときの聞き手の発話が唐突に感じられないよう、必要最低限のあいづちや反応を示す。質問をする場合も、提案や誘導にならないように気をつける。質問のタイミングは、書き手の意欲や勢いを阻害しないよう詰まったり、悩んだりした箇所は避け、書くことが一段落したと見られる箇所に限定して行う。また書

き手に不要な緊張感を与えないため、聞き手には、日常的に接していて普通に雑談できる関係の者を選ぶことにする。

　調査は、介入の程度とツールの違いの組み合わせで3種類実施した。一つ目はワープロ書きで聞き手が書く途中で機会を見て介入したもの（次節の資料①）、二つ目は同ワープロ書きで聞き手があいづちを打つ程度に留めて途中介入せず、書き終えた後にやりとりをしたもの（次節の資料②）、三つ目は手書きで聞き手が途中介入したもの（次節の資料③）である。

4．結果

4.1　作文の書き方の記録

　本調査で作成された作文は、以下の通りである。資料はすべて日記的な文章なので、構成は論理性よりも時系列に従う、または、述べたいことを中心に自由に書かれることが多い。事前に取材・話題の整理、構成の検討は行っておらず、直前に少し考えていきなり書き出すという書き方をしている。なお、段落初めの一字下げは読みやすさに配慮して、論者が改変した。文頭小書きの数字は作文全体の何行目かを表している。

（1）　資料①（ワープロ書き）「スキー学習」

　　[1] 私は昨日牛岳温泉スキー場に行きました。【1:14】[2] 私は6個ある班のうち4班でした。【1:40】[3] 初めは基礎練習をしていたけれど、そのうちターンができるようになって1回だけ自由に滑れました。【2:56】[4] 私は今回が2回目だったので、たくさん滑れて嬉しかったです。【4:07】（段落分け【21:32】）

　　[5] リフトに3回くらい乗りました。(7)【4:33】【21:36】[6] 前立山山麓（前の）のリフトよりすごく早くてとても長かったです。(6)【7:08】[7] ながめがとても良くて、また乗りたいと思いました。【7:46】[8] 時々止まって、反動で落ちる人がいたそうです。【9:16】[9] そういえば友達がリフトのストックを上げるところのサインが見えていなくてレンタルなのに折れた

そうです。(4)【12:30】[10]私は途中でスキー板のはじとはじが重なって動けなくなって、転びそうになりましたが係の人が助けてくれて無事に乗れました。(5)【16:34】[11]先生に言ったらスキーあるあるだと言われました。【17:17】(段落分け【21:43】)

[12]今目標にしているのはパラレルターンです。【18:13】[13]スキー板を平行にしながらターンをすることです。【18:41】[14]今まではハの字でターンしていたからです。【19:58】(段落分け【21:47】)

[15]これからも上手くなるように頑張ります。【20:38】

(収録日：2023年2月4日、収録時間：22分42秒、文字数：420字、単語数：262語)

※文中の【 】は当該箇所を書き終えた時間を示す。また、各作文中の(4)〜(10)は次節の書き換え考察の項目との対応を示す。

(2) 資料②(ワープロ書き)「卒業を祝う会」

[1]私は、卒業祝う会で玉入れの係をやることにしました。【2:00】[2]はじめ、6年生と対決の玉入れを実際にやってみたかったのですが、残念ながら全てのジャンケンに負けて、カゴを持つ係になりました。【3:10】[3]おまけに球を数えるとき、「ひとーつ、ふたーつ」と数える係のジャンケンでも負けました。(9)【5:59】[4]でもそれで玉入れをやる係の時できなかったやりたい係があってそれになりました。【4:47】[5]球を投げて数える係で、やってみると意外と楽しかったです。【6:41】[6]縁の下の力持ちという諺があるけど、本当にその通りだと思いました。【9:22】[7]確かに玉入れをする人だけいても、カゴを持つ係などがいなければ玉入れはできません。(10)【15:03】[8]大事な役なので頑張りたいです。【10:17】[9]卒業を祝う会まで真剣に練習して完璧にしたいです。【13:18】

(収録日：2023年2月20日、収録時間：17分34秒、文字数：314字、単語数：205語)

※資料②は、第3文と第4文を行きつ戻りつして書き、また第7文

を後で挿入したので、各行の書き終わる時間が前後している。

(3) 資料③（手書き）「人生初のスキー」

^{1}私は今日初めてスキーをしました。【1:03】^{2}はじめはゆるい坂道でなれた後、リフトで坂まで行きました。【3:13】^{3}けしきがとてもよくて、何度も乗りたくなりました。【4:16】^{4}始めはスピードがコントロールできなくてぶつかりそうになったらわざところんだりしていたけれど何度も練習するうちにコツをつかんですごく上手になりました。【6:22】^{5}スキー板が重くて、つかれたり、のどがかわいたり、あせかいてマスクびしょぬれになったり大変なこともたくさんあったけどすごくたのしかったです。(8)【8:52】^{6}坂道は両足そろえているときが一番はやくてハの字にするとブレーキがかかります。【9:50】^{7}坂道は人がいるのでハの字ですべらないといけませんが、それでひっくりかえることもあったので大変でした。【11:19】^{8}またやってみたいです。なので今年の目標は、

「スキーをころばないですべること」

です。【12:46】^{9}冬のうちにたくさんすべって体験学習でころばないようにしたいです。【13:33】

(収録日：2023年1月8日、収録時間：13分54秒、文字数：382字、単語数：221語)

4.2 作文の書き方の記録

児童は、作文を書く過程のそれぞれの時点で言葉選びと修正、内容の補足を行っている。「選択」は複数の候補から語や表現を選ぶ行動、「補足」は不足する内容を加筆する行動を指す。時点の分類である、「書く前」は書くことや迷いを事前に外言化する行動、「書きながら」は書くまでに何度も修正する行動、また「書いた後」では書き進めた後に戻って書き換える行動を指す。本調査での分類を整理すると、次の表1のようになる。

表1 選択・補足と時点の関係による修正の種類

	書く前（予告）	書きながら（途中）	書いた後（戻り）
選択	〈1〉	〈2〉	〈3〉
補足	〈4〉	〈5〉	〈6〉

　注意したいのが、この分類は前中後の3時点に分けられるが、衣川（2000）が指摘する「構想の過程」「文章化の過程」「見直しの過程」という文章産出過程の3段階より微視的で、言葉選びの過程に注目して切り分けたものである点である。

　次に、以下に示す修正過程の記述は、[ ]が作文本文の記述を、「 」,〈 〉が会話のやりとりで前者が書き手の児童の発話、後者が聞き手の発話を、( )が状況の説明を示す。本文の修正がある場合は、[ ]→[ ]のような形で書き換えの前後関係を示している。

　なお、修正過程の【 】の時間は、やりとりがなされ修正された時間を示すので、資料①〜③本文でしめされた当該行の執筆時間とのずれが生じている。

　以下、種類別に対応させて、代表的な修正過程の考察を行う。

（4）「レンタルなのにぶっこわしちゃった。」→［^{9}レンタルなのに折れてしまったそうです。］（資料①【12:07】）…〈1〉
　　（やりとり）〈「ぶっこわして」じゃないの？〉「ん、「折れちゃった」でいいや。」

（5）「死にそうになった。途中で。」→［^{10}私は途中でスキー板のはじとはじが重なって動けなくなって、転びそうになりましたが〜］（資料①【13:35】）…〈1〉
　　（やりとり）（「死にそうになった」と書かずに続ける。）〈「死にそうになった」って書かないの？〉「うん。」

（4）（5）ともに直前の発話と文が異なり、書き手が話し言葉的な語を避ける様子が見られる。（4）は単純に類語を選択するが、（5）は「死にそうになった」（この表現は喩えであるが、）が簡単に類語に置き換えられないため、状況を詳しく説明するという複雑な言葉選びを行っている。

　この2か所の書き換えについて事後に書き手に尋ねる機会があっ

た。話し言葉を避けたという内観もあったが、(4) については、「ぶっこわした」と言うとバラバラになったのか、折れたのかが分からない。この時には折れたので、具体的に書いた方がいいと考えた。また、「折ってしまった」だと自分でやった気がする。自分のせいではないので、偶々折れてしまったことを書いたのだと言う。

(5) については、書き手には事前の発話と違ったことを書くことがあるという自覚があり、大袈裟に言った後に、作文に書くときには「そのくらいでは死なないと思った。」から、状況を詳しく説明しようと別の表現に書き換えたという内観を得た。

(6) ［前立山山麓のリフトよりすごく早くてすごく長かったです。］→［^{6}前立山山麓のリフトよりすごく早くてとても長かったです。］（資料①【6:50】）…〈2〉

(やりとり)「ねえ、「すごく」「すごく」だと変？」〈どう？【書き手の名前】が変だと思うなら…〉「「すごく早くて、すごく長かったです」…「とても」に変えるか。」

1文中での「すごく」の重複を避け、二つ目を「とても」に書き換えた。この箇所以外でも重複を避ける方略がいくつか見られた。

(7) ［あとリフトに3回くらい乗りました。］→［^{5}リフトに3回くらい乗りました。］（資料①【21:34】）…〈3〉

(やりとり)「んー、大丈夫…じゃあ、これで分けて…（改行1回目)「あと」をやめよう。」

全文を書き終えた後に、戻って「あと」を削除した。見直しは各時点で起こるが、ここでは最終調整の段落分けがきっかけとなっている。

(8) 「スキー板が重くて、大変だったけど…」→［^{5}スキー板が、重くて、つかれたり、のどかわいたり、〜大変なこともたくさんあったけど…］（資料③【7:04】）…〈4〉

(やりとり) なし。

事前の発話後に「スキー板が、重くて、」まで書いて手が止まった。その後、発話とは違う具体的な内容を列挙して書き継いだ。読み手に状況を分かりやすく伝えるための書き手の配慮だと考えられる。

(9) ［^{2}〜残念ながら全てのジャンケンに負けて、カゴを持つ係

になりました。⁴でもそれで玉入れをやる係の時できなかったやりたい係があってそれになりました。]→[²〜残念ながら全てのジャンケンに負けて、カゴを持つ係になりました。³おまけに球を数えるとき、「ひとーつ、ふたーつ」と数える係のジャンケンでも負けました。⁴でもそれで玉入れをやる係の時できなかったやりたい係があってそれになりました。]（資料②【4:49】）…〈5〉

（やりとり）なし。

　直後の文を書いた後に、戻って3行目の当該箇所に内容を追加した。補足した3文目を「おまけに」で書き出すことで、その時の残念さを伝え、直後の気持ちの逆転を際立たせる表現のねらいが見られる。なお、この修正は休止なく行われたことから、読み返して加筆したというより書きながら考えていた不足部を補うという修正である。手書きであれば、当該部分を一度すべて消してから書き直す大掛かりな作業になるが、ワープロ書きであれば比較的容易な作業である。

（10）[⁶縁の下の力持ちという諺があるけど、本当にその通りだと思いました。⁸大事な役なので頑張りたいです。]→[⁶縁の下の力持ちという諺があるけど、本当にその通りだと思いました。⁷確かに玉入れをする人だけいても、カゴを持つ係などがいなければ玉入れはできません。⁸大事な役なので頑張りたいです。]（資料②【14:01】）…〈6〉

（やりとり）「よし、終わり。これでいい。短い？」〈【書き手の名前】が書きたいこと書いたら。見直してみて、もっかい。〉「ないんじゃない。」（黙読28秒後、「確かに玉入れをする人〜」を挿入。）「よし終わり。」〈最後なんでその一文付けた？〉「「大事な役なので」って、ここで意味あまり通じてないじゃん。分かんない人が読んだりすると。まあ分かっている人が読むだろうけどさ。一応そうすると「確かに」、これ入れておいた方が、それを使った意味がでてくるというか。」〈「確かに」って何で書いたの？〉「「その通りだと思いました。」…ここで「縁の下の力持ち」っていう言葉があるから、確かにそうだなあと思った。」

やりとりで見直しを促したが、じっくり考えて、文脈を最後に見直した後、説明不足を感じて当該箇所に内容を追加した。ただ補足するだけではなく、「確かに」を用いるとで文脈の妥当性を強固なものにするという方略を用いたところも注目に値する。

4.3 書き換えの頻度と理由

次に、調査ごとに表1の各項目の頻度を表2のように整理した。

表2　各調査における修正の種類別頻度

	選択			補足			10分あたりの書き換え数	100語あたりの書き換え数
	〈1〉	〈2〉	〈3〉	〈4〉	〈5〉	〈6〉		
	書く前	書きながら	書いた後	書く前	書きながら	書いた後		
資料①	2	4	2				3.53	3.05
資料②		1			1	1	1.71	1.46
資料③	2	4		1			5.00	3.17
小計	4	9	2	1	1	1	(合計：18例)	

修正の種類ごとの書き換えの頻度は〈1〉〈2〉が多く、特に〈2〉（書きながらの選択）は全体の半数を占めることから、言葉選びはほとんどの場合、紙面に書き出す時点までに行われていることが分かる。一方、補足は各項目1例ずつしか収集されず、方略としてはあまり選択されていない。布施・石黒（2018）の大学生を対象とした調査との対比も興味深い。おそらく推敲の時間を特に設定しなかったことも影響している可能性がある。一方、ワープロを用いればさほど困難な作業ではないはずであるが、〈4〉〜〈6〉（補足）の頻度から見ても、本章での「補足」に相当する布施・石黒のいう談話レベルでの「精緻化」がそもそも児童にとっては難易度が高い作業ということであろう。これらの点では、資料①ワープロ書きと資料③手書きの間に際立つ差異は見られず、ツールの違いは修正の頻度に影響しない可能性が高い。ところが、資料②のように聞き手の介入の程度が低くなると、資料①③に比べて、10分あたりの書き換え数も100語あたりの書き換え数もともに頻度が極端に低下する結果となった。このことから、書き手が文章と向き合う際に、修正の活性化には聞き手とのやりとりが効果的であることが伺える。

さらに、修正が起こる理由について見ていこう。言葉を選ぶ、ま

たは内容を補足する第一の動機は、おそらく自分が書いた文章に対する違和感の存在である。書きながら、または一度書いた後で読み返して、それを緩和や解消するために書き換えをするのであろう。これまで見てきたような資料①〜③の聞き手とのやり取りを参照して、書き手の動機について、次の表3のように整理した。

表3　修正する動機

a.	【選択】発話してみたが書きにくい、書いてみたが文型などと合わない。	6
b.	【選択】文体に合わない（話し言葉）	2
c.	【選択】語・表現の重複を避ける	3
d.	【選択】漢字表記の検討	2
e.	【選択】不要語の削除	1
f.	【選択】修飾語の追加（「まで」・「さえ」などの副助詞も含む。）	1
g.	【補足】具体例の補完	1
h.	【補足】展開の説明の補完	2
	小計	18

　違和感を覚える理由はさまざまで、本調査で収集できた18例の修正の動機で最も多かったのがa.「発話してみたが書きにくい、〜」（6例）である。この類型は、頭に浮かんだものを一度書いてみたが、どうも当該箇所の表現としてそぐわないことに気づき、書き換えを検討するパターンである。また、c.「語・表現の重複を避ける」（3例）、b.「文体に合わない」（2例）なども複数箇所で収集され、主要な動機として抽出できそうである。これらが、文法的な誤りではなく、語感に基づく修正であることに注意されたい。もちろん不注意による誤謬もないわけではないだろうが、たとえ児童の作文であっても、推敲は、このレベルで行われることが望ましい。

　以上、本章では、児童がどのように言葉を選び、修正するのかに着目して、考察を行った。児童の言葉選びは、おそらく一度に思考の対象となる範囲の広さにも影響を受ける。本章では取り上げなかったが、作文時にどこまで一息で書くかの区切りについての検討も必要である。本調査の資料①について、書き手の書く過程における区切り位置、書き手と聞き手の主要なやり取り、書き手の音読やつぶやき、さらには休止から書くことに復帰するときの再読について

も詳細に記録した宮城（2023）がある。本章の補足資料として参照されたい。また、本調査の書き手は、休止時にさまざまな雑談をし、それをきっかけに作文が展開する場面も見られた。これらについても検討の余地がある。児童の書く過程全体を捉えようとすると、さらに多様な観点からの資料を収集する必要があり、聞き手による内観調査の焦点化をより有効に活用しなくてはならない。

　最後に、広義の言葉選びと考えられる作文の始め方、終わり方についても検討を行う。始め方は、少なくとも本調査では、資料①～③すべてで、「私は、～しました。」で書き始めることとなった。一見単純な書き出しに見えるが、その後さまざまに展開していけるので、悩まずに書き出せるという点では有用な方略であろう。一方、終わり方については、資料①を書き終えた後に、どのような方略で書いているのかを書き手に尋ねてみた。

　(11)〈終わりにするとき書き方も決めているの？何を書くかは。【書き手の名前】、途中でつまったら、どうやって書くこと探してる？〉「とりあえず、頭の中を、てか作文のことを忘れて、頭の中で何を書きたいかうろうろ見晴らして面白かったことを見つけて、ああそうだこれだっていってつなげて書いてる。」〈ああ、そうなんだ。初めから書く順番とか決めてるの？あんまり考えてない？〉「あんまり考えてない。思い出した順にどんどん書いてる。」〈思い出した順に書いてるんだ。〉「うん。」〈最後はもう決めてるの、こういう…〉「最後はまとめ的に…例えば日記だったら、「とても楽しかったです」とか「がんばります」とか。」〈そういうまとめなんだ。〉「うん。」〈決めてるの、そういう風に。〉「うん、だいたいそうやって書く。」

　このやりとりからも分かるように、詰まった場合は、ここまで書いた作文のことを一旦忘れて、「面白かったこと」や「思い出した順」などを思案することが書く話題を探すときの助けになるということが興味深い。安西・内田（1981）によると、小学校段階では、全体のプロットをしっかり立てて書く書き方から、思いついたことをそのまま書き連ねる書き方まで計画性の有無の違いで４つの書き

方のスタイルがあるとされる。本調査の書き手は、資料①〜③のいずれの場合も、詰まってから、次に続ける内容を探し、ある程度一息に書き進めることが多いので、おそらく3番目の「テーマが意識化されると、それに基づいて局所的プランで次々と書くことを決めながら書きすすめる。」(同:41)に近い書き方をしていると考えられる。

5. おわりに　なぜ今書く過程の研究が必要か

本研究は、特定の児童にフォーカスしたケーススタディである。児童の言葉選びと修正の過程について、書き換えのタイミングや聞き手とのやりとりがツールの差よりも大きな影響があるという新たな知見が得られた。今後は、本章で示した方略や思考がどの程度の範囲で行われているかの比較・検討が必要である。検証を進めるにあたって、以下のような点が課題となろう。

・書く過程を可視化する記録法の開発
・手書きデータの収集法の開発
　　…できれば教室単位で同時に記録を収集する方法の確立
・聞き手の介入法の検討（禁止事項を設けるなど）
　　…必要最低限の介入に止めるための指針の策定
・資料収集の環境整備（調査協力校の確保など）
　　…個人情報の保護も含め公開可能な形式の模索

最後に今本課題に取り組む意義を述べる。本研究で採用した作文の過程で聞き手とやりとりを行う内観法は、先行研究の調査時では、非常に手間がかかる手法であった。一方、現在ではかなりの部分で電子機器による省力化が可能となっている。また、児童が作文するツールとしてのワープロ書きが急速に定着してきている現在において、さらに以下に挙げたような目標を掲げることで、教育現場への応用が可能になり、近年増加が著しい外国籍児童への支援も視野に入ってくる。

- 子どもの作文の過程を踏まえた書き方指導への応用
- 言葉や表現の選び方の提案
- 書いた後の書き換え・書き足しなどの修正のポイントの示唆
- 子どもと大人の書き方の違いの究明
- ワープロを用いた作文の利点と欠点の指摘

以上述べたようなさまざまな環境の変化や需要に鑑みると、今後この分野の研究が飛躍的に進展することが期待される。また、鉛筆からパソコンへ書くツールが移行することで、児童の「書く」活動や作文の質・量がどのように変容するのか、またはしないのかを今後は何よりも注視していかなくてはならない。

付　記

本研究の調査に協力してくれた児童に感謝申し上げます。また、本稿は、JSPS科研費JP20H01674の研究成果の一部です。記して感謝申し上げます。

参考文献

阿部藤子・今田水穂・宗我部義則・冨士原紀絵・松崎史周・宮城信（2017）「児童生徒の「手」作文に於ける経年変化の計量的分析：1992年と2016年の作文を比較して」、『言語資源活用ワークショップ発表論文集』1、pp. 234–247、国立国語研究所.

安西祐一郎・内田伸子（1981）「子どもはいかに作文を書くか？」『教育心理学研究』29（4）、pp. 323–332、日本教育心理学会.

石川慎一郎・友永達也・大西遼平・岡本利昭・勝部尚樹・川嶋久予・岸本達也・村中礼子（2022）「「小中高大生による日本語絵描写ストーリーライティングコーパス」（JASWRIC）の構築：L1/L2日本語研究の新しい資料として」、『言語資源ワークショップ発表論文集』7、国立国語研究所.

今田水穂・宮城信（2020）「学校課題作文コーパスの構築」、『言語資源活用ワークショップ発表論文集』5、pp. 103–113、国立国語研究所.

内田伸子（1989a）「物語ることから文字作文へ―読み書き能力の発達と文字作文の成立過程―」『読書科学』33（1）、pp. 10–22、日本読書学会.

内田伸子（1989b）「子どもの推敲方略の発達―作文における自己内対話の過程―」『お茶の水女子大学人文科学紀要』（42）、pp. 75–104.

内田伸子（1995）「作文指導への提言―読み手や書き手の知識の変容へ―」『心理学者　教科教育を語る』、pp. 4–15、北大路書房.

衣川隆生（2000）「日本語を第二言語とする書き手の文章産出過程研究の枠組みの提案」、『筑波大学留学生センター日本語教育論集』15、pp. 13–24.

国立国語研究所（1978）『児童の表現力と作文』東京書籍.

国立国語研究所（1989）『児童の作文使用語彙』東京書籍.

布施悠子・石黒圭（2018）「日本語学習者の作文執筆過程における自己修正理由：上級中国人学習者、上級韓国人学習者、日本語母語話者の作文の比較から」『国立国語研究所論集』（15），pp. 17–42.

細谷由里子（2003）「ワードプロセッサによる文章産出過程の特徴：手書きとの差異に着目して」『人文科教育研究』（30），pp. 33–47、人文科教育学会.

宮城信・今田水穂（2015）「『児童・生徒作文コーパス』の設計」、『第7回コーパス日本語学ワークショップ予稿集』、pp. 223–232、国立国語研究所.

宮城信（2023）「ある児童の作文作成過程―言葉の選び方に着目して―」、『近代文芸研究』10、pp. 3–14、日本文学協会近代部会.

向小学校（1970）『作文の基礎能力　その分析と指導』新光閣書店.

第7章
日本語教科書の形容詞並列文に読点は必要なのか

市江愛

キーワード
形容詞、並列、初級日本語教科書、例文、現代日本語書き言葉均衡コーパス（BCCWJ）

1. はじめに

　日本語で文章を執筆する際、ほとんどの場合に読点を用いる。第二言語として日本語を学ぶ人（以下、日本語学習者）を対象とした日本語教科書においても、当然のことながら、提示する例文や文章に読点が使用されている。一方、日本語教育の現場では、読点に関する明示的で積極的な指導は少ない。第二言語を習得する際に、教科書の影響が指摘されているが、明示的な指導が少ない読点についても、教科書の例文などから日本語学習者が使い方を学んでいく可能性は否定できない。

　では、日本語教科書の例文で使用されている読点は、自然な使い方になっているのだろうか。日本語教科書の例文の中には、同じ文型でも教科書によって読点の打ち方が異なっているものや、非常に短い文でも読点が打たれているものなどもあり、読点の使い方が自然なのか検討の余地がある。

　そこで、本章では、日本語教科書で用いられる形容詞並列文を例に、その読点の使用について、日本社会における使用実態を踏まえ検討することを目的とする。具体的には、「2.　先行研究と研究課

題」で初級の日本語教科書で導入される複文を例に挙げながら、なぜ形容詞の並列文を対象とするのか示し、研究課題を述べる。「3. 調査方法」では、現代日本語書き言葉均衡コーパス（以下、BCCWJ）を用いた調査方法について述べ、「4. 結果と考察」では、日本社会における使用実態を分析しながら、日本語教育への示唆を述べる。最後に、「5. おわりに」で研究課題に対する答えをまとめる。

2. 先行研究と研究課題

日本語学習者の読点の使用について、日本語教育の現場ではあまり積極的に扱われてこなかった。それは、文法や語彙などに比べて、読点の指導の優先順位が下がってしまうという理由もあるが、そもそもどのように指導するか明確な指針がなかったことも背景にあるだろう。その一方で、日本語学習者が実際に執筆した文章を見てみると、特に論文などの論理的でわかりやすいことが求められる文章において、読点の不使用や不自然な使用により、文意が伝わりにくくなっていることがしばしばある。

明示的な指導が少ないからこそ、日本語学習者が読点の打ち方を学ぶ機会は少なく、自身の第一言語（以下、L1）等の言語的知識や教科書の例文などを頼りにしていることが考えられる。実際、岩崎（2017a）などでは、学習者のL1によって読点を打つ傾向が異なっていることが指摘されている。さらに、英語やロシア語のように、句読点の使用方法が正書法として決められている言語もあるため、日本語学習者が教科書で使われている読点を見て、それを見本に書いていくこともあるだろう。このように、明示的な指導が少ないこともあり、学習者のL1や教科書の例文が読点の習得に影響を与えている可能性がある。

日本語学習者向けに作られた、初級の総合的な日本語教科書では、体系的に文法項目が積み上げられていることが多い。まずはシンプルな構造の単文から始まり、複文へと移行していく。

たとえば、世界中のさまざまな国で使用されている『みんなの日

本語 初級Ⅰ 第2版 本冊』では、第9課で原因・理由のカラ（1）、第16課で並列のテ（2）（3）が導入され、動詞や形容詞の例が示されている。

（1） きょうは　子どもの　誕生日ですから、早く　帰ります。
（2） 朝　ジョギングを　して、シャワーを　浴びて、会社へ行きます。
（3） この　部屋は　広くて、明るいです。

欧米の学生が多い機関でよく用いられる『初級日本語げんきⅠ 第3版』では、第6課で動詞のテ形（4）、第7課で形容詞と名詞のテ形（5）が導入されている。なお、第6課では「私は今晩勉強します。あしたテストがありますから。」のような原因・理由文も導入されているが、「あした試験があるから、今晩勉強します。」のような複文の形は第9課で導入されている。

（4） 図書館に行って、本を借ります。
（5） あの店の食べ物は安くて、おいしいです。

上記2冊は、初版がそれぞれ1998年、1999年に出版されている。それに対し、2011年に初版が出版された比較的新しい初級の総合教科書である『できる日本語 初級 本冊』では、第5課で原因・理由のカラ（6）、第8課で並列を表す形容詞と名詞のテ形（7）、第9課で動詞のテ形（8）が導入されている。

（6） パソコンがほしいですから、サカイ電器へ行きます。
（7） おもしろくて、親切な人です。
（8） 友達と映画を見て、買い物をして、食事しました。

このように、多くの初級の総合教科書で、複文の中でも最初のほうにテ形が導入されているが、上記3冊の教科書すべてにおいて、テ形のあとに読点が打たれていた。たしかに、（1）（2）（4）（6）（8）は、読点があることで複文であることが明示されるため、わかりやすい。一方、（3）（5）（7）は2つの形容詞がテ形で並列されているもので、その間に読点が打たれていなくても問題ない。特に、（7）は主語が省略され、2つの形容詞だけがテ形で接続された短い文であるが、それにも同様に読点が付与されて提示されている。

このような読点の使用は、自然なのだろうか。近年、日本語教育

では、学習者に提示するために作られた、少し不自然さを含んだ、例文のための例文ではなく、より自然な例文を提示することが重要視されるようになっている。中俣(2014)や中俣編(2017)のように、コーパスを活用し、実際の日本語母語話者の使用実態を参考にした自然な例文を学習者に提示することが重要である。

　これらを踏まえ、本章では、形容詞の並列文について、コーパスで日本語母語話者の使用実態を分析し、日本語教科書における提示方法や日本語教育への示唆を検討する。

3．調査方法

　調査方法には、『現代日本語書き言葉均衡コーパス』(BCCWJ)を用い、コーパス検索アプリケーション「中納言2.7.0(データバージョン2021.03)」の短単位検索で用例を抽出した。

　分析対象は2つのイ形容詞がテ形で接続されている並列文とし、その間に読点があるかどうかを分析した。具体的には、「接続助詞"て"」をキーとし、前方共起が「形容詞の連用形」、後方共起が「補助記号-読点」もしくは「形容詞の終止形」で検索した。つまり、並列の意味を持ち文末に現れる2つの形容詞「イ形容詞―て、イ形容詞」と「イ形容詞―て　イ形容詞」が分析対象である。(9)に分析対象となる例を示す。以下、BCCWJの用例を示すときは、分析対象となる箇所に下線を引き、例文末尾の括弧にBCCWJのサンプルIDを示す。

　(9)　さっそくナイフで剥いてがぶりと食べてみた。
　　　　みずみずしくて、甘い。　　　　　　　　　(LBl3_00166)

　分析対象に2つのイ形容詞がテ形で並列されている文を選んだのは、多くの初級の総合日本語教科書において、早い段階で導入される複文だからである。日本語記述文法研究会編(2008)にあるように、テ形は並列、対比、前触れ、継起、原因・理由、逆接、順接条件、付帯状況の用法や、複合述語として用いられるものもある。日本語教科書では、これらの文法項目は用法ごとに分けて導入されることが多いため、それに合わせた用例を分析する必要があると考

え、本研究は並列の用法のみを対象とした。分析の対象外となる例を（10）〜（12）に示す。

　（10）兄妹で、仲が良くて、いいわね　　　　（OB3X_00108）
　（11）そう、今の私は毎日が楽しくてしかたない。（LBo7_00035）
　（12）「イミなんかなくていいよ。
　　　　やったア！！」　　　　　　　　　　　（LBg9_00207）

　また、接続する品詞にイ形容詞を選んだのは、動詞と異なり、2つの形容詞を並べるだけの短い文でも比較的読点が使われやすく、初級の日本語教育の現場に還元しやすいと考えたからである。なお、今回は形容詞並列文の読点の使用実態をさぐる探索的なものであるため、分類が難しいナ形容詞と名詞に接続するものは対象外とした。また、「目が大きくて、髪が長い」のように、2つの述語に対してそれぞれの主語が異なるものも対象外とした。

　さらに、文末に現れる形容詞並列文であっても、1文のなかに3つ以上の節や述語が含まれているものは除外した。節が多くなればなるほど、文意や係り受けをわかりやすくするために、文全体の読点の位置や個数が調整されるためである。たとえば、（13）のような名詞修飾が用いられているもの、（14）のような3つ以上が並列されているものは対象外とした。なお、（15）のように、会話文として鉤括弧で括られているものは、鉤括弧内の文のみを対象とし、本研究の分析対象に含めた。

　（13）軽く塩をしたパリパリでないレタスのサラダは味も馴染ん
　　　　でやわらかくておいしい。　　　　　　（LBg3_00075）
　（14）肌はなめらかで、まつげが濃くて長い。　（LBo9_00116）
　（15）「わたしは強くて美しい…」
　　　　そのつぶやきが洩れたとき、（以下省略）（LBp9_00107）

　このように、本研究では、用法や接続する品詞、統語的な条件などを限定し、分析対象を絞った。そうすることで、日本語教科書における導入の例文を精査することができると考えたからである。その結果、分析対象となったのは計155例であった。

4. 結果と考察

4.1 形容詞並列文で読点は打たれるのか

まず、形容詞並列文の読点の有無について、その用例数を表1に示す。読点がない場合は135例、読点がある場合は20例と、読点がない場合が大半を占めていた。

表1 読点の有無の用例数

	用例数
テの直後に読点なし	135
テの直後に読点あり	20

また、日本語教育では、どのような場面で用いられる文型なのか、それを踏まえて例文を示すことも重要だとされている。そこで、レジスター別に分析することで、どのような場面で形容詞並列文が使われているか見ていきたい。図1にレジスター別読点の有無の用例数を示す。

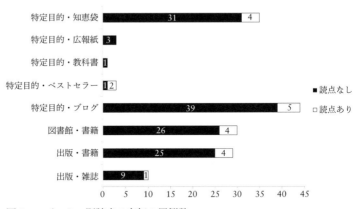

図1 レジスター別読点の有無の用例数

最も多かったのは特定目的・ブログで計44例、次いで特定目的・知恵袋で計35例、図書館・書籍で計30例、出版・書籍で計29例であった。これら4つのレジスターで、全体の約89％を占めていた。また、レジスターによって読点の有無の比率に大きな差は

なかった。

　形容詞並列文の用例が多く見られた特定目的・ブログと特定目的・知恵袋はカジュアルな文体のものが多く、話し言葉に似たものも多い。同様の文体が用いられる媒体としてSNSがあるが、昨今の学生にとってSNSでのコミュニケーションは当たり前であり、日本語学習者も使用する機会は多い。そのため、日本語教育での形容詞並列文を導入・産出練習する際には、SNSなどで食べ物や人物、事物を紹介・説明する文として取り上げると、より自然で活用しやすい例文になるだろう。

　また、本研究で論じている日本語教科書は日本語をL1としない日本語学習者向けの教科書であるが、日本語母語話者向けの教科書、すなわち初等教育や中等教育などの学校教育で用いられる教科書の用例ではどうであろうか。残念ながら、レジスターが教科書の用例は、本研究の対象である形容詞並列文では1例しか見受けられなかった。その1例（16）は、高校の技術家庭の教科書の例であり、子どもの生育に関する記述である。箇条書きの形式であり、前後の文にも読点が含まれていないため、この結果だけで考察することは難しい。今回分析対象とした形容詞並列文では明らかにできなかったが、今後、日本語母語話者向けの教科書と日本語学習者向けの教科書で読点の使用に違いがあるか分析していくことで、より明確な提示方法や指導方法を検討することができるだろう。

（16）●歯がはえはじめる（6か月ころ）
　　　●皮下脂肪がついて丸ぽちゃ型の体型
　　　●腹式呼吸で速くて浅い
　　　●体温はおとなより高め　　　　　　　（OT53_00010）

　以上のように、BCCWJの用例では、形容詞並列文は読点がない場合が多かった。一方で、(3)(5)(7)で取り上げたように、日本語教科書では、読点が打たれているものが散見される。コーパスでの用例は読点を打たない方が大半であったことを踏まえると、教科書で提示する形容詞並列文の例文すべてに、読点を打つ必要はないだろう。さらに、BCCWJの用例で見られたようなSNSでの使用例などを踏まえて、いつ当該文を使用するのか、その場面を明確に

提示しながら導入・練習させることが重要である。

4.2　どのような場合に読点を打つとよいのか

4.1で述べたように、形容詞並列文における読点の有無を分析すると、読点を打たない場合が圧倒的に多かった。では、読点を打っているものはどのような打たれ方がされているのだろうか。その用例を質的に見てみたところ、文章全体で読点が過剰に用いられている例が見受けられた。

（17）は形容詞の並列箇所である「面白くて、可愛い」の部分に読点が打たれているが、その前後の文章も、「また」「もちろん」などの接続表現や副詞の後に読点が打たれ、後続の「令嬢も」「他の面々も」の後にも読点が打たれるなど、過剰な印象を受ける。特に、「松さんだから良かった」「さすが白組だな」というのは筆者の感想部分であり、読点で区切ることでそれを表現しているが、読点が多すぎるがゆえに、逆に読みにくくなっている（例文内、二重下線部分が当該箇所）。このような場合、鉤括弧で置き換えるか、そもそも読点を打たなくてもよいだろう。

(17)　また、令嬢も、松さんだから良かった、という感じ。
　　　面白くて、可愛い（＊＾＿＾＊）
　　　もちろん、他の面々も、ビシッと決まってましたね〜
　　　ネタばれになるから、詳しく書かないけど、あるシーンでのコミカルな仲村トオルさんは、本物とのメリハリが利いてて、良かった（＾－＾）
　　　また、さすが白組だな、と思える、帝都や羽柴ビル等のVFXは、見事です。　　　　　　　　　　　（OY14_38832)

同様の文章は他にも見られ、(18) も、文章全体で過剰に読点が打たれており、読みにくくなっている。特にこの文章は、「おれ、できてない、それ。」「青春です、超。」「なので、結局、読んじゃうかな、たぶん。」というように、倒置が3度も用いられており、すべて読点で区切られている（例文内、二重下線部分が当該箇所）。倒置はある事柄を強調できる表現方法であるが、多用されるとその効果がうまく発揮できず、逆にわかりにくい文章になってしまう。

さらに、倒置したことで、読点を打たなければならなくなり、読点の過剰使用にもつながってしまう。たとえば、もし倒置を残すのであれば、「なので、結局読んじゃうかな。たぶん。」という形で、読点を減らし、一部を句点に置き換えることで、メリハリのある文章にすることができる。

(18) ちゃんと、友だち作って、サークル作って、それぞれが、それぞれの人と、向き合ってるから。
<u>おれ、できてない、それ。</u>
"劣等感"みたいのを感じる。
でも、面白い。
絵も、構図も、引き締まってて。
はぐちゃん、かわいいし。
<u>あまずっぱくて、まぶしい。</u>
<u>青春です、超。</u>
<u>なので、結局、読んじゃうかな、たぶん。</u>
今、3巻の途中までだけど。
個人的には、森田さんと、はぐちゃんが、くっついてほしいです。
(OY15_05101)

上述した(17)(18)はどちらも特定目的・ブログの文章である。いくらブログが、話し言葉に近い文体になるとはいえ、このように読点が多用されてしまうと、わかりにくい文章になってしまう。このような文章では、並列だから読点を打っているわけではないだろう。他の記号類もうまく活用しながら、「読みやすい文にするためにどのタイミングで読点を打つか」という視点が、日本語母語話者にも必要である。

日本語学習者の読点使用数について述べた研究に、岩崎(2017b)がある。岩崎(2017b)では、テ形の直後の読点の有無についても分析しているが、日本語母語話者と韓国人日本語学習者の読点の有無の比率はそれぞれ21.5％、21.6％とほぼ変わらなかった。それに対し、中国人日本語学習者は65.3％であり、有意に多く読点を使用していたと述べられている。この結果は、並列の用法に限ったものではなく、また前接の品詞も限定されていないが、

日本語学習者もテ形のあとに読点を過剰使用していることがうかがえる。読みやすい文にするために読点は必要であるが、過剰使用するのは逆効果であることを認識、もしくは再認識させる必要が、母語話者・学習者に限らずあるだろう。

　以上の通り、読点を過剰使用していることで、読みにくい文章になっていることがわかった。では、どのような場合に読点を打つと効果的なのだろうか。

　前述している通り、読点の機能の１つとして、わかりやすい文章にするという点がある。今回の形容詞並列文では、読点をうまく打つことで、並列しているものをわかりやすくする例があった。(19)は、トビウオを食べた感想として、「冷たい」「しょっぱい」「身はつるつるしている」「あんまり味がしない」という４つを述べている。後者２つの「身はつるつるしていて、あんまり味がしない」は述語だけの並列ではなく、主語と述語を含んだ節の並列になっており、読点が打たれている方がわかりやすい。それに対応させる形で、「冷たくて、しょっぱい」と形容詞並列文も読点を打つことで、この４つが列挙されていることがわかりやすくなる。

　(19) 彼はおそるおそるトビウオを食べてみた。
　　　ふん、こいつは冷たくて、しょっぱい。
　　　身はつるつるしていて、あんまり味がしない！

(LB09_00174)

　さらに、読点を打つことで、その前後をうまく強調している例も見られた。(20)は、鼠径ヘルニアの痛さについて述べた文である。「物凄〜く」と「〜」を入れることで痛さを表現し、文末を「！！」の記号で表現することで苦しさを表現しているが、その間に読点が打たれることで一呼吸入り、痛さ、苦しさをより一層強調させている。このように、何か強調したい事柄を述べる際、読点を打つことでより際立たせることができる。このような例は、他にも見られた。(21)は全盲の人について話をしている場面で、「『視野』すらない」とネガティブな視点から述べているが、それにもかかわらず、「明るくて」「たくましい」と対照的でポジティブな様子を強調して表現することができている。

(20) 鼠径ヘルニアを放置しているとどうなるのでしょうか・・・？
　　　物凄〜く<u>痛くて、苦しい</u>！！　　　　　　（OC09_11551）
(21) その人は全盲で、自分のような「視野」すらない。
　　　でも<u>明るくて、たくましい</u>。　　　　　　（PB59_00737）

　さらに、述語が3つ並列されているため、今回は分析対象外としたが、(22)のように目玉の説明と触覚の説明を並列している場合や、(23)のように果肉と果汁の説明を並列しているような場合は、読点があることでわかりやすい文章になっている。つまり、事象や対象が異なるものを並列する場合は、読点で区切ることで、わかりやすくなる。一方、(24)のように、髪質について「固い」「厚い」「多い」と3つのことばで形容している場合は、1つの事柄についてしか述べていないため、読点を打たなくてもよいだろう。たとえば、「私の髪質は固くて、厚くて多い」のように、1つ目で読点を打ったとすると、読点の意図がわからず、逆に読みづらくなってしまう。

(22) 目玉が大きく、触角は<u>細くて短い</u>。　　　　（PB34_00088）
(23) 果肉が厚く、果汁は<u>甘くてみずみずしい</u>／　（PB2n_00042）
(24) 私の髪質は<u>固くて厚くて多い</u>。　　　　　　（OY13_06621）

　本研究で分析対象とした形容詞並列文のように、短くてシンプルな文だからこそ、なぜ読点を打つのか、なぜ打たないのかを書き手が理解し使いこなすことで、読み手にわかりやすい文や、強調などのある効果をうまく示す文を書くことができるだろう。特に、形容詞並列文は初級の多くの教科書で導入される文法項目である。初級であっても、読点がある例とない例の両方を提示しながら、日本語学習者に読点の有無を考えさせることで、大きな負荷をかけずに、読点を含む日本語の文の書き方に対する意識付けを行うことができるだろう。

5. おわりに

　本章では、形容詞の並列文を対象に、読点が打たれる場合と打た

れない場合のどちらが多いのか、BCCWJを用いて分析した。その結果、読点がない文が大半であることがわかった。特に、形容詞並列文は、ブログや知恵袋などで用いられることが多かった。そのため、ブログや知恵袋などと同様の文体が用いられやすいSNSに場面設定をし、例文の提示・練習を行うことが効果的であると述べた。さらに、読点が過剰に使用されている例、読点が効果的に使用されている例を取り上げ、読み手にわかりやすく、印象的な文にするためにどのタイミングで読点を打つかという視点が重要であると述べた。

　このような結果を踏まえ、日本語教科書の例文としては読点が打たれているものと打たれていないものの両方を取り上げることを提案する。その際、読点が効果的に働いている例とともに示しながら、かならずしも読点は必須ではないが、用いることでどのような効果があるか学習者に考えさせるとよいだろう。今回分析対象とした形容詞並列文は、学習の初期段階で扱われるものである。提案した読点の有無について考えさせる方法は、このような初期段階であっても、さほど大きな負担をかけずに実施することができる。初級では学習項目も多く、学生に考えさせる活動はなかなか取り入れられていないかもしれないが、大学生や成人学習者など、少なくとも認知的に発達している人を対象としている場合、そのような知的活動を取り入れることは、今後の学習にもつながり有意義だろう。

　読点を打った方がわかりやすい文になるのか、打たない方がわかりやすい文になるのかというのは、日本語母語話者でも使いこなせない場合があり、ましてや日本語学習者にはなおのこと難しい。読点の明示的な指導を日本語教育に取り入れることもさることながら、日本語教科書の例文における読点の使用について、日本社会における使用実態に即しながら再検討することが重要である。

調査資料

『初級日本語 げんき I 第3版』, 坂野永理・池田庸子・大野裕・品川恭子・渡嘉敷恭子, ジャパンタイムズ出版, 2020.

『できる日本語 初級 本冊』, 嶋田和子監修, できる日本語教材開発プロジェクト, 2011.

『みんなの日本語 初級 I 第2版 本冊』, スリーエーネットワーク（編）, スリーエーネットワーク, 1998.

『現代日本語書き言葉均衡コーパス』データバージョン 2021.03 国立国語研究所（https://chunagon.ninjal.ac.jp/bccwj-nt/search）

参考文献

岩崎拓也（2017a）「日本語母語話者と日本語学習者の作文コーパから見た読点と助詞の関係性」『一橋大学国際教育センター紀要』8, pp. 27–39.

岩崎拓也（2017b）「第5章 正確で自然な句読点の打ち方」石黒圭（編）山内博之（監修）『わかりやすく書ける作文シラバス』, pp. 75–96. くろしお出版.

中俣尚己（2014）『日本語教育のための文法コロケーションハンドブック』くろしお出版.

中俣尚己（編）・山内博之（監修）(2017)『現場に役立つ日本語教育研究 5 コーパスから始まる例文づくり』くろしお出版.

日本語記述文法研究会（編）(2008)『現代日本語文法6 第11部 複文』くろしお出版.

第8章
大学生はローマ字入力の入力方式を
どのように選んでいるのか

田中啓行

キーワード
ローマ字入力、大学生、訓令式、ヘボン式、打ち間違い

1. はじめに

　キーボードによる日本語の入力方法として、ローマ字入力とかな入力がある。かつては、どちらの入力方法を選ぶかという議論があったが、現在では、多くの人がローマ字入力を用いていると思われる。それに対して、スマートフォンの普及以降、キーボードを用いないフリック入力という新たな日本語の入力方法も広まっている。大学生にとっては、キーボード入力よりもフリック入力のほうが慣れていて入力しやすいという報告も複数見られる（長澤2017、森・広瀬2018、2019など）。さらに、音声入力も使用され始めている。しかし、現状ではまだ、大学のレポートなどは、キーボード入力によって作成することが想定されていると思われる。
　そこで、本章では、ローマ字入力にみられる日本語を母語とする大学生の表記の特徴について考察するため、下記2点を検討する。
  1. 大学生はローマ字入力の方式が複数ある文字の入力方式をどのように選んでいるか
  2. 大学生のローマ字表記に関する知識はどのように打ち間違いに現れているか

そのために、大学生がキーボード入力で1,200字程度の作文を執

筆した際のキー操作を記録し、その記録の分析を行う。

　以下、2.でローマ字入力に関する先行研究を概観し、3.で分析資料と方法について述べる。そのうえで、上記2点の検討課題について、それぞれ4.と5.で分析・考察する。4.と5.の分析・考察をもとに、6.で本章の結論を述べる。

2. 先行研究

　ローマ字入力に関する研究は、1980年代から90年代は、情報処理、ヒューマンインターフェイス等の分野で他の入力方法と比較して、日本語の入力方法の検討を行うものが中心であった。たとえば、岡留（1989）は、カナ漢字変換のためのカナ入力法のうち、JISかな入力、OASYS親指シフト入力、ローマ字入力の三つの入力方法について、心理実験のデータを取り、打鍵時間と作業負荷の面から、どの方法を選ぶべきかを検討している。その結果、ローマ字入力と比べて、他の二つの入力方法は、打鍵速度が遅く、作業負荷も高いとしている。このような研究の結果からも、ローマ字入力が主流になっていったのは必然であったといえるであろう。

　教育の分野においても、2000年以前は、大学生のローマ字入力とかな入力の比較が行われていたが（島田1988、河相ら1988など）、2000年代に入ると、ローマ字入力に習熟するための方法やそのためのローマ字教育に関する研究が中心になっている。対象は、小学生（藤田ら（2004）など）、高校生（森・多川（2019）など）、大学生（佐田（2017、2019）、渡邉ら（2021）など）とさまざまだが、共通して指摘されているのは、①ローマ字入力のためにローマ字の知識が必要であること、②キーボード入力に習熟するために入力の経験をさせる必要があることである。

　以上の研究は、円滑なキーボード入力ができるようになることを目指したものである。それに対して、入力自体の言語学的な研究は少ない。野田（2006）は、ローマ字入力の際の打ち間違いが起きる原因、単位について考察し、間違い方のパターンを4種類に分類している。

3. 研究方法

3.1 分析対象とする資料

本章の分析対象は、東北・首都圏の国公立、私立大学の大学生計44名が書いた作文執筆時のキー操作である。各自が「うれしかったプレゼント」、「私の好きな有名人」、「写真と動画」、「最強の生物」という4本の作文を書いており、対象となる作文は計176本である。PCのキー操作を記録できるアプリケーションの使用と、1,200字程度という文字数を指示し、締切は設けず、自宅等で時間があるときに自由に執筆できるものとした。執筆時期は学生が1年生のときで、一部の学生は後半の作文の執筆が2年生のときになった。作文の文字数の平均はタイトル込みで1188.8字である。

本章では、アプリケーションで記録した作文執筆時のキー操作を分析資料とし、各文字をどのキーを打って入力しているかを調べた。なお、全員がローマ字入力を行っていた。

3.2 分析方法

本章では、作文執筆時のキー操作のデータから、ローマ字入力で複数の入力方式がある文字が入力された箇所を特定し、44名の大学生がどの入力方式を用いているかを分析する。分析対象とした文字については4節で述べる。

また、四つ仮名や特殊な入力方式の文字を大学生が入力できているかどうかを調べるため、大学生がこれらの文字を打ち間違えてbackspaceキーもしくはdeleteキーを押した箇所を特定する。それらのうち、学生のローマ字表記に関する知識に関わる打ち間違いだと思われる箇所について検討する。

4. 複数の入力方法がある文字の入力

本節では、佐田（2017）を参考に、複数の入力方法がある文字を大学生がどのように入力しているかを分析する。佐田（2017）は、長澤（2011）で使用されている四つの課題文を使用して、情

報教育の補習的授業を受講している大学1〜4年生150名に課題文をローマ字でどう表現するかをアルファベット（半角入力）で入力してもらうという調査を行っている。佐田（2017）の分析対象は、「ふ」「じ」「づ」「ち」「じゃ」「ふぁ」「てぃ」である。本節では、このうち、入力方式が「DU」のみである「づ」以外を対象とする。さらに、佐田（2017）の分析対象にくわえて、複数の入力方式がある「し」、「ちゃ、ちゅ、ちょ」「しゃ、しゅ、しょ」、促音（「っ」）も対象とする。

　ここではまずローマ字表記について整理する。ローマ字の表記方式は3種ある。「ヘボン式」は英語の表記に近いのに対して、「日本式」は五十音図に裏付けられるものであり、両者の違いは主としてサ行、タ行、ザ行、ダ行に見られる。訓令式は日本式をさらに整理したものである（佐竹 2005: 35）。佐竹（2005）が挙げている違いに「ふ」の違いを加えて整理すると、表1のようになる。

表1　ヘボン式、日本式、訓令式の表記の違い

	し	ち	つ	じ	ぢ	づ	ふ
ヘボン式	SHI	CHI	TSU	JI	JI	ZU	FU
日本式	SI	TI	TU	ZI	DI	DU	HU
訓令式	SI	TI	TU	ZI	JI	ZU	HU

	しゃ しゅ しょ	ちゃ ちゅ ちょ	じゃ じゅ じょ	ぢゃ ぢゅ ぢょ
ヘボン式	SHA SHU SHO	CHA CHU CHO	JA JU JO	JA JU JO
日本式	SYA SYU SYO	TYA TYU TYO	ZYA ZYU ZYO	DYA DYU DYO
訓令式	SYA SYU SYO	TYA TYU TYO	ZYA ZYU ZYO	ZYA ZYU ZYO

　内閣告示の「ローマ字のつづり方」は、訓令式を原則とし、第2

表（ヘボン式、日本式）は「従来の慣例をにわかに改めがたい事情にある場合に限り」許容することとしている。しかし、バックハウス（2022）は、小学校の国語教科書には訓令式が主として掲載されている一方、街中の標識などではヘボン式が用いられ、訓令式が例外的になっていることを指摘している。佐竹（2005）も「三つの方式が存在するものの、実際に固有名詞などに使われるものはヘボン式が多い」(pp. 35-36) と述べている。これらのことから、大学生はローマ字表記に関して、訓令式だけでなくヘボン式も知っていると考えて差し支えないだろう。

　一方、ローマ字入力の観点から考えると、一つの文字を打つのに必要な打鍵数が重要である。バックハウス（2022）は、打鍵数が少ないことから、「し」「ち」「つ」は訓令式が有利、「じゃ・じゅ・じょ」はヘボン式が有利であると指摘している。

　以上から、ローマ字入力の入力方式選択においては、「訓令式かヘボン式か」「入力に必要な打鍵数」が基準になるものと思われる。また、表記形式とは別の、入力時特有のつづり方（「っ」「ゃ」などの小書き文字を「L（エル）」または「X（エックス）」キーを使って入力するなど）の知識も関係するだろう。

　以下、本節では、ヘボン式と訓令式の違いを中心に、大学生の入力方式選択の傾向について分析、考察を行う。次のページの表2は、44名が選択した入力方式の一覧である。一つの文字について2種類以上の入力方式を用いている場合は、もっとも多く用いている方式をその学生の入力方式とみなした。表中の斜体太字はヘボン式、網掛けは訓令式であることを表す。以下、本節の表では同様に斜体太字と網掛けを用いて示す。表中の「ちゃ」「しゃ」「じゃ」「ふぁ」「てぃ」は、それぞれ「ちゃ・ちゅ・ちぇ・ちょ」「しゃ・しゅ・しぇ・しょ」「じゃ・じゅ・じぇ・じょ」「ふぁ・ふぃ・ふぇ・ふぉ」「てぃ・でぃ」を代表して見出しとしている。「なし」は、作文中にその文字が出現しないことを示す。促音の欄の「子音2回」は、「きって」を「KITTE」と入力するように、促音の直後の子音を2回重ねる打ち方のことである。

表2 大学生が用いた入力方式

	学生01	学生02	学生03	学生04	学生05	学生06	学生07	学生08
「ふ」	FU	HU	HU	HU	HU	HU	HU	HU
「じ」	ZI	ZI	ZI	JI	ZI	ZI	JI	JI
「し」	SHI	SI	SI	SHI	SI	SI	SI	SI
「ち」	TI	TI	TI	CHI	TI	TI	TI	TI
「つ」	TU	TU	TU	TU	TU	TU	TU	TU
「しゃ」	SYA	SYA	SIXYA	SHA	SYA	SYA	SYA	SYA
「ちゃ」	TYA	TYA	TIXYA	CHA	TYA	TYA	TYA	TYA
「じゃ」	ZYA	ZYA	ZIXYA	JYA	ZYA	ZYA	JA	JA
「ふぁ」	なし	なし	HUXA	なし	FA	FA	FA	FA
「てぃ」	THI	なし	なし	なし	なし	なし	THI	TELI
「っ」	XTU	子音2回	XTU	子音2回	子音2回	子音2回	子音2回	子音2回

	学生09	学生10	学生11	学生12	学生13	学生14	学生15	学生16
「ふ」	HU	HU	HU	HU	HU	HU	HU	HU
「じ」	JI	ZI	JI	ZI	JI	ZI	ZI	JI
「し」	SI	SI	SI	SI	SI	SI	SI	SI
「ち」	TI	TI	TI	TI	TI	TI	TI	TI
「つ」	TU	TU	TU	TU	TU	TU	TU	TU
「しゃ」	SHA	SHA	SYA	SYA	SYA	SYA	SYA	SYA
「ちゃ」	TYA	CHA	TYA	TYA	TYA	TYA	TYA	TYA
「じゃ」	JA	JA	JA	ZYA	JYA	ZYA	ZYA	JA
「ふぁ」	FA	FA	FA	HUXA	FA	HUXA	HUXA	FA
「てぃ」	THI	なし	THI	なし	なし	TEXI	TEXI	なし
「っ」	子音2回	子音2回	子音2回	子音2回	子音2回	子音2回	子音2回	子音2回

	学生17	学生18	学生19	学生20	学生21	学生22	学生23	学生24
「ふ」	HU	HU	FU	FU	HU	FU	HU	FU
「じ」	ZI	ZI	ZI	JI	ZI	JI	ZI	JI
「し」	SI	SI	SI	SI	SI	SI	SI	SHI
「ち」	TI	TI	TI	TI	TI	CHI	TI	TI
「つ」	TU	TU	TU	TU	TU	TU	TU	TU
「しゃ」	SYA	SYA	SYA	SYA	SHA	SYA	SYA	SHA
「ちゃ」	TYA	TYA	TYA	TYA	TYA	CHA	TYA	TYA
「じゃ」	ZYA	ZYA	ZYA	JYA	ZYA	JA	JA	JA
「ふぁ」	FA	なし	FA	FA	HUXA	FA	FA	FA
「てぃ」	TEXI	なし	なし	なし	なし	なし	なし	なし
「っ」	子音2回	子音2回	子音2回	子音2回	子音2回	子音2回	子音2回	子音2回

	学生25	学生26	学生27	学生28	学生29	学生30	学生31	学生32
「ふ」	FU	HU	HU	HU	HU	HU	FU	FU
「じ」	JI	ZI	ZI	JI	JI	JI	JI	ZI
「し」	SI	SI	SI	SI	SI	SI	SI	SI
「ち」	TI	TI	TI	TI	TI	TI	TI	CHI
「つ」	TU	TU	TU	TU	TU	TU	TU	TU
「しゃ」	SYA	SHA	SIXYA	SYA	SYA	SYA	SYA	SHA
「ちゃ」	TYA	TYA	TIXYA	TYA	TYA	TYA	TYA	CHA
「じゃ」	JYA	JA	JA	JA	JA	JA	JA	ZYA
「ふぁ」	なし	FA	FA	FA	FA	なし	FA	FA
「てぃ」	なし	なし	TEXI	なし	なし	THI	なし	なし
「っ」	子音2回	子音2回	子音2回	子音2回	子音2回	子音2回	子音2回	子音2回

	学生33	学生34	学生35	学生36	学生37	学生38	学生39	学生40
「ふ」	FU	HU	HU	HU	HU	HU	HU	HU
「じ」	JI	JI	ZI	JI	ZI	JI	JI	JI
「し」	SI	SI	SI	SI	SI	SHI	SHI	SI
「ち」	TI	CHI	TI	TI	TI	CHI	CHI	TI
「つ」	TU	TU	TU	TU	TU	TU	TU	TU
「しゃ」	SHA	SYA	SYA	SYA	SYA	SHA	SHA	SYA
「ちゃ」	CHA	TYA	TYA	TYA	TYA	CHA	CHA	TYA
「じゃ」	JYA	JA	JA	JA	JA	JYA	JIXYA	JA
「ふぁ」	なし	FA	なし	FA	FA	FA	HUXA	FA
「てぃ」	TELI	THI	なし	なし	TELI	なし	TEXI	なし
「っ」	子音2回	子音2回	子音2回	子音2回	子音2回	子音2回	XTU	子音2回

	学生41	学生42	学生43	学生44
「ふ」	HU	FU	FU	HU
「じ」	ZI	ZI	JI	JI
「し」	SI	SI	SI	SI
「ち」	TI	TI	TI	TI
「つ」	TU	TU	TU	TU
「しゃ」	SYA	SYA	SHA	SYA
「ちゃ」	TYA	TYA	TYA	TYA
「じゃ」	ZYA	ZYA	JYA	JYA
「ふぁ」	FA	FA	FA	HULA
「てぃ」	THI	なし	THI	TELI
「っ」	子音2回	子音2回	子音2回	LTU

斜体太字 = ヘボン式
網掛け = 訓令式

※「FA」はヘボン式に準ずるものとして**斜体太字**にした。

4.1　ヘボン式と訓令式の打鍵数が同じ直音「じ」「ふ」

まず、ヘボン式と訓令式の打鍵数が同じ文字のうち、直音のものについて述べる。表3は各入力方式を用いた学生の数である。

表3　「じ」「ふ」の入力方式ごとの人数（合計44名）

	JI	ZI		*FU*	HU
じ	23	21	ふ	11	33

「じ」はヘボン式の「JI」と訓令式の「ZI」がほぼ同数であり、「ふ」は訓令式の「HU」で入力する学生が多い。これは佐田（2017）の結果と一致している。「ZI」は左手の小指で「Z」を打たなければならないため、ヘボン式の「JI」のほうが打ちやすいと考えられる。しかし、それでも半数近くが訓令式の「ZI」で入力している。ザ行、ハ行の文字のうち、それぞれ「J」「F」で入力できるのは「じ」「ふ」のみである。たとえば、「ざ」は「ZA」であり、「JA」と入力すると別の文字（「じゃ」）になる。訓令式の「ZI」「HU」は同じ行の他の文字と子音が同じでありわかりやすいことも訓令式を選ぶ学生が多い理由の一つだと思われる。

また、特定の語句の入力のみ、入力方式が変わっている学生がみられた。「じ」を「ZI」で入力している学生10は「社会人」のみ「SHAKAIJINN」と「JI」で入力している。逆に、「じ」を「JI」で入力している学生11は「時間」のみ「ZIKANN」と「ZI」で入力している。「じ」に関してはこの2例のみであり、特段の傾向はみられない。

一方、「ふ」を「HU」で入力している学生33名のうち7名が下記の8語に含まれる「ふ」を「FU」で入力している。

【学生04】「アフリカ」「インフルエンザ」各1
【学生08】「フラッシュバック」1
【学生09】「オフ」2
【学生23】「スタッフ」1
【学生27】「服装」1
【学生28】「オフライン」1

【学生29】「アフリカゾウ」1

「服装」を除けばすべて外来語であり、「AFRICA」のように原語の「フ」にあたる部分のつづりが「F」となる語である。原語のつづりが意識されたことで、「ふ」を訓令式の「HU」で入力している学生であってもこれらの語だけ「FU」で入力したものと思われる。また、次の（1）は、唯一外来語でない「服装」の入力方式を後続の語句も含めて抜き出したものである。

（1）服装やファッションに（FUKUSOUYAFASSIXYONNNI）

[学生27]

（1）で「服装」と並列されている「ファッション」の「ファ」は「FA」で入力されている。後続の「FA」の影響を受けて「服装」の「ふ」も「FU」で入力したことが考えられる。

一方、「ふ」を「FU」と入力している学生が「HU」で入力している例は、学生42の「布団」「征服」の2例のみであり、特段の傾向はみられない。

4.2 ヘボン式と訓令式の打鍵数が異なる直音「し」「ち」「つ」

次に、二つの入力方式で打鍵数が異なる文字について述べる。表4にそれぞれを選択した人数を示す。

表4 「し」「ち」「つ」の入力方式ごとの人数（合計44名）

	SHI	SI
し	5	39

	CHI	TI
ち	6	38

	TSU	TU
つ	0	44

「し」「ち」「つ」は、訓令式のほうが打鍵数が少ない。そのため、多くの学生が訓令式で入力しているのだと思われる。ただ、「つ」は全員が「TU」と入力しているのに対して、「し」「ち」は、ヘボン式で入力している学生がいる。キーボード上で2文字目の「S」の位置が1文字目の「T」と3文字目の「U」から離れている

「TSU」に対して、「SHI」「CHI」の「H」は1文字目と3文字目の間に位置しており、ホームポジションに近いことが理由として考えられる。

　また、前項の「じ」「ふ」と同様に、「し」「ち」も一部の語のみ入力方式が変わっている例がみられる。とくに、「し」を訓令式の「SI」と入力している学生が特定の語を「SHI」で入力している例が多い。「し」を「SI」で入力している39名のうち3名が特定の語句を「SHI」と入力していた。下記はこの3名が「SHI」で入力した語句である。

　　【学生32】＝「*SHI*」67回（「SI」206回）
　　　「私」60／「確かに」3／「写真」3／「もし」1
　　【学生33】＝「*SHI*」53回（「SI」188回）
　　　「私」36／「自身・自信」5／「足」2／「押して」2／
　　　接続助詞「し」2／「出した」「入試」「中止」各1／
　　　「少し」1／「話」1／「間違いなし」1
　　【学生34】＝「*SHI*」48回（「SI」228回）
　　　「する」の連用形（「して」「した」など）17／「私」9／
　　　「として・とした」5／「脚」2／「もし」2／「選択肢」「ホ
　　　テル暮らし」「視聴」「しのぶ」「使用」「適して」
　　　「食して」「必死」「等しく」「指標」「残し」「医師」各1

　3名が「SHI」で入力した語句をみると、「私」が大変多い。とくに、学生32と33はすべての「私」を「SHI」で入力している。この2名は、「私」については「WATASHI」と入力することにしていると推察される。下記は学生32の入力の一例である。

　（2）私自身（WATASHIZISINN）［学生32］
　　途中で変換キーを押さずに一続きで「WATASHIZISINN」と入力しているが、「私」の「し」は「SHI」と入力し、「自身」の「し」は「SI」と入力している。「私」はもっとも基本的な語であり、ローマ字表記の例文などで「WATASHI」という表記を目にすることが多いのであろうか。それに対して、学生34は29回の「私」のうち、9回を「SHI」、20回を「SI」で入力しており、どちらで入力するかは前後の文字列にも左右されていると考えられる。

一方、通常「し」を「SHI」と入力している学生5名のうち4名の作文に「し」を「SI」と入力している語句が12例あった。

【学生01】「ました」2／「して」2／
　　　　　「知った」「しかし」「として」「てしまえば」各1
【学生04】「しかし」1
【学生24】「そして」「推し」各1
【学生39】「しかし」1

　「SHI」と入力している学生が「SI」と入力する場合は、2文字目の「H」を入力し損ねていることが考えられる。次の（3）は「してしまえば」を「してしあえば」と誤入力したあとに入力し直した例である。

（3）してしあえば（SHITESIAEBA）
　　　→してしまえば（SHITESHIMAEBA）［学生01］

　（3）の例では、誤入力したときは「しまえば」の「し」を「SI」で入力しているが、直後に入力し直すときには「SHI」と入力している。「し」のあとに「H」キーと同じ右手人差し指で入力しなければならない「ま」の子音「M」があり、「H」を打ち損ねたものであろう。また、学生01、04、39の3名が「SI」で入力している「しかし」は、すべて「SHIKASI」と一つ目の「し」は「SHI」で入力し、二つ目の「し」を「SI」で入力したものである。こちらも「H」を打ち損ねたと考えられる。

　また、「ち」が通常の入力方式と異なる方式で入力されていた例は、通常「TI」で入力している学生10が3本目の作文の冒頭で「日常」を「NICHIJOU」と入力した1例のみであった。学生10は他の作文で「日常」を「NITIJOU」と入力しており、学生32、33の「私（WATASHI）」のように、この語を「NICHIJOU」と入力することにしているわけではないと思われる。人によっては入力方式にゆれがあるということを示唆する例であろう。

4.3　ヘボン式と訓令式の打鍵数が同じ拗音「しゃ」「ちゃ」

　本項と次項では、拗音について述べる。まず、本項では、二つの

入力方式の打鍵数が同じ「しゃ・しゅ・しぇ・しょ」と「ちゃ・ちゅ・ちぇ・ちょ」を取りあげる。「しぇ」「ちぇ」は、ローマ字表記の表に含まれないものであるが、「しゃ・しゅ・しょ」「ちゃ・ちゅ・ちょ」と同様に、「『SH』または『SY』＋母音（『E』）」、「『CH』または『TY』＋母音（『E』）」で入力することができるため、本項で扱う。表5はそれぞれを選択した人数である。

表5 「しゃ・しゅ・しぇ・しょ」「ちゃ・ちゅ・ちぇ・ちょ」の入力方式ごとの人数（合計44名）

	SHA	SYA	SIXYA			*CHA*	TYA	TIXYA
しゃ	11	31	2		ちゃ	7	35	2

　どちらも訓令式が多い。「しゃ」の両者の違いは2番目のキー「H」と「Y」のみであり、この二つのキーは隣り合っている。打ちやすさの違いはあまりなく、強いていえば、若干ホームポジションから遠い「Y」のほうが打ちにくいといえる程度であろう。それでも訓令式で入力する学生が多いことから、訓令式を意識している学生が多いと推察される。また、「しゃ」も「ちゃ」も訓令式は2番目、3番目のキー「YA・YU・YO」が直音の「や」「ゆ」「よ」の入力と同じであり、拗音の小書きの「ゃ・ゅ・ょ」がイメージしやすいこともあるのではないだろうか。一方、訓令式の入力を選択している学生が特定の語の入力にのみへボン式やそれに類する入力方式を用いている例がみられた。下記は、訓令式の「SY」「TY」を用いている学生が別の方式で入力した語である。

　（4）アニメーション（ANIME-SHONN）［学生01］
　（5）チェック（CHEKKU）［学生43］
　（6）チェキ（CHEKI）［学生26］

　（4）の「アニメーション」は、原語のつづり（animation）と違い、「H」と「Y」の打ち間違いの可能性はあるが、学生01はこの語の2回の入力をいずれもヘボン式の「SHO」にしている。また、学生43は外来語の「チェック」、学生26は、公式ウェブサイトで「CHEKI」と表記されている商品名「チェキ」の「チェ」のみ「TYE」ではなく「CHE」で入力している。4.1の「ふ」を「FU」

で入力する例と同様に、外来語の場合、入力の際に和語や漢語の入力とは違う表記意識が働いている可能性がある。

　また、「X」キーを使って小書きの「ゃ・ゅ・ょ」を入力している学生が2名（学生03、27）いた。学生03は、拗音、促音の小書き文字をすべて「X」キーを用いて入力しており、拗音、促音の入力方式を知らない可能性が高い。学生27は、次項で述べる「じゃ」「ふぁ」は「JA」「FA」と打鍵数の少ない方式で入力しているが、4.5で取り上げる「てぃ」は「TEXI」と「X」キーを用いている。やはり、入力方式の知識が不足していることが推察される。

4.4　ヘボン式と訓令式の打鍵数が異なる拗音「じゃ」「ふぁ」

　次に、二つの入力方式の打鍵数が異なる「じゃ・じゅ・じぇ・じょ」「ふぁ・ふぃ・ふぇ・ふぉ」について述べる。「ふぁ」は「ローマ字のつづり方」にない文字であるが、英語のつづりに類似した「FA」で入力できるため、本項で取りあげる。また、前項と同様に、エ列の文字も取りあげる。表6はそれぞれを選択した人数である。

表6　「じゃ・じゅ・じぇ・じょ」「ふぁ・ふぃ・ふぇ・ふぉ」の入力方式ごとの人数（合計44名）

	JA	ZYA	JYA	ZIXYA	JIXYA
じゃ	20	14	8	1	1

	FA	HULA	HUXA	なし
ふぁ	28	1	6	9

　「じゃ」「ふぁ」ともに打鍵数の少ない方式（「JA」「FA」）で入力している学生がもっとも多い。しかし、「じゃ」については、打鍵数が多く、打ちづらい「Z」のキーを打つ必要がある訓令式の「ZYA」で入力している学生が14人いる。この14人は「じ」を「ZI」と入力しており、訓令式にしたがっているものと思われる。また、ヘボン式でも訓令式でもなく、ローマ字表記では用いられない「JYA」という入力方式を用いている学生も8人いる。この8人

は「じ」を「JI」と入力しており、「ZI」と「ZYA」の組み合わせと同様に、当該行の子音に「YA」を足す形で入力しているものと思われる。「ZYA」で入力している学生と「JYA」で入力している学生を合計すると 22 名で、「JA」で入力する学生より多くなる。先行研究には、本研究と同じく「JA」「ZYA」「JYA」の順に入力する学生が多い結果を示すもの（佐田 2017、2019、長澤 2012b）もあれば、訓令式の「ZYA」で入力する学生が多いもの（長澤 2011、2012a）もある。これらのことから、必ずしも打鍵数の少ない方式を選ぶ学生が多いわけではないことがわかる。

　また、「じゃ」を通常自らが用いる入力方式と異なる方式で入力している例は下記の 6 名の学生に見られた。
　〈通常「JYA」なのを「JA」で入力した語〉
　　【学生 04】「以上」【学生 43】「順番」
　〈通常「JA」なのを「ZYA」で入力した語〉
　　【学生 11】「準備」
　　【学生 23】「以上」「田中樹里」「技術」「情報」
　〈通常「JA」なのを「JYA」で入力した語〉
　　【学生 16】「技術」「邪魔」【学生 36】「臨場感」
　通常「JYA」で入力している学生が「JA」で入力した 2 例に関しては、母音が「Y」と同じ右手で打つ「O」「U」であり、4.2 の「し」と同様に、2 文字目の「Y」を打ち損ねたと考えるのが妥当であろう。一方、「JA」を「ZYA」「JYA」で入力しているものには特段の傾向はみられない。たとえば、学生 11 の「準備」は、まったく同じ「文化祭の準備」という文字列で 1 回目は「ZYUNNBI」、2 回目は「JUNNBI」と入力されている。これも 4.2 の「ち」と同様「ゆれ」ととらえるべきものと考えられる。

4.5　ローマ字入力の知識が必要な「てぃ・でぃ」「っ（促音）」

　最後に、ローマ字の表記形式とは別の、ローマ字入力特有の知識が必要な文字について述べる。表 7 はそれぞれの入力方式を選択した人数である。表 7 の「てぃ」には「でぃ」（「DHI」「DEXI」

「DELI」）の数字も含まれる。なお、「てぃ」を「THI」で入力し、「でぃ」を「DEXI」で入力するというように、「てぃ」と「でぃ」で別の入力方式を用いている学生はいなかった。

表7 「てぃ・でぃ」「っ（促音）」の入力方式ごとの人数
（合計44名）

	THI	TEXI	TELI	なし
てぃ	11	10	4	19

	子音2回	XTU	LTU
っ	40	3	1

　「てぃ」は、ヘボン式にも訓令式にもない表記であり、「THI」で入力できることを知らなければ、この方式で入力することはできないと思われる。作文での出現数が少なく、「てぃ」あるいは「でぃ」を入力したのは25名であるが、そのうち半数以上（14名）が「X」または「L」キーで小書きの「ぃ」を入力しており、「THI」「DHI」という入力方式を学生に教える必要性が感じられる。しかし、「X」「L」を用いている学生が必ずしも「THI」という入力方式を知らないわけではない。学生43は、2本目の作文の中で「アーティスト」という語を3回入力しているが、1回目は「THI」と入力し、2、3回目は「TELI」と入力している。2、3回目の入力時間を見ると、「アー」まで入力したあと、次の「T」を入力するまでに若干時間がかかっている。「THI」を思い出せず、「THLI」に切り替えた可能性がある。

　促音については、後続の子音を2回重ねて入力する方式が一般的であり、40名はこの方式を使っている。ただ、4名は「X」「L」を使っており、そのうち3人は「ふぁ」「てぃ」も「X」「L」を使って入力している。これらの学生には入力方式の知識が必要だと思われる。また、子音を2回重ねる形の入力方式をとっている学生の中にも、ミスタイプの修正の過程で、「っ」のみを入力する必要に迫られた箇所でのみ、「LTU」と入力している学生がいた。「アーティスト」の入力の例とあわせて考えると、「X」「L」で小書き文字を

出せるという知識自体は持っておいたほうがいいだろう。

5．打ち間違いに見られる大学生のローマ字入力知識

　ローマ字入力の先行研究では、四つ仮名の「づ」をどのように入力するかについても扱われている。しかし、作文の入力過程では「ZU」と入力して「ず」が表示されてしまったら、その「ず」を削除して「DU」と入力し直すことができるため、「どのキーで入力したか」という前節の分析では扱うことができなかった。そこで、本節では、打ち間違いの例から四つ仮名を含めた大学生のローマ字入力に関する知識について検討する。野田（2006）は、ローマ字入力の打ち間違いの原因を「キー操作型」「前後影響型」「習慣影響型」「入力規則型」の四つに分類している。本節は、「ローマ字入力のしかたを間違う」（野田 2006: 448）入力規則型の打ち間違いを対象とするものである。

　「づ」の入力に関しては、いったん「ZU」と入力して「ず」が表示されたあと「DU」を入力し直す例が20名の作文に見られ、「近づく」「続ける」「気づく」「手作り」などの語の入力時に打ち間違っていた。「づ」はヘボン式でも訓令式でも「ZU」と表記される。ローマ字表記の知識とは別にローマ字入力の知識を確認する必要があるといえるだろう。「DI」で入力する「ぢ」についても、5名の学生がいったん「JI」あるいは「ZI」と入力する間違いをしていた。一方、「ZU」と入力すべきところを「DU」と入力してしまう例も9名の作文にみられた。

　また、4.5節で分析した「てぃ」「でぃ」について、入力規則の知識不足による打ち間違いと思われる例が3例みられた。たとえば、学生38は「アクティビティ」と入力しようとして、「アク」のあとに「TI」を入力して「ち」が表示され、それを消すという操作を繰り返していた。学生38は「ち」を「CHI」と入力しており、「TI」は「ち」ではなく「てぃ」になると考えたものと思われる。ローマ字表記と入力両方の知識が必要な例といえる。

6. おわりに

本章では、大学生の作文の執筆過程におけるキー操作を分析し、ローマ字入力の特徴の分析を試みた結果、以下のことがわかった。

① 打鍵数やキー配置の面から打ちやすい入力方式を選ぶ学生がいる一方、入力に不便でも訓令式を選ぶ学生もおり、入力方式の選択に訓令式が影響を与えている

② 訓令式で入力している学生でも外来語のみヘボン式で入力する例があり、外来語の原語のつづりが入力に影響を与えている

③ 四つ仮名のローマ字表記やローマ字入力特有の入力方式の知識不足が打ち間違いに現れている

複数の先行研究で、ローマ字入力のためにローマ字の知識が必要であるということが指摘されているが、ローマ字表記と効率的な入力に必要なキーは必ずしも一致しない。ローマ字入力の知識を整理して、学生に教える必要があるだろう。

付　記

本研究はJSPS科研費JP20K02974、JP21H04417、JP23K02509の助成を受けたものです。また、国立国語研究所機関拠点型基幹研究プロジェクト「多様な言語資源に基づく日本語非母語話者の言語運用の応用的研究」(プロジェクトリーダー：石黒圭)の研究成果の一部です。本研究の作文調査には、同プロジェクトが開発したEssayLoggerTSを使用しています。本論文の執筆にあたり助言をいただいた岩崎拓也氏と三谷彩華氏にお礼を申しあげます。

参考文献

岡留剛 (1989)「どの入力方法を選ぶべきか　三つのカナ入力法の比較検討」『情報処理学会研究報告ヒューマンコンピュータインタラクション (HCI)』34, pp. 1–10.

河相昌美・大森健三・太田英子・山本智子・荒谷眞由美・岡田聚 (1988)「医療秘書科のワードプロセッサ教育におけるローマ字入力とかな入力の速度と正確度の比較」『川崎医療短期大学紀要』8, pp. 87–92.

佐竹秀雄 (2005)「第2章　現代日本語の文字と書記法」『朝倉日本語講座2 文字表記』, pp. 22–50.

佐田吉隆 (2017)「大学生におけるローマ字入力速度と綴り選択の変化に関する研究」『コンピュータ&エデュケーション』43, pp. 61–66.

佐田吉隆（2019）「補習的情報科目3ヵ月間における大学生のローマ字入力速度と綴り選択の自発的変化」『広島修大論集』59（2），pp. 119–129.

島田留美子（1988）「日本語ワードプロセッサ打鍵作業について―ローマ字入力とかな入力の比較―」『安田女子大学紀要』16, pp. 233–242.

田鎖美優紀（2017）「四つ仮名表記の揺れ：大学生を中心としたアンケート調査の結果から」宮城学院女子大学日本文学会編『日本文学ノート』52, pp.155–139.

寺尾康（2002）『言い間違いはどうして起こる？』岩波書店

長澤直子（2011）「ローマ字教育とローマ字入力について考える―二者の間の接点に注目して―」『情報化社会・メディア研究』8, pp. 21–32.

長澤直子（2012a）「ローマ字入力とローマ字教育―二者の間の接点に注目して―」『2012 PC Conference論文集』, pp. 153–154.

長澤直子（2012b）「続・ローマ字教育とローマ字入力について考える：学習による綴り選択の変化に注目して」『情報化社会・メディア研究』9, pp. 73–80.

長澤直子（2017）「大学生のスマートフォンとPCでの文字入力方法―若者がPCよりもスマートフォンを好んで使用する理由の一考察―」『コンピュータ＆エデュケーション』43, pp. 67–72.

野田尚史（2006）「日本語の打ち間違いの言語学的な分析―パソコンのローマ字入力の場合―」『言外と言内の交流分野　小泉保博士傘寿記念論文集』pp. 445–454, 大学書林.

バックハウス, ペート（2022）「ローマ字のつづり方について：言語学の観点から」, 文化審議会国語分科会国語課題小委員会（第54回）（令和4年10月21日）配布資料URL:https://www.bunka.go.jp/seisaku/bunkashingikai/kokugo/kokugo_kadai/iinkai_54/pdf/93799301_01.pdf（最終閲覧日2023年5月30日）

FUJIFILM instaxチェキ「Cheki Press」ウェブサイトURL:https://magazine.instax.jp/cheki-press/（最終閲覧日：2024年7月30日）

文化庁ホームページ「ローマ字のつづり方」URL:https://www.bunka.go.jp/kokugo_nihongo/sisaku/joho/joho/kijun/naikaku/roma/index.html（最終閲覧日2023年5月30日）

藤田政雄・若月一彦・川島芳昭・石川賢・内野康人之（2004）「キーボード入力操作の習得を支援するために教材の開発と評価」『宇都宮大学教育学部教育実践総合センター紀要』27, pp. 53–62.

森大樹・広瀬勝則（2018）「タッチタイピング教育の考察〜スマートフォン普及によるパソコン文字入力速度への影響〜」『大阪千代田短期大学紀要』48, pp. 82–95.

森大樹・広瀬勝則（2019）「タイピング入力とフリック入力の文字数比較考察」『大阪千代田短期大学紀要』49, pp. 31–42.

森美穂・多川孝央（2019）「高校生におけるタイピングスキル習得状況の実態調査」『情報処理学会研究報告教育学習支援システム（CLE）』16, pp. 1–5.

渡邉光浩・佐藤和紀・柴田隆史・堀田龍也（2021）「キーボードによる日本語入力スキルの指導方略」『鹿児島女子短期大学紀要』58, pp. 127–132.

第9章
読みやすさに関わるテキストの非言語的要素の調査

横野光

キーワード
読みやすさ、括弧、箇条書き、レイアウト、機械学習

1. はじめに

　テキストの読みやすさは一文あたりの長さや使用される単語の難易度、構文の複雑さ、談話構造の複雑さなどが影響するとされ、これらの特徴を利用した読みやすさの推定や分析の研究が行われている（c.f.（栗林ら 2021）、（土井 2022））。
　一方で、実際に我々が目にするテキストは 1 行あたりの文字数と行数によって規定される 2 次元平面に配置されたものである。そのため、テキストには、内容には直接関係しない、文字の配置や、注目すべき単語を表す記号、箇条書きなどの構造といった視覚的な情報であるレイアウトや装飾的な要素も含まれている。同じ内容でもそのレイアウトによって見た目は異なり、その結果として読みやすさが変わりうる。従って、これら非言語的な要素もテキストの読みやすさに関係していると考えられる（c.f.（山崎ら 2012））。
　本章では、プレーンテキストにおける括弧や箇条書きなどの内容には直接関わらない非言語的な要素に焦点を当て、これらがテキストの読みやすさにどの程度寄与しているかをクラウドソーシングのデータを用いて分析する。以下、2. で本章で対象とする要素について説明し、3. でそれらの要素を用いた分類実験とその結果を考

察し、4. でまとめを述べる。

2. テキストの非言語的な要素

テキストのある部分に読み手の注意を向けさせるためにその箇所を他の部分とは異なる書式にすることがある。また、セクションや箇条書きなどの構造化によって内容を整理することで、読み手の理解を促進する。

html で記述されたページや Microsoft Word などのソフトウェアで作成されたテキストでは、言語やソフトウェアの機能によって一部の文字のフォントサイズや文字色の変更、箇条書きの設定、行間の変更などが可能である。一方で、プレーンテキストではそのようなことはできず、括弧などの記号や改行などを利用して、テキストの構造化や装飾を行う。

これら非言語的な要素の不適切な使用は読み手の理解を阻害する原因となり得る。例えば、記号や箇条書きなどの過度の使用は元の文を読みづらくし、逆に全く使用しないテキストは内容の理解の際に読み手の負担を増大させる。

そこで本章では、以下の 4 つの要素に関して、それぞれに関わる素性を定義し、その情報を機械的に取得してテキストの読みやすさの関係の定量的な分析を行う。

1. テキストの配置
2. 括弧の使用
3. 箇条書きの使用
4. その他の記号の使用

以降、各要素において考慮する素性について述べる。

2.1 テキストの配置

多くの場合、テキストの表示幅には制限があり、それよりも文字数が多い文は折り返して表示される。電子テキストの場合、表示環境が読み手によって異なることがあるため、スマートフォンなどの小さい表示画面での閲覧を想定して、本来の表示制限よりも少ない

文字数で書き手が改行を挿入することもある。また、トピックや段落の境界を明示的に示す、文字の密度を抑える、といった目的で空行が利用される。

どこでテキストが折り返されるかなどは読み手が使用しているデバイスやディスプレイによって異なるが、この分析では一般的なPCのディスプレイに表示されたテキストを想定し、ディスプレイの大きさの制限によって起こるテキストの折り返しは起きないものとする。

本章で想定しているテキストの配置の例を図1に示す。1行目と2行目は本来は1文だが途中で改行が挿入されている。また、3行目と4行目に空行が挿入され、トピックが変わっていることを明示的に示している。

新しく立ち上げる Web サイトに〈改行〉
新発売のガジェットの記事を執筆していただきます。〈改行〉
〈改行〉
〈改行〉
1 記事あたりの文字数は 400 文字以上とし、記事中に掲載する写真等はご自身で撮影していただきます。〈改行〉

図1 テキスト配置の例（"〈改行〉"は改行記号を表す）

テキスト配置に関する素性として以下の項目を考慮する。

総行数：テキストの総行数。これには空行の数も含む。

空行の数：テキストに含まれる空行の数。ここでは1行以上の連続する空行を1つのまとまりとしてカウントする。

ひとまとまりの空行の行数の平均：連続している空行をひとまとまりとしたときの1つのまとまりに含まれている空行の平均数。

文字列行の文字数の平均：空行以外の、文字列で構成されている

行に含まれている文字数の1行あたりの平均文字数。

テキストの文字密度:1行の最大文字数×テキストの行数をそのテキストの描画範囲の文字数としたとき、その範囲における文字数の割合。

長い行の割合:文字列行のうち、1行の最大文字数を超えるもの、すなわち、折り返しが生じると見なせる行の割合。

2.2 括弧

括弧は"()"のように文中の要素の補足説明に用いられたり、要素を強調するために用いられることが多い（岩崎 2020）。また、その他にもセクションのタイトルを表すために括弧書きだけからなる行を用いることもある。

括弧の使用例を図2に示す。1行目の括弧書きのみからなる行はセクションのタイトルを表し、2行目、4行目の括弧は強調を表している。

```
【詳細】
Webサイトに掲載する記事を作成していただきます《記事数は問いません》。

一記事あたり〈400文字〉以上書いてください。
```

図2　括弧使用の例

括弧に関する素性として以下の項目を考慮する。

括弧の出現位置:文字列行に表れる括弧の出現位置（行頭、行末、行中）毎の割合。

括弧書きのみの行:括弧表現のみからなる行の割合。セクション

のタイトルラベルのような使用を想定している。

括弧の数：テキストで使用されている開き括弧の数。ここでは開き括弧と閉じ括弧の対応は取れていると仮定している。

行またぎの括弧の割合：全括弧表現に対する、括弧内に改行を含む括弧の割合。改行によって1つの括弧表現が複数行にまたがって出現しているものを想定している。

括弧内の表現：括弧内の表現が文であるものの数。文かどうかは名詞句で終わっているか否かで判定する。

括弧内の文字数：括弧内の表現の文字数の平均、最大値、最小値。

括弧の種類：テキスト内で用いられている括弧記号の異なり数とエントロピー。エントロピーはテキストで使用される括弧のバリエーションを考慮するために用い、テキストにおける括弧記号の出現割合を確率とした分布から求める。

括弧に使用する記号の割合："【】"、"()"、"「」"、"『』"、"《》"とそれ以外の括弧記号毎の出現割合。考慮する括弧記号は出現頻度に基づいて決定した。

2.3 箇条書き

箇条書きにはラベルが"(1)、(2)、…"のように順序があるものと、"・、●"のように順序がないものがある。また、箇条書きの中に箇条書きを入れ子で記述することも可能である。

想定している箇条書きの例を図3に示す。この例では"■"ではじまる箇条書きのまとまりがあり、それぞれの項目が1段深い別の箇条書きとなっており、最初の項目についてはさらにもう1段深い箇条書きを含んでいる。

```
■仕事詳細
    ○記事の執筆
        ・新発売のガジェットの記事を書いてください
        ・1記事あたり400文字以上でお願いします
■仕事の流れ
    (1) サンプルの記事を執筆して応募時に添付してください
    (2) 弊社で審査後、お願いする方に連絡します


■アドレス
```

図3　箇条書きの例

　htmlやWordにおいて、箇条書きは専用の記述があるため同定が容易であるが、プレーンテキストでは箇条書きも文字としては他の文とほとんど違いがない。また、箇条書きのラベルで用いられる記号は比較的よく使われるものから、独自のものまで様々であるため、あらかじめラベルのリストを用意しておくことは難しい。

　そこで、本章では行頭の記号や共通文字列に注目して箇条書きの同定を行う。

　前述の通り、箇条書きには順序ありと順序なしの2種類が存在する。順序なしの箇条書きについては、行頭が括弧、句読点以外の記号をラベルとして、同じ深さで同じラベルを持つ行をひとまとまりの箇条書きとする。ただし、深さが同じだが異なるラベルを持つ箇条書きや空行が間にある場合は、別のまとまりと見なす（例：図3の"■仕事詳細"、"■仕事の流れ"でひとまとまり、"■アドレス"は別のまとまりとする）。

　順序ありの箇条書きについては、英数字を番号部分と見なし、その前後の共通部分と合わせてラベルと見なして、番号が連続しているものをひとまとまりの箇条書きとする。

　箇条書きの中に箇条書きを含む場合、プレーンテキストでは空白によるインデントがなされることが多いため、ラベルの前の空白文字数の大小で箇条書きの深さを決定する。

　箇条書きに関する素性として以下の項目を考慮する。

箇条書きの個数：順序あり、順序なし、全箇条書きそれぞれに対して、一つのまとまりに含まれる項目の数の平均値、最大値、最小値。

箇条書きの項目のタイプのエントロピー：順序あり、順序なし箇条書きの各まとまりの項目のタイプのばらつきをエントロピーで定量化し、その平均値、最大値、最小値をそれぞれ用いる。

箇条書きのラベルの異なり数：順序あり、順序なし箇条書きのそれぞれで用いられているラベルの異なり数とエントロピー。

箇条書きの最大の深さ：入れ子になっている箇条書きの最大の深さ。

2.4 記号

括弧や箇条書きのラベル以外にもテキスト中に記号が使用されることがある。その例を図4に示す。2行目は罫線を表す記号の使用、4行目は文末での記号の使用である。

```
仕事内容
========
記事の執筆をお願いします。
・未経験者の方でも、スタッフが教えます♪

（中略）

よろしくお願いします！！
```

図4 記号使用の例

記号に関する素性としては以下の項目を考慮する。なお、この項目で考慮する記号に句読点と括弧記号、箇条書きのラベルと判定された記号列は含まない。

罫線の割合："---------"のように1行が記号で構成されている行を罫線であると見なし、テキストの行数に対する割合を求める。

行末、行中に出現している記号の割合：テキストに出現している記号のうち、行中に出現している記号、行末に出現している記号のそれぞれの割合。行頭に現れる記号は箇条書きのラベルとして判定されているためここでは考慮しない。

3. 分析

2. で挙げたテキストの素性と読みやすさの関係をクラウドソーシングサービスの一つであるクラウドワークスのサイト（https://crowdworks.jp/）に掲載されている仕事情報を対象にして分析する。

クラウドソーシングは、インターネットを介して不特定多数の人に作業を依頼する業務形態であり、Webサイトに掲載する記事の執筆やロゴの作成、機械学習モデルの学習用のデータ作成など様々な作業で利用されている。クラウドソーシングの作業者はどの仕事を受けるかを、仕事内容を読んで判断する。応募するか否かは作業者自身のスキルも関係するため、単純にその内容だけで決まるわけではないが、仕事内容が読みづらければ可否の判断が難しくなるため、おそらく応募しないであろうと考えられる。

使用するデータには読みやすさに関するアノテーションは付与されていないが、読みやすさに関する指標として仕事に対する応募率を採用し、応募率が高い仕事は読みやすいテキストであると仮定して分析を行う。

3.1 使用したデータ

サイトに掲載されている仕事情報はタイトルや詳細内容といった言語情報と、仕事の作業単価や募集人数の情報で構成されており、このうち詳細内容の箇所のみを利用する。詳細内容は実際には

htmlで記述されているが、発注者が作業を登録する際のその項目の作成ではhtmlタグは利用できないため、プレーンテキストとして扱う。また、実際のサイトの表示から詳細内容の表示欄の1行あたりの文字数は56文字とした。

応募率は仕事の応募者数/閲覧数で求め、応募率が高い仕事内容を読みやすいテキスト（正例）、低いものを読みにくいテキスト（負例）と見なした。応募率の高い、低いに関しては、使用するデータの応募率分布の上位25％と下位25％をそれぞれの閾値とする。

分析には2017年8月に投稿されたデータを利用している。データ内には内容が類似しているものもあるため内容の類似度に基づくクラスタリングを行った。結果として読みやすいテキスト約2,800件、読みにくいテキスト約3,250件を得た。データの前処理の詳細については先行研究（浅井ら2022）を参照されたい。

3.2 正例と負例に分布の違いが出る素性

実験で使用するデータの各素性において、正例と負例で違いであるかを調査した。結論としては、大きく特徴が異なる素性は存在しなかったが、いくつかの素性において違いが見られた。以下ではそのうちのいくつかのヒストグラムを示す。ただし、正例と負例でデータ数が異なるため、グラフの縦軸は正例、負例それぞれのデータ内の割合を表している。また、以下の事例はデータ中の実例を使用しているが紙面の都合上一部省略しているものがある。

順序なし箇条書きのラベルの異なり数（図5）

負例に比べて正例の方がラベルの異なり数が多い傾向にある。これはまとまり毎や入れ子になった箇条書きの違いを付けるために箇条書きのラベルを変えることが有効であると考えられる（図6）。

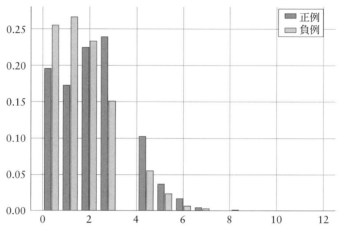

図5　順序なし箇条書きのラベルの異なり数の分布

```
■その他
・募集人数に達した際は、早めに募集を締め切る場合があります。
・合格ラインに達し継続契約をお願いする際は、一週間以内にこちら
からご連絡させていただきます。
・質問のみでもお気軽にお問合せください。

■継続契約後の報酬と作業
---------------------------------------------------------
□報酬
1記事　3000円～(消費税およびシステム利用料込み、写真の材料費や
撮影費込み、源泉徴収あり)
納品される記事の品質により査定し、段階的な査定見直しにより報酬
アップもあり！
```

図6　順序無し箇条書きのラベルの異なり数の事例（正例）

順序なし箇条書きの項目数の最大値（図7）

負例には10以上の項目からなる箇条書きが正例に比べて多く現れている。箇条書きは複数の要素をわかりやすく提示する手段であるが、ひとまとまりの項目数が多くなると悪影響を与えると考えられる（図8）。

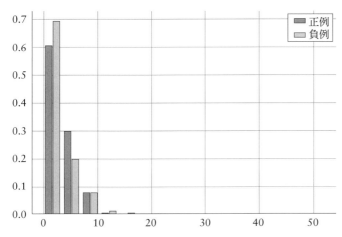

図7　順序なし箇条書きの項目数の最大値の分布

```
※基本的に、以下を満たしていれば承認いたします。
 ・アプリの紹介サイトに掲載することを意識してください。
 ・文章内に、キーワードを5個以上含む
 ・文章内に、共起語を10個をなるべく含む
 ・コピペ・転載ではない
 ・第三者目線で執筆されている（NG例：「私が、」「僕が、」）
 ・15文字以上重複した文章がない
 ・ネガティブな表現を使っていない（NG：「つまらないアプリ」
「意味のないアプリ」）
 ・事実と異なる文章の記載がない
 ・トレンド要素が入っていない（NG例：最近は、近頃は、など）
 ・文体は「です」「ます」調である。
 ・体験談や感想文はNGです。
```

図8　順序無し箇条書きの項目数の最大値の事例（負例）

テキストの行数（図9）

　負例の多くはテキストの行数が少ないものである。内容が多く書かれていれば単純にテキストの行数は多くなるため、内容が多ければ良いと見ることができる。しかし、複数の節を含む長い文を読みやすくするために文を節や句の単位で改行することがあり、これが反映されていると考えられる（図10）。

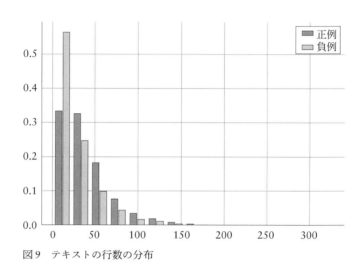

図9　テキストの行数の分布

```
そこで
レディースアパレルの現役の店員さん
もしくは
レディースアパレルの経験を有する人に

紹介文、説明文を書いていただきたいです。

以下のジャンルから１つ選んでいただいて
説明文を書いてもらいます。
```

図10　テキストの行数の事例（正例）

空行の数（図11）

負例のテキストに比べて正例のテキストの方が多く空行を含んでいる傾向がある。空行を入れないテキストはどこがトピックの切れ目かが分かりづらく、また、全体として詰まって見えるため、空行を挿入することは有用であると考えられる（図12）。

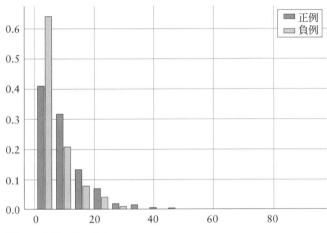

図11　空行の数の分布

　　未経験の方でも行っていただけるお仕事となります。

　　マニュアルもご用意させていただき、もちろんサポートもしっかりとさせていただきますので、ご安心ください。

　　基本的なお仕事内容としましては、通販サイト『BUYMA』で出品する商品の登録作業（画像編集＆商品コメント作成）となります。

　　お力添えいただけますと幸いです。

図12　空行の数の事例（正例）

括弧書きのみの行（図13）

　括弧書きのみの行が現れる事例は多くないが、多く現れる事例は正例に比較的よく現れる。括弧書きのみからなる行はセクションのタイトルやラベルの機能を持つことが多い。従って、これを使用することでテキストの構造がわかりやすくなると考えられる（図14）。

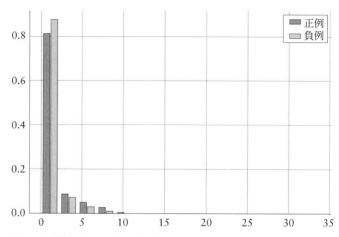

図13　括弧書きのみの行の分布

```
【応募資格】
・仕事にまじめに取り組める方
・仕事を途中で投げ出さない方
（省略）
【応募方法】
応募の場合には、以下の項目を記入して応募ください。
　　　簡単な自己紹介：
（省略）
【応募の流れ】
①　上記の応募方法に従い、応募実施お願いします。
```

図14　括弧書きのみの行の事例（正例）

"()"の使用割合（図15）

　負例では全く使用していないものが多く、正例では使用している括弧が"()"のみであるものが多くなっている。"()"は補足説明で用いられることが多いため、この結果は間接的に補足説明が多いと読みやすいということが示されていると考えられる（図16）。

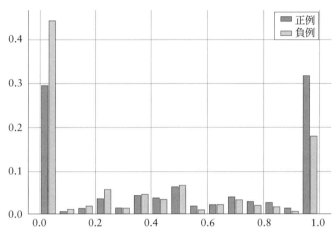

図15　"()"の使用割合の分布

記事数は納品状況にもよりますが、1週間で120記事程度が納入されます。
（複数名でのチェックを想定しているためすべて確認できなくても大丈夫です）
（省略）

また、金曜日が納品日となっておりますので、金曜日に記事の納品が集中します。
（現在納品日の平均化も進めています）

図16　"()"の使用割合の事例（正例）

行末に出現している記号の割合（図17）

　行末に句読点や括弧以外の記号が多く出現する事例は負例に多い。一般的に、行末は文や節の切れ目になることが多いため、句読点が使用されることが多い。しかし、カジュアルな文体では文末に"！"など異なる記号が現れることがある。本章で使用しているデータは仕事の依頼という比較的フォーマルなテキストであるため、カジュアルさを想起させる行末の記号は悪影響を与えていると考えられる（図18）。

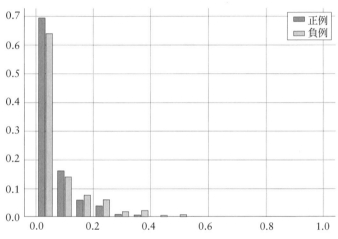

図17　行末に出現している記号の割合の分布

```
家を購入した経験のある方に質問です！
(夫が買った、妻が買った、など身近な家族でもOKです！)

家を買う前に注意したいことを教えてください！
```

図18　行末に出現している記号の割合の事例（負例）

3.3　機械学習による読みやすさの推定

　入力テキストに対して読みやすい（正例）か読みにくい（負例）かを推定する二値分類モデルを構築し、そのモデルが分類において重要視している素性の分析を行った。

二値分類モデルには教師あり機械学習の手法の一つであるロジスティック回帰モデルを採用し、データの 9 割を学習データ、1 割をテストデータとした。各素性の値の範囲が異なるため前処理として正規化を行っている。ロジスティック回帰の実装には Python の機械学習ライブラリである scikit-learn を用いた。学習の際のパラメータはデフォルトのものを使用している。

　分析結果を表 1 に示す。全体の F 値を見ると高性能であるとは言いがたいが、全て多数派（負例ラベル）を選択するモデルをベースラインとするとその F 値が 0.353、負例ラベルについての F 値は 0.707 であり、表 1 の値（正例の F 値 0.670、負例の F 値 0.727）の方が高くなっているため、本章で考慮している非言語的な要素はある程度読みやすさに寄与していると考えられる。

表 1　実験結果

	事例数	適合率	再現率	F 値
正例	275	0.672	0.669	0.670
負例	331	0.726	0.728	0.727
マクロ平均	606	0.699	0.699	0.699

　学習で得られた回帰モデルの回帰係数の上位下位それぞれ 5 件を表 2 に示す。上位にある素性は正例にとって重要な素性であり、逆に下位にある素性は負例にとって重要な素性であると解釈できる。

表 2　回帰係数の上位下位 5 件

上位 5 件		下位 5 件	
空行の数	3.221	括弧『』の割合	-2.118
総行数	2.256	順序なし箇条書きの項目数（最大値）	-1.877
括弧のみの行	2.204	行末の記号	-1.751
文字列行の文字数の平均	1.105	括弧の異なり数	-1.310
括弧《》の割合	0.875	括弧「」の割合	-1.245

　3.2 の分析において、分布が異なっていた空行の数や総行数、括弧のみの行などの素性は分類モデルにおいても有用な素性であると

いうことが分かる。

　一方で、二重かぎ括弧『』の割合、順序なし箇条書きの項目数の最大値など、分類モデルの方では有用であると判定された素性もあった。分布の分析においては順序なし箇条書きの項目数の平均値は正例が高い傾向があると述べたが、この結果と合わせて考えると、箇条書きの項目数は多くしすぎると逆効果になると言える。

4. おわりに

　本章では、記号や箇条書きなどテキストの内容に直接関わらない非言語的な要素に焦点を当て、それらが読みやすさとどのように関わっているかをクラウドソーシングの仕事内容テキストを対象にして、非言語的な要素に関する統計量を基に分析を行った。

　空行や括弧の使用はテキストの見た目を整えるために用いられる要素であるが、定量的な分析の結果としても、それらの数や箇条書きの項目数などが読みやすさに影響を与えるということが明らかになった。しかし、本章での分析はデータ全体の傾向に関するものであるため、具体的に括弧や空行をどのように使用すれば読みやすいテキストが生成できるかは明らかになっていない。そのため、今後の課題としては有用と見なすことのできる素性に対して、個々の事例からより詳細な仕様の傾向を分析することが挙げられる。

参考文献

浅井達哉・横野光・柳瀬隆史・岩崎拓也・井上雄太・田中啓行・石黒圭（2022）「クラウドソーシングの言語表現―ビジネス日本語研究におけるAI技術の活用―」『専門日本語教育研究』Vol. 22, pp. 9–16.

岩崎拓也（2020）「記号の使用実態とその問題点」『ビジネス文書の応用言語学的研究』pp. 79–97, ひつじ書房.

栗林樹生・大関洋平・伊藤拓海・吉田遼・浅原正幸・乾健太郎（2021）「日本語の読みやすさに対する情報量に基づいた統一的な解釈」, 言語処理学会第27回年次大会.

土井惟成・大西恒彰・命苫昭平・嶋根正輝・高頭俊（2022）「文分割による読みやすさへの影響に関する考察」, 言語処理学会第28回年次大会.

山崎高弘・常盤欣一朗（2012）「テキストの特徴とHTML構造を利用したWeb文書の読みやすさ評価方法」, 電気学会論文誌C（電子・情報・システム部門誌）, Vol. 132, No. 9, pp. 1524–1532.

第10章
「やさしい日本語」ガイドラインにおける
表記方法の実態と課題

岩崎拓也

キーワード
やさしい日本語、日本語表記、句読点、ルビ、分かち書き

1. はじめに

　近年、定住外国人の背景が多様化したことにより、多言語対応への限界も指摘されている（東京都生活文化局 2020）。こうしたなか、多言語対応の代わる対応として注目されているのが、いわゆる「やさしい日本語」である。最近では、定住外国人にたいして「やさしい日本語」での発信を行うために、さまざまなガイドラインが提示されるようになった。これらのガイドラインを読んでみると、「一文は短く」「外来語は使わない」など、伝達する情報が整理されており、「やさしい日本語」への書き換え方略がまとめられている。
　しかしながら、これらのガイドラインを読んでみると「やさしい日本語」をどうやって「表記」するかということについては、それぞれ異なる示し方がされている。これは、「やさしい日本語」が文章の情報量を整理することに重きを置いているためであり、「やさしい日本語」の表記、つまり「やさしい日本語表記」についての検討がいまだになされていないことの表れである。どれだけ「やさしい日本語」で書かれていたとしても、読み手にとって読みやすい（＝見やすくわかりやすい）文章でなければ、読んでみようと思われないのではないだろうか。「やさしい日本語」の取り組みをより

一層進めるためには、「やさしい日本語表記」についての分析と考察を行い、社会へ提案することが必要なのではないだろうか。

そこで、本章では、「やさしい日本語表記」研究の必要性について、「やさしい日本語」の先行研究と「やさしい日本語」のガイドラインにおける表記についての説明を踏まえて述べることにする。

以下、2. では、「やさしい日本語」と「やさしい日本語」の表記についての先行研究について概観する。3. では、さまざまな「やさしい日本語」のガイドラインを取りあげ、ふりがな（ルビ）や分かち書き、読点といった日本語表記にかんする記述がどのようにまとめられているのか実態を把握する。そのうえで、4. では「やさしい日本語」における表記の問題点について述べ、「やさしい日本語表記」の必要性・重要性について述べる。また、「やさしい日本語表記」の研究をどのような視座から進めていくべきかについても言及する。5. はまとめである。

2.「やさしい日本語」の先行研究について

2.1 「やさしい日本語」について

「やさしい日本語」については、すでに広く知られていることもあり、詳しく紹介・説明する必要はないだろう。ここでは概要を説明するにとどめる。「やさしい日本語」ということば自体は、阪神・淡路大震災の後に佐藤（2004）が示したものであり、その後、庵の一連の研究（庵 2016 など）において多文化共生と日本語教育文法を結びつけ、日本で暮らす外国人にたいしてわかりやすい日本語を提供することを目的としているものである。

しかし、こうした「やさしい日本語」にかんする議論にたいして、批判的な見方もある。安田（2013）は、日本語を「やさしく」しても、普通の日本人も使うようにならなければ、存在する意味はない、そもそもの「日本語」の捉え直しが必要であると述べている。また、イ（2013）は、「やさしい日本語」が「必要最低限の日本語能力」と捉えられてしまう場合や、「子ども向けの日本語」というイメージを伴う場合、誤解を招く恐れがあることを指摘している。

詳しくは後述するが、単純に「やさしい日本語」へ文を書き換えるだけでなく、表記についても工夫することによって、これらの批判や指摘について解消が多少なり図れるのではないかと考える。

2.2 定住外国人にたいする日本語の表記研究について

最初に述べたように、「やさしい日本語」にかんする研究・議論は数多くあるものの、語彙や文法の書き換えといった、いわゆる情報の整理に焦点を当てたものが多い。そのため、「やさしい日本語表記」について焦点を当てた研究は、あべ（2013）や西村（2018）、岩崎（2022）がある程度である。以下では、この三つの論文を取りあげる。

あべ（2013）では、情報保障という視点から「やさしい日本語」の重要性について確認している。そのうえで、表記と表現という視点から「やさしい日本語」の課題を述べている。あべ（2013）は、そもそもの日本語表記における課題として、さまざまな表記法があるために、正確にものごとを伝えるさいにはそれが混乱の元になり、学習の壁になっていることを指摘している。また、あべ（2013）は、知的障害者にとっての「わかりやすい表現」における日本語表記と表現についても考察している。知的障害のある人にとっては、ルビがあるだけでは不十分であり、わかりやすい言葉で短く文を区切ることが大切であることを指摘している。実際、あべ（2013）が取りあげている知的障害のある人のための新聞「ステージ」の分析のなかには、言葉づかいや一文の短さだけではなく、改行を交えて短くすることが読みやすさに影響を与えているという指摘もある（岩崎2018）。それ以外にも、あべ（2013）では、ローマ字表記の「やさしい日本語」や、ふりがな版の「やさしい日本語」、分かち書きを取り入れた「やさしい日本語」などといったさまざまな試行錯誤をし、選択肢を考えていくことで必要な人々にとって利用しやすい形で情報提供が可能になると述べている。

西村（2018）では、千葉県における「やさしい日本語」使用の実態調査を行っている。そのうえで、千葉大学留学生（学部生および院生）15名にたいしてさまざまな「やさしい日本語」の文章を

提示し、理解度を測る質問をして答えてもらうことで、理解されやすい「やさしい日本語」について考察を行っている。

　西村（2018）が作成した「やさしい日本語」のパターンは、「漢字かな交じりの「やさしい日本語」」、「漢字部分を全てひらがなにした「やさしい日本語」」、「全てひらがなにした「やさしい日本語」にイラストを加えたもの」といった3種で、その中では「イラストを加えたやさしい日本語」が最も見やすく、わかりやすいという調査結果を報告している。しかし、ここで疑問に残るのは、調査対象者が千葉大学留学生（学部生および院生）15名と人数が少なく、留学生のみしか対象にしていない点である。また、イラストをつけることで見やすくわかりやすくなるという点については、文章にたいしてどのくらいの量のイラストが必要なのかという問題も存在する。

　岩崎（2022）では、中国語を母語とする定住外国人（日本語学校などで日本語教育を受けたことがない人）2名を対象に半構造化インタビューを行い、それをもとにSCATという質的な分析手法を用いて分析を行っている。そのうえで、どのような日本語表記が好ましいかを考察している。

　このインタビューでは、日常生活における日本語使用や、日常見たり読んだりしている日本語における表記にたいして、どのように考えているのかということについて質問している。これらにたいする語りから、定住外国人の日本語のアウトプット機会の少なさが日本語能力の低い自己評価に直結している可能性を示唆している。また、日常生活で触れる日本語については、精度が低い翻訳アプリや辞書アプリに頼るために、時間を浪費してしまっているという現状があることを明らかにしている。そのうえで、重要な情報は複数媒体を用いて教えてもらうことで、情報の取りこぼしを防ぐことができるという考えを持っていること、また、中国語を母語とする定住外国人にとっては、漢字表記が多いほうが安心という意識や、カタカナ表記の外来語においては、対応する英語をルビとして表記するほうが理解の一助になるという意識を持っていることを明らかにしている。インタビューの分析という定量的な分析では明らかにする

ことが難しい定住外国人の考えや、多様性の一端がこの結果から垣間見ることができる。

3. 各ガイドラインにおける表記にかんする記述

3.1 本章で取り扱う「やさしい日本語」のガイドライン

本章で扱う「やさしい日本語」のガイドラインについては、以下の表1のとおりである。全てのガイドラインを網羅することは紙幅の関係もあって難しい。そのため、ここでは表1で示したランダムに収集した六つの「やさしい日本語」のガイドラインにおける表記にかんする記述を概観していくことにする。

表1 本研究で対象とした「やさしい日本語」のガイドライン一覧

略称	発行元	発行年	ガイドライン名
A	埼玉県総合政策部国際課	2006	外国人にやさしい日本語表現の手引き2006
B	静岡県 くらし・環境部 県民生活局 多文化共生課	2021	やさしい日本語の手引き（令和3年5月改訂版）
C	島根県・（公財）しまね国際センター	2022	やさしい日本語の手引き
D	出入国在留管理庁・文化庁	2020	在留支援のためのやさしい日本語ガイドライン
E	特定非営利活動法人 多文化共生リソースセンター東海（企画・編集）	2013	「やさしい日本語」の手引き
F	横浜市「やさしい日本語」検討会	2017	「やさしい日本語」で伝える〜分かりやすく 伝わりやすい日本語を目指して〜（第4版）

表2　ガイドラインにおける表記についての言及の有無

ガイドライン略称	ルビ	読点	括弧	分かち書き	その他
A	○	×	○	○	×
B	○	×	○	○	×
C	○	×	×	○	×
D	○	×	○	×	○
E	○	×	×	○	×
F	○	△	○	×	○

　まず、表記についての言及が表1で示したガイドラインにあるかを調べた。その結果を表2に示す。今回、調査の対象としたのは、ルビ、読点、括弧、分かち書き、その他の五つである。その他は読点や括弧を除いた記号について言及していたものである。○は記述あり、△は文法書き換えの例において記述が見られたもの、×は記述なしをそれぞれ示している。なお、本研究では、イラストについては取りあげない。イラストの有無や配置といった問題は、いわゆる日本語の「表記」という日本語の示し方の枠外であると考えたためである。表2の結果を見ると、読点の記述については基本的に書かれていないことがわかる。その一方で、ルビについての記述は全てのガイドラインにおいて示されていることが確認できた。括弧、分かち書き、その他についてはガイドラインによってその有無にばらつきが存在していた。以下では、各表記の具体的な記述と例について確認していく。

3.2　ルビにたいする記述

　まず、全てのガイドラインにおいて言及されていたルビについて確認していく。

　最も詳細にルビについて書かれていたガイドラインは、埼玉県総合政策部国際課（2006）「外国人にやさしい日本語表現の手引き2006」（以下、ガイドラインA）である。ガイドラインAでは、使用する漢字を最小限にした上で、使用する「漢字には全てふりがなを付けなければなりません」と示されている（図1）。ただし、日

本語レベルが上級である場合や、漢字を勉強して読み方を覚えてほしいという意図がある場合には、同一ページ、あるいは、同じ項目内に繰り返し出現するときに限り、ルビを省略するというやり方も付記してある。このガイドラインAは、ルビの振り方のバリエーションについても言及している点が興味深い。

B 漢字には、ひらがなによるルビを振る
　日本語があまりわからない人に対して情報を知らせる、という目的であれば、漢字には全てふりがなを付けなければなりません。

　　―口メモ
　　全ての漢字にルビを振らない場合
　　　一度出てきた漢字が繰り返し使われるときは、同じページ内、或いは、同じ項目内に2回目以降に出てくるものについて、ルビを省略するやりかたもあります。しかし、これは、日本語上級レベルの人向けとか、漢字を勉強して読み方を覚えてもらいたい、という場合です。

C ルビ振りのバリエーション
　a 上付き
　　一般的に使われます。読む人は、最初にふりがなを読み、そのあと漢字を見ます。漢字が苦手な人に向いていますので、多くの人に情報を知らせたい文には、上付きルビを使います。
　　［例］
　　　日本は地震の多い国です。大きな地震がおきると、家具がたおれてけがをしたり、水道やガスがとまったりするおそれがあります。

　b 下付き
　　まず、漢字が目に入ります。それから読み方を見ます。漢字が読める人には、漢字とルビの両方を見なくて済みますので、日本語がかなりできる人向けです。ですから、日本語初級レベルの人向きにはお勧めできません。
　　［例］
　　　日本は地震の多い国です。大きな地震がおきると、家具がたおれてけがをしたり、水道やガスがとまったりするおそれがあります。

　c かっこ書きにして、後ろに付ける
　　ホームページに載せるなど、漢字の上にルビが振れない場合に使います。かっこ書きが多いと読む時にわずらわしいので、漢字はできるだけ少なくするよう心がけます。基本的には、漢字は名詞に使い、動詞はひらがなを使います。形容詞や副詞については、日本語能力試験3～4級レベルの漢字にとどめます。
　　［例］
　　　日本（にほん）は地震（じしん）が おおい国（くに）です。
　　　大（おお）きな地震（じしん）がおきると、家具（かぐ）がたおれてけがをしたり、水道（すいどう）やガスがとまったりするおそれがあります。

図1　ルビの振り方についての記述（ガイドラインA、pp. 13–14）

ここでは、ルビの振り方として上付き・下付き・括弧書きという3パターンが示されている。上付きは「漢字が苦手な人に向いていますので、多くの人に情報を知らせたい文に」(p. 13) 使用し、下付きは「漢字が読める人には、漢字とルビの両方を見なくて済みますので、日本語がかなりできる人向け」(p. 13) に、そして、括弧書きは「かっこ書きが多いと読む時にわずらわしいので、漢字はできるだけ少なくするよう心がけ」(p. 14) るようになど、それぞれのルビの振り方について、その使いわけを説明している。それ以外のガイドラインを見てみると、横浜市「やさしい日本語」検討会(2017)「「やさしい日本語」で伝える　分かりやすく伝わりやすい日本語を目指して」(第4版)(以下、ガイドラインF)では漢字の、「固有名詞にはルビを振った方がいいです。固有名詞以外の漢字は、適宜ルビを振るようにしてください」(p. 8) というように、特に固有名詞にたいするルビの必要性が示されていた。また、「日本語能力試験旧2級以上の漢字はルビを振ります。日常生活でよく使用されている場合は、旧2級以上漢字でも、学習のために平仮名にせず、漢字で残しています。※ルビは漢字の上に付けます。難しい場合は、()書きで対応します。」(p. 49) というように、ルビは上付きのみに指定されていた。また、ルビを振るのは日本語能力試験旧2級以上の漢字のみというように制限がされていた。

　また、島根県・(公財)しまね国際センター(2022)「やさしい日本語の手引き」(以下、ガイドラインC)では、「漢字にはルビ(ふりがな)をつける(漢字の上や下、漢字の後ろにかっこ書きでつける)」(p. 2) というように、漢字についての指定はないものの、一つ目に見たガイドラインAと同様に、多様なルビの振り方についての言及が見られた。

　その一方で、静岡県くらし・環境部県民生活局多文化共生課(2021)「やさしい日本語の手引き(令和3年5月改訂版)」(以下、ガイドラインB)では、「漢字を使ったほうが、漢字圏の人には分かりやすいという利点もありますが、使用する割合に注意してください。漢字の量が多いと、それだけで難しく感じます。同音異義語を書くときは、難しい漢字でも、漢字を使用したほうが分かりやす

い場合があります。そのときは、漢字で表記してください」（p. 10）と示したうえで、「全ての漢字にふりがなをふってください」（p. 10）と示している。出入国在留管理庁・文化庁（2020）「在留支援のためのやさしい日本語ガイドライン」（以下、ガイドラインD）では、「漢字の量に注意し、ふりがなをつける」（p. 10）、特定非営利活動法人　多文化共生リソースセンター東海（企画・編集）（2013）「「やさしい日本語」の手引き」（以下、ガイドラインE）では、「漢字には、すべてルビをふる」（p. 5）というように、ルビの振り方については、書き手の裁量に委ねられていることが伺えるガイドラインも多く見られた。

3.3　読点にたいする記述

　読点にたいする記述は、ガイドラインFのみに見られた。このガイドラインFでは、助詞・接続詞の言い換えの中に、接続詞ではなく、読点に置き換えることでわかりやすくするという記述がある。そこで示されている例を（1）に示す（下線は筆者による）。
（1）加入した人及び、75歳になる人
　　　⇒加入した人、75歳になる人
　読点による並列の意味の提示は、最も簡単な並列の手段である（寺村1991）。このような読点の適切な使用は、わかりやすさに貢献するものである。しかしながら、本研究で扱ったガイドラインにおける読点についての言及はこの一点のみであった。

3.4　括弧にたいする記述

　括弧についての言及は、四つのガイドラインで確認することができた。
　まず、ガイドラインAでは、わかりにくいことばの説明や言い換えを付け加えるときに括弧を使うことが示されている。「文の中で、わかりにくい言葉をうまく言い換えられない場合は、脚注を付けて説明するか、後ろに〈　〉をつけてやさしく言い換えます。」（p. 16）のように、山括弧〈　〉を使用する例が挙げられている。
　次に、ガイドラインBを見ると、「外国人にとって難しいと思わ

れる言葉でも、災害時によく使われる言葉や、日本で生活する上で覚えておいたほうがよい言葉は、そのまま使ってください。そして、その言葉の後に〈＝…〉を使い、意味を補足します。」(p. 6) とある。同様に、ガイドラインDでも、「重要な言葉はそのまま使い、〈＝・・・〉で書き換える」(p. 10) とある。ガイドラインB・Dでは、山括弧内に＝（イコール）を使用することで、山括弧の直前のことばと山括弧内のことばが同じ意味であることをわかりやすく示す配慮がみられた。

そのほかにも、ガイドラインFでは、巻末に行政がよく用いる用語を「やさしい日本語」を用いて作成した語釈が付記されているが、そこでのルールに丸括弧の使い方が示されている（図2）。

No	内容
	語釈は以下のルールを目安に作成しています。新規語彙の語釈を作成する時は、活用してください。
1	日本語能力試験旧2級以上の漢字はルビを振ります。
	日常生活でよく使用されている場合は、旧2級以上漢字でも、学習のために平仮名にせず、漢字で残しています。※ルビは漢字の上に付けます。難しい場合は、（ ）書きで対応します。
2	日本語能力試験旧2級以上の単語は（ ）書きでさらに語釈を付けます。
	旧2級以上の単語でも、日常生活でよく使用されている単語は、学習のためにあえて置き換えず、旧3級以下の語彙を使って（ ）書きで語釈を付けています。

図2　丸括弧の使い方についての記述（ガイドラインF, p. 49）

また、ガイドラインFでは、例（2）のような書類名や建物名、人名や地名、国名などの固有名詞は二重かぎ括弧（ガイドライン内では二重括弧と表記）でくくるように示されていた (p. 17)。

(2)『戸籍全部事項証明書』、『ランドマークタワー』

このように、「やさしい日本語」のガイドラインで示されていた括弧は、丸括弧（ ）だけでなく、山括弧〈 〉と二重かぎ括弧『』といった括弧も取りあげられていた。また、山括弧と二重かぎ括弧でくくる内容として固有名詞が示されていた。二重かぎ括弧は題名（書籍や映画など）、かぎ括弧の中の会話を示すことが一般的である（岩崎2021）。山括弧については明確な規範はないものの、類似の二重山括弧《》がビジネス文書でどのように使用しているか分析した岩崎（2020）によると、なんらかの条件を限定するために使われる括弧であることを指摘している。これらの指摘を踏まえると、

固有名詞であることを示すこの用法は、「やさしい日本語」独特の表記方法であると言える。

3.5 分かち書きにたいする記述

分かち書きについては、四つのガイドラインで見られた。

まず、ガイドラインAでは、文節の区切りで余白を挿入することで分かち書きをするように示されており、文節についての説明も付記されていた（図3）。

```
3  余白

 文を文節*で区切り、表記するときに、その区切りで余白をあけます。こうすると、
文字をどこで区切ったらよいかが分かり、文を読む人にとっては、単語、助詞、動詞
などの把握が容易になります。

  * 文節 - 文を読む際に、自然な発声によって区切られる最小単位（広辞苑より）
      例えば「ネ」を入れて区切れるところ、つまり、読むときに自然な発声によって
      区切られる単位です。「ネ」でなくても、「ナ」でも「ヨ」でもいいのです。

  例： 今日は、雨がひどく降っていたので、バスに乗って来ました。
    → 今日は（ネ） 雨が（ネ） ひどく（ネ） 降って（ネ） いたので（ネ） バスに（ネ）
      乗って（ネ） 来ました
```

図3　余白（分かち書き）についての記述（ガイドラインA, p. 15）

ガイドラインBでは、「文節ごとにスペースを入れて、読みやすくすることを「分かち書き」といいます。文節とは、意味が不自然にならない程度に文を区切ったときの最小単位のことです。基本的に、文の途中に「ね」を入れて切ってもおかしくないところで区切ります。」にして、言葉のまとまりを意識しやすくする」（p. 10）と示されていた。このガイドラインBには、弘前大学社会言語学研究室作成の「増補版「やさしい日本語」作成のためのガイドライン」より抜粋された「分かち書きルールに基づく分かち書き一覧」が別添えされており、今回対象としたガイドラインの中で最も詳細に分かち書きについて説明されていた。

ガイドラインCでは、「文節で区切って余白を入れ、「分かち書き」にする（特に全文ひらがなの場合）」（p. 2）とあり、ひらがな表記のみで示す場合には特に分かち書きにするように指示があった。

このような文字種が一つしかない場合、どこがことばの区切れなのかが不明瞭になる。そのため、ひらがな表記のみの場合は、分かち書きが必須であると示すのは理にかなった説明である。

　その一方で、ガイドラインEでは、「「分かち書き」にする」とあり、その説明として「「分かち書き」とは、単語と単語の間等にスペースを空けて、読みやすくすることです。（例）今日は 天気がいい。」（p. 5）とだけ書かれていた。ガイドラインEには、実例として神奈川県横須賀市「窓口会話事例集」が挙げられている（p. 10）。そこで書かれている例（3）を見てみると、「から」の分かち書きの有無が異なることがわかる。

（3）ほかの ところから、よこすかしへひっこし したから です。
　　　よこすかしから、ひっこしします。

　なお、余白の大きさについて見ると、ガイドラインA・B・Cの例では全角空白が使用され、ガイドラインEでは半角空白が使用されていた。このように、分かち書きにかんしては、基本的に文節単位で区切ることを示しているものの、区切りの位置や空白の大きさに差が見られた。

3.6　その他記号にかんする記述

　その他（特に記号の使用）についての記述が見られたのは、以下の二つのガイドラインであった。

　ガイドラインDでは、「年月日の表記に「/」は使わない」（p. 10）というのが示されていた。また、「○○から△△まで」と表記する（「～」は誤解を生むため使用しない）」（p. 10）というように、国によって年月日の表記順が異なることへの考慮や、「～」といった曖昧な表記にたいして明確に示す配慮が示されていた。

　また、ガイドラインFでは、「イラストや表を活用する」（p. 14）のように、西村（2018）が示唆にもあったイラストの使用による見やすさとわかりやすさへの配慮が行われていた。そのほかにも、このガイドラインFでは、「¥マークは使わず、00円という表記で統一」（p. 17）することも示されていた。

　このように、その他記号の使用についての記述は、文化的な慣習

の違いによって誤解が生じないように配慮するものであった。

4.「やさしい日本語」と「やさしい日本語表記」について

4.1 「やさしい日本語」の表記上の問題点

　以下に、本研究で扱ったガイドラインで示されている「やさしい日本語」の表記方法を概観してわかったことを挙げる。

　まず、ルビについては、「やさしい日本語」において漢字を使用するさいには、基本的にルビをつけることが示されていた。ただし、ルビの位置については指定されているものもあれば、特に指定のないものも存在しており、その場合は漢字の上に振られていた。実際に日本語の教科書を見た場合、下付きルビが振られていることもある。また、定住外国人の語りにおいて読み方ではなく、カタカナ語には英語訳をルビとして振ってほしいという意見（岩崎2022）もある。このことを考えると、ルビを用いた多言語表記についてなど、いまだに改善の余地が残されていることがわかる。また、ルビのサイズについても、MS Wordのデフォルトでは4.5ptだが、このままでいいのか、6pt程度に大きくしておくべきなのかといったことについても調査をする必要がある。

　次に、句読点の使い方についてだが、今回調査したガイドラインにおいては、基本的に言及されておらず、「やさしい日本語」において句読点の指示はないものと言える。分かち書きをするさいに読点をどうすべきか、そもそもどこに読点を打つと読みやすくなるかといった点が日本語を母語とする人と考えが同じかどうか調査をする必要があると思われる。

　さらに、括弧については、ルビを振るさいに丸括弧（）を使用することが示されていた。また、それだけでなく山括弧〈　〉と二重かぎ括弧『』についても使用法が提示されていた点が一般的な括弧の使用方法とは異なっていた。通常、文において括弧を使用することで、そのことばにたいして、なんらかの意味を際立たせたり、目立たせたりする役割を担う機能を表すことができる。しかし、それ

が恣意的に使用されてしまっては、意味を把握することが難しくなるため、実際の「やさしい日本語」の実例を踏まえて、適切な使用と理解がとれているかを把握する必要がある。

　分かち書きについては、漢字を使用せず、ひらがな表記のみの場合は、分かち書きにすることが示されていた。しかし、区切りの単位についての細かな説明、半角空白か全角空白かといったことについての言及はなかった。どのように区切ると読みやすくわかりやすいか実際に文を見てもらい、判断してもらう必要がある。

　その他の記号については、今回取りあげた記号以外で日常使用されやすい記号（たとえばコロン「：」や中点「・」など）を用いてわかりやすく「やさしい日本語」を提示することができないかということについて考える必要がある。また、その他の記号が他の言語において別の意味を持っていないかについても調べる必要がある。たとえば、フランス語など複数の言語において、引用符には二重山括弧《》が使用される。このような母語を持つ人から見ても誤解が生じないようにするために、比較・検討したうえで使用すべきかどうか判断をしていく必要がある。

　そして、これらの表記に係る変数を一つひとつ見ていくだけではなく、どのように組み合わせるとさらに見やすくわかりやすくなるかということについても考えていく必要がある。たとえば、ルビについては、以下の例（4）のように、漢字の文字数が少ないにもかかわらず、読みのひらがなが長いせいで文字が詰まって見えることがある。こういった場合、（5）のように、分かち書きを加えて間隔を調整することで、見やすさが向上する可能性がある。

　（4）保育所や児童養護施設など
　（5）保育所　や　児童養護施設　など

4.2　「やさしい日本語表記」の重要性

　ここでは、「やさしい日本語」において、表記の研究がどのような視点から貢献できるかについて述べる。

　1.でも述べたように、これまでの「やさしい日本語」は、情報量の整理に重きが置かれており、難しい表現・語彙を「やさしく」

言い換える方略について検討が行われたものである。しかしながら、読み手にとって読みたいと思える「やさしい日本語」で書かれていなければ、手にとって読んでもらえないのではないだろうか。ルビや句読点、括弧、分かち書きといったことだけでなく、フォントや文字の大きさといった文字表記にかかる要素について考えることが求められる。

　ただし、「やさしい日本語表記」を検討するうえで、考えておかなければいけないことは、当事者に求められる表記方法でなければいけないという点である。安田（2013）が指摘しているように「やさしい日本語」という考え方がいわゆる「上から目線」であるならば、そうならないように、定住外国人をはじめとする日本に住む非日本語母語話者に意見を聞き、どのような日本語表記だと見やすく、わかりやすいのかという実態を把握する必要がある。そのため、「やさしい日本語」に書き換えた文（章）を実際に見てもらい、わかりやすいか否かを判断してもらうことが大切である。

　これらの調査をふまえて、ガイドラインにどこまで表記についての記述を行うかということも考えていかなければならない。あまりに細かい表記の基準を設けたところで、表記法にたいする意識が弱い日本語母語話者には書き換えのハードルが上がるだけだと考えられる。日本語の緩やかな表記法に合わせた新たな表記法の提案が求められるのではないだろうか。

5．まとめ

　以上、本章では、「やさしい日本語表記」研究の必要性について、「やさしい日本語」の先行研究とガイドラインをもとに述べた。

　まず、「やさしい日本語」と「やさしい日本語」の表記についての先行研究について概観し、「やさしい日本語」のための表記の研究が少ないことを述べた。

　次に、さまざまな「やさしい日本語」のガイドラインをもとに、ルビや分かち書き、読点といった日本語表記にかんする記述がどのようにまとめられているのか、その実態を明らかにした。ガイドラ

インが発行された時期には多少の違いがあるものの、表記についての言及には、ガイドラインによって取りあげられている項目の違いや内容の詳述の度合いに差があることを示した。

その上で、「やさしい日本語表記」の必要性・重要性について言及し、どのような視座から「やさしい日本語表記」の研究を進めていくべきかについて考察した。各表記において分析すべき点を以下にまとめる。

 a）多様なルビの振り方のなかで、どれが一番見やすい・わかりやすいのか

 b）読点を使うことで、見やすさ・わかりやすさに貢献することができないのか

 c）どのような単位で分かち書きすると見やすく・わかりやすくなるのか

 d）他言語における括弧・記号が持つ意味を踏まえつつ、どのような表記をすることでわかりやすさを示すことができるのか

日本語非母語話者（留学生や定住外国人など）にたいして、これらの課題を解決するための調査を行うことで、当事者にとって真に求められる「やさしい日本語」となるだろう。なお、これらの調査を行ううえで、考慮しておかなければならないことは、現場性である。これには、テキストの現場性と環境の現場性がある。どのようなテキストをどのような媒体で、どんなときに読むのかということは、考慮されるべき問題である。また、どのような地域・コミュニティにおいて必要とされているのかということについても考えていく必要があると思われる。

このように、「やさしい日本語表記」の研究とその結果をもとに社会へ提案することが今後の表記研究に求められている課題である。

付　記

本研究は、JSPS科研費JP21K13047の助成を受けたものです。

調査資料

埼玉県総合政策部国際課（2006）「外国人にやさしい日本語表現の手引き2006」https://www.pref.saitama.lg.jp/documents/5978/379176.pdf （2023年5月22日アクセス）

静岡県くらし・環境部県民生活局多文化共生課（2021）「やさしい日本語の手引き」（令和3年5月改訂版）http://www.pref.shizuoka.jp/_res/projects/default_project/_page_/001/015/583/yasanichitebiki.pdf （2023年6月23日アクセス）

島根県・(公財) しまね国際センター（2022）「やさしい日本語の手引き」https://www.sic-info.org/support/prepare-disaster/easy_japanese/ （2023年5月23日アクセス）

出入国在留管理庁・文化庁（2020）「在留支援のためのやさしい日本語ガイドライン」https://www.moj.go.jp/isa/content/930006072.pdf （2023年5月22日アクセス）

特定非営利活動法人　多文化共生リソースセンター東海（企画・編集）（2013）「「やさしい日本語」の手引き」https://www.pref.aichi.jp/uploaded/attachment/288127.pdf （2023年5月22日アクセス）

横浜市「やさしい日本語」検討会（2017）「『やさしい日本語』で伝える　分かりやすく伝わりやすい日本語を目指して」（第4版）https://www.city.yokohama.lg.jp/lang/residents/ej/daiji/kijun.files/0004_20180927.pdf （2023年5月22日アクセス）

参考文献

あべやすし（2013）「情報保障と「やさしい日本語」」庵功雄・イヨンスク・森篤嗣編『「やさしい日本語」は何を目指すか―多文化共生社会を実現するために』pp. 279-298，ココ出版．

庵功雄（2016）『やさしい日本語―多文化共生社会へ』岩波新書．

イ・ヨンスク（2013）「日本語教育が「外国人対策」の枠組みを脱するために―「外国人」が能動的に生きるための日本語教育―」庵功雄・イヨンスク・森篤嗣編『「やさしい日本語」は何を目指すか―多文化共生社会を実現するために』pp. 259-278，ココ出版．

岩崎拓也（2018）「わかりやすさを目的とした文章における句読点と改行の多寡―「ステージ」レイアウトリニューアル前後の比較分析から―」pp. 37-40，社会言語科学会第42回大会予稿集．

岩崎拓也（2020）「記号の使用実態とその問題点 発注者と受注者をつなぐためのカッコの活用」『ビジネス文書の応用言語学的研究：クラウドソーシングを用いたビジネス日本語の多角的分析』．

岩崎拓也（2021）「第1章表記1記号の使い方」石黒圭（編）『日本語文章チェック事典』東京堂出版．

岩崎拓也（2022）「定住外国人の語りからみた日本語表記にかんする意識」『一

橋大学国際教育交流センター紀要』4, pp. 61–69, 一橋大学国際教育交流センター.

佐藤和之 (2004)「災害時の言語表現を考える」『日本語学』23 (8), pp. 34–45, 明治書院.

寺村秀夫 (1991)『日本語のシンタクスと意味　第3巻』くろしお出版.

東京都生活文化局 (2020)「やさしい日本語に関する調査結果」(概要) https://www.seikatubunka.metro.tokyo.lg.jp/chiiki_tabunka/tabunka/tabunkasuishin/files/0000001623/26_Hearing_kekka.pdf (2023年6月7日アクセス)

西村彩香 (2018)「「表記」から見る「やさしい日本語」―「やさしい日本語」使用の実態調査と有効性の検証を通して」『語文論叢』33, pp. 62–45, 千葉大学文学部日本文化学会.

安田敏朗 (2013)「やさしい日本語」の批判的検討」庵功雄・イヨンスク・森篤嗣編『「やさしい日本語」は何を目指すか―多文化共生社会を実現するために』pp. 321–341, ココ出版.

第 11 章
LINEにおいてスタンプはどのように用いられてきたか？
―若年層における 2010 年代の使用実態をめぐって―

落合哉人

キーワード
LINE、チャット、スタンプ、用法、反応

1. はじめに

　2011 年に登場したアプリケーションソフトウェア「LINE」は、直近の約 10 年間、一貫して利用者を増やし続け、2020 年には国内における 10 代から 60 代までの 90％以上が他者との連絡に用いるようになった（総務省情報通信政策研究所 2022）。そのような LINE の爆発的普及は、2000 年代の日本語環境で主な連絡手段であった携帯メールの普及と同等かそれ以上のものがあり、日本語研究周辺でも近年、LINE を取り上げる論文が多数発表されている（宮嵜 2015、岡本・服部 2017、加納ほか 2017、倉田 2018、三宅 2019、落合 2023 等）。特に「スタンプ」は、LINE に関する研究の一大テーマであり、従来から携帯メールに関する研究（立川 2005、三宅 2005 等）で注目されてきた絵文字等との違いや、コミュニケーション上の用法に関して、これまでいくつかの議論がなされてきた。
　スタンプとは、従来的な絵文字・顔文字等に並んで LINE で初めて導入された視覚的要素であり、ソフトウェアにおいてあらかじめ用意された多様なイラストによる発信を指す（図 1）。

図1　スタンプの例

　スタンプは、1文字の産出と近い労力で送信できる一方、デザインの中に文字を含むものもあり、必ず単独で1発信となる性質を持つ。そのため、文字を基調とする発信の一部として組み込まれる従来的な視覚的要素とはコミュニケーション上、違う役割を担う可能性もあり、実際にLINEにおいてどのように使用されているかを調べる論考は少なくない。しかしながら、ほとんどの先行研究ではアンケートや限られた実例をもとに分析が展開されてきたこともあり、具体的にスタンプの最も中心的な用いられ方とはどのようなものであるかという点は2020年代の今でも少なからず曖昧な部分がある。

　そこで本章では、現在の（そして今までの）LINEの利用実態を正確に理解するためのヒントとして、筆者が2014年から2019年にかけて集めた首都圏の若年層日本語母語話者による談話データをもとにスタンプの用いられ方を分析する。本章の構成は次の通りである。まず、2節ではスタンプに関する先行研究を概観する。続く3節では本章で扱うデータと分析の観点を説明する。さらに4節では調査結果と分析を示し、5節においてLINEの機能面に基づく考察を行う。最後に6節では本章の議論をまとめ、今後の課題を示す。

2. 先行研究

　まず、スタンプに関する先行研究の記述を確認しておく。上述の通り、スタンプはLINEで初めて導入された視覚的要素であり、主に若年層の利用者を対象としたアンケート調査や、実例の分析を通して特徴の把握を試みる論文が近年、多数発表されている（西川・中村2015、岡本・服部2017、2020、加藤2017、楠井2017、山﨑ほか2021等）。ここではそのうち、談話におけるスタンプの具体的な用いられ方について広く検討している加藤（2017）、岡本・

服部（2017）、楠井（2017）の3者を中心に議論の内容を取り上げる。

　上記のうち加藤（2017）は、メディア研究の視座からLINEの利用実態を探る研究であり、大学生を対象として文字を基調とする発信とスタンプとの使い分けに関するアンケート調査を行なっている。同論は、「文章のメッセージだけを送信する」「文章のメッセージを送信した後に続けてスタンプも送る」「文章のメッセージは送信せずスタンプだけを送る」の3種類のやりとりについて、相手（「家族や親類」「恋人や恋愛感情を持っている人」「友人」「サークルやアルバイトの先輩などの年上の人」）によって頻度が変わるかどうか尋ねており、どのような相手であっても「文章のメッセージだけを送信する」やりとりの頻度が最も高いことを明らかにしている。一方で、スタンプは「サークルやアルバイトの先輩などの年上の人」以外とのやりとりで使われやすく、「恋人や恋愛感情を持っている人」との間では「文章のメッセージを送信した後に続けてスタンプも送る」ことが、「家族や親類」及び「友人」との間では「文章のメッセージは送信せずスタンプだけを送る」ことが、それぞれ多いことを分析している。また、具体的にどのような場面で3種類のやりとりを行うか自由記述を求めたところ、スタンプは、文字を打つ手間を減らす点で便利であること、種類の多さも相まって楽しさを演出すること、絵文字や顔文字よりも微妙な感情表現を行えること、といった理由で使用されることを見出している。

　加藤（2017）がLINEの利用者自身の印象をもとにスタンプの特徴を探る一方、言語研究の視座から実際にLINEの談話データを分析する試みとして、岡本・服部（2017）と楠井（2017）がある。このうち岡本・服部（2017）は、大学生から収集したLINEのスクリーンショット（端末上の画面を捉えた画像データ）を対象としてスタンプがどのように用いられるか質的に観察しており、「単独で使用され、隣接ペア（Schegloff and Sacks 1973）の第2部分となる」「文字による発信の後に使用され、感情的側面を補足する」「文字による発信の前に使用され、発話の一部となる（例：お酒を模したスタンプ＋述語「ならず」で「飲み会ならず」という発話を

構成する）」「特定の内容（例：日程の報告）に対する反応として、複数の参加者が連続して使用する」の4種類の用いられ方が確認されたことを報告している。さらに、スタンプを送るか文字を基調とする発信を送るか（さらにはどのようなスタンプや表記を選ぶか）は、先行する他者の発信を踏襲する規範があることを分析している。

　次に楠井（2017）は、家族内のLINEを用いたコミュニケーションについて量的な分析を行う研究である。同論は、若年層の子どもを含む33家族から集めたLINEの「トーク履歴」（バックアップ用に自動で生成されるテキストファイル。スタンプは一括して[スタンプ]と表示される）を対象として、個々の発信ややりとりの特徴を調べており、スタンプに関しては全発信の30％を超える割合の家族がある一方、1％に満たない割合の家族もあることを報告している。その上で、スタンプの使用頻度が高い家族では、誰かの誕生日や合格を祝う話題が多かったり、1人が連続してスタンプを送る場面が含まれたりすることを分析している。また、「話題の始まり」「話題の中」「話題の終わり」のうち、どのタイミングでスタンプが送られるか調べると、「話題の始まり」ではそもそもスタンプがほとんど送られていないこと、「話題の中」ではお祝いのことばとスタンプの併用が多いほか、複数人による遊びとしてのスタンプの連続送信が見られること、「話題の終わり」では「了解」「OK」等の応答を示すスタンプが多いこと、といった傾向があることを示している。

　以上のように先行研究では、多様なアプローチをもとにスタンプが談話においてどのように用いられ得るか検討されてきた。特に、スタンプと従来的な絵文字等との違いに着目すると、スタンプではより「微妙な感情表現」が可能である点（加藤 2017）や、単独で用いられたり、文字を基調とする発信よりも前に用いられたりして具体的な言語表現になり得る点（岡本・服部 2017）といった独自性が指摘されていることは興味深い。一方で、今のところ、実際の談話におけるスタンプの量的な使用実態を調べる研究は、家族内という限られた集団を対象とする楠井（2017）のみである。また、楠井（2017）の調査では、「トーク履歴」を対象とする制約から、

具体的にどのようなスタンプが用いられやすいか（たとえば、文字を含むか含まないか）等、十分にわからない点も少なくない。

このような背景を踏まえ本章では、若年層日本語母語話者同士のLINEを用いた談話のスクリーンショットを対象として、複数の観点から、量的・質的にスタンプの使用実態を分析する。その上で、日本語の談話において、スタンプの最も中心的な用いられ方がどのようなものであるか明らかにすることを目指す。

3. データと分析の観点

本節では、本章で扱うデータと分析の観点について述べる。

3.1 データ

本章では、筆者が2014年5月から2019年1月にかけて収集した日本語母語話者同士のLINE上のやりとり66談話（計7,981発信）を調査・分析の対象とする。データはいずれも首都圏（東京、千葉、茨城県南部）の複数の大学に所属する10代後半〜20代前半学生及び20代前半の社会人による同年代の友人同士のやりとりである。参加者の人数に着目すると、66談話のうち39談話（計5,149発信）は1対1、27談話（計2,832発信）は3人以上によるものであり、全体的なのべ参加者数は222人である（一部、同一人物が複数の談話に参加しているが、そのような事例は1人あたり最大で3談話である）。また、やりとりの内容に着目すると、勧誘や依頼、日時の決定等、何らかの課題解決を目当てにはじめられたか、または同様のやりとりが途中で挿入され、データ全体の1割を超えていると判断された談話（以下、「タスク談話」と呼ぶ）は26談話（計2,516発信）ある一方、そのような課題解決を目的としていない談話（以下、「非タスク談話」と呼ぶ）は40談話（計5,465発信）あった。

データの収集においては参加者全員に許諾をとった上、スマートフォンのスクリーンショットで始発部と捉えられる箇所から20枚程度の分量のやりとりを1談話として筆者に送ってもらった。その

際、談話内に含まれる各発信は、なるべくすべての参加者がスマートフォンで送ったものであることを条件としたが、スタンプを使用しているかどうかに関しては一切の条件を設けなかった。

なお、以上のデータの収集がなされた2014年以降、本章執筆時（2022年12月）までのLINEにおける発信の送り方を確認すると、特にスマートフォンでは、過去の発信が時系列で並ぶ「トーク画面」（図2左）から、文字を基調とする発信の作成（図2中央）に移行するか、スタンプの選択（図2右）に移行するか、第一に選ぶ仕様がとられてきた（波線で示す通り、文字等の入力画面とスタンプの選択画面を直接切り替えることもできる）。このように、文字の入力を介さず、はじめから単独で送られることが想定されている点は、従来的な絵文字・顔文字にないスタンプ独自の特徴であると言える。また、LINEの利用者は、ソフトウェア内の「スタンプショップ」等を介して選択可能なスタンプの種類を増やすこともできる。

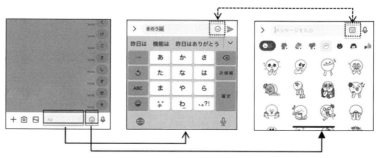

図2　送信前の操作

3.2　分析の観点

本章では、3.1で説明したLINEのデータに含まれるスタンプについて、以下4つの観点から分析を行う。

1) スタンプはどの程度単独で使用されるか：先行研究ではスタンプが、しばしば文字を基調とする発信を伴わず単独で使用されることが指摘されている。実際の談話でそのような単独使用が、どの程度生じているか検討する。
2) スタンプはどのような位置で使用されるか：先行研究では

スタンプが、文字を基調とする発信よりも前に使用され得ることが報告されている。実際の談話において、スタンプが用いられやすい位置について検討する。

3) スタンプはどのような用法で使用されるか：先行研究ではスタンプが、お祝いのメッセージの一部になったり、隣接ペアの第2部分になったり、特定の内容に対する反応を表したり、遊びとして連続で送られたり、といった様々な用法を持つことが報告されている。スタンプの用法を整理した上で、実際の談話における用法別の使用傾向を検討する。

4) スタンプはどの程度文字を含むか：スタンプはデザインの中に文字を含むものも多く、その内容によっては具体的な言語表現となり得る。実際の談話で文字を含むスタンプが、どの程度用いられるか検討する。

4. 調査結果と分析

表1に、本章で対象としたデータ全体におけるスタンプの数及び、参加者の人数（1対1か3人以上か）とやりとりの内容（タスク談話か非タスク談話か）の組み合わせごとのスタンプの数を示す。

表1　スタンプの全体的な使用傾向

データ	全発信の数	スタンプ全体の数 （()は全発信に占める割合）
全体	7,981	359（4.5%）
1対1、タスク談話	757	67（8.9%）
3人以上、タスク談話	1,759	107（6.1%）
1対1、非タスク談話	4,392	118（2.7%）
3人以上、非タスク談話	1,073	67（6.2%）

調査の結果、本章のデータでは、合計で359個のスタンプが確認された。全発信に占める割合は4.5%であり、楠井（2017）の調査で確認されているスタンプの数（計10,115発信中1,095個、10.8%）と比べると、やや少ない様子が見られた。その背後には、

対象とする集団の違い（家族か友人同士か）があるものと思われるが、いずれにせよ LINE において「文章のメッセージだけを送信する」ことが最も多いとする加藤（2017）の調査結果と整合する観察であると言えよう。なお、スタンプ同様、単独で 1 発信を構成するその他の視覚的要素としては、画像が 158 個、動画が 1 個、絵文字の単独使用が 10 個、顔文字の単独使用が 5 個、「アルバム」が 1 個見られたが、それらを合計しても全発信に占める割合は 2.2 ％に過ぎなかった。

　スタンプの割合を、参加者の人数とやりとりの内容の組み合わせごとに算出すると、最も割合が高いのは 1 対 1 かつタスク談話のときであり、最も割合が低いのは 1 対 1 かつ非タスク談話のときであった。このことから、特定の課題解決を志向するやりとりでは、文字を打つ手間を減らす便利さ（加藤 2017）を重視してスタンプの使用が多くなる可能性がある（ただし、3 人以上のやりとりでは 2 種類の談話でほとんどスタンプの割合が変わらない）。また、個別の談話に着目すると、本章の調査対象のうち最もスタンプが多い談話は「スタンプ」自体を話題とするものであり、全発信のうち 28.2 ％をスタンプが占めていた。一方で、本章で対象とした 66 談話のうち 33 談話では、全発信に占めるスタンプの割合が 3 ％以下であり、スタンプが 1 回も用いられていない談話も 14 談話あった。

　本節では、以上のスタンプの使用実態について、前節で挙げた 4 つの観点に従って、詳しく分析してみる。

4.1　スタンプはどの程度単独で使用されるか

　第一に、送り手の交替が起きてから次に交替が起きるまでの区間において、スタンプが単独で使用される場合とそうでない場合の数を数えた。なお、本章のデータでは、同じ人物が一度に複数のスタンプを送る場面が見られたが、その場合、文字を基調とする発信（及びスタンプ以外の視覚的要素）が送られていないのであれば、すべてのスタンプを「単独使用」とみなした。結果を表 2 に示す。

表2 スタンプの単独使用の数と非単独使用の数

データ	単独使用の数（割合）	非単独使用の数（割合）
全体	174（48.5％）	185（51.5％）
1対1、タスク談話	23（34.4％）	44（65.7％）
3人以上、タスク談話	61（57.0％）	46（43.0％）
1対1、非タスク談話	50（42.4％）	68（57.6％）
3人以上、非タスク談話	40（59.7％）	27（40.3％）

　表2からわかる通り、本章で対象としたデータ全体では、およそ半数のスタンプが単独で使用されていることが確認された。上述のように従来的な絵文字・顔文字の単独使用はごく少数であったことを踏まえると、スタンプには、単独でメッセージを構成するだけのより強い表現性が備わっていることが確かめられる。また、参加者の人数とやりとりの内容の組み合わせごとにスタンプを数えると、特に参加者が3人以上の談話で単独使用が多いことがわかる。その背後には、岡本・服部（2017）が「特定の内容に対する反応として、複数の参加者が連続して使用する」事例を報告している通り、先行する発信の形式を踏襲して複数の参加者がスタンプを送る、(1)のような場面が相対的に多くなることがあるものと推測される。

(1)（Aが共通の先輩とのやりとりを秘密にするよう頼んで）
　　01 A：まあ、よろしくお願いします〜
　　02 C：うい！
　　03 D：

　　04 B：

05 A：

　なお、本章のデータにおいて単独で使用されていないスタンプはすべて、文字を基調とする発信を伴っており、スタンプ以外の視覚的要素とスタンプのみの組み合わせは1例も確認できなかった。

4.2　スタンプはどのような位置で使用されるか

　第二に、4.1で確認された、単独で使用されていないスタンプについて、送り手の交替を起点として文字を基調とする発信よりも前に使用されているものと、後に使用されているものの数を数えた。なお、本章で対象としたデータでは、文字を基調とする発信の後にスタンプが送られた際、同じ人物によって、さらに続けて文字を基調とする発信が送られる場面が28例見られた。そのようなスタンプは、便宜的に文字を基調とする発信より後に使用されたものと考えた。結果を表3に示す。

表3　文字を基調とする発信に対するスタンプの位置

データ	前（割合）	後（割合）
全体	64（34.6 %）	121（65.4 %）
1対1、タスク談話	15（34.1 %）	29（65.9 %）
3人以上、タスク談話	14（30.4 %）	32（69.6 %）
1対1、非タスク談話	25（36.8 %）	43（63.2 %）
3人以上、非タスク談話	10（37.0 %）	17（63.0 %）

　表3からわかる通り、本章のデータでは、スタンプが文字を基調とする発信と共起する場合、概ね3分の1が前に使用され、概ね3分の2が後に使用される傾向が見られた。2000年代の携帯メールにおいて、絵文字や顔文字はほとんどの場合、「文末」に位置していたこと（立川 2005）を考えると、文字を基調とする発信と共起するスタンプの3分の2はそれらの延長として使用されており、3分の1は新しい用い方がなされていると言えるかもしれない（実際、本章で対象としたLINEのデータでも絵文字・顔文字が文字による

メッセージに先行する事例は3例しか確認されなかった)。

一方で、文字を基調とする発信よりも前に使用されるスタンプはすべて、(2)(3)のように単独で特定の(非)言語表現として理解可能であり、岡本・服部(2017)で報告されている「スタンプ＋文字による発信」ではじめて1つのメッセージとして理解できる事例(例：お酒を模したスタンプ＋述語「ならず」で「飲み会ならず」)は、本章の調査の範囲では見られなかった。

(2) (中国語のテストについて)
 01 A：同じ問題だったの？
 02 B：同じ問題だった
 03 A：

 04 A：めでたい

(3) (大学の昼休みに)
 01 A：どこいる？(*^^*)
 02 B：フーコー1！
 03 B：おいでおいで！
 04 A：

 05 A：ありがとう！

4.3　スタンプはどのような用法で使用されるか

第三に、本章のデータで確認された個々のスタンプが、コミュニケーション上、どのような用法を担っているか検討した。2節で述べた通り、先行研究ではスタンプが、お祝いのメッセージの一部になったり、隣接ペアの第2部分になったり、特定の内容に対する反応を表したり、遊びとして連続で送られたり、といった様々な用法を持つことが報告されている(岡本・服部2017、楠井2017等)。それらは大まかに、先行する発信に対する反応である場合とそうでない場合に分けることができ、反応である場合はさらに、事前に反

応の仕方が定められている場合とそうでない場合に分けられるように思われる。そこで本章では、スタンプのコミュニケーション上の用法をⅠ～Ⅳの4つに整理した。なお、本章では、スタンプの用法を捉えるにあたってスタンプそのものとスタンプを含む発話全体（すなわち文字を基調とする発信との組み合わせ）を同一に扱う。これは、スタンプ単独でその用法を担うのか発話全体がその用法を担うのか極めて連続的な場合があるためである。

- Ⅰ. 投げかけ：先行する他者の発信に対する反応ではない形で新たな話題を提示するか、または明示的に他者の返答を求めるもの（挨拶も含む）。
- Ⅱ. 明示的な期待に対する反応：先行する他者の発信において言語形式の上で明示的に特定の返答が期待されていると理解できるとき、その期待を満たす反応を表すもの。
- Ⅲ. 明示的な期待以外に対する反応：先行する他者の発信において言語形式の上で特定の返答を期待することが示されていないとき、その内容に対する反応を表すもの。
- Ⅳ. その他：Ⅰ～Ⅲのいずれにも分類できないもの。

上記のうちⅠは、談話の始発部や、先行するやりとりが途切れたタイミングで新たな話題を提示する（4）の01-03行目のような発話と、話題の冒頭か途中かを問わないタイミングで他者に対して特定の返答を求める（5）の04-05行目のような発話において、それぞれ使用されるスタンプである。新たな話題を提示することと、他者の返答を求めることは勿論、別の問題であるが、談話において新たな話題の提示は、他者からの返答を期待する形でなされることも多いことから、本章ではまとめて1つの用法と捉えることにした。

(4)（先行する発信から12日が空いたタイミングで）

01 A：複素関数以外単位来てた

02 A：

03 A：複素関数は先生の体調不良でまだ成績が出ないらしい

04 B：びっくりした
(5)（必修科目のレポートについて）
01 A：クソレポートの書き始め教えて（´・_・｀）
02 A：誰か教えてください
03 B：このクソ野郎
04 A：
05 A：書き始めおせーて
06 C：グレートディヴァイディング山脈

　同様にIIは、先行する他者の発話において質問や勧誘、提案等、特定の返答（たとえば、勧誘なら「受け入れ」または「拒否」）が期待されているとき、その期待を満たす(6)の05行目のような反応で使用されるスタンプである。一方でIIIは、先行する他者の発話において少なくとも言語形式の上では返答の仕方が定められていないとき、自由な反応を表す、(7)の03行目のようなスタンプである。すなわち岡本・服部（2017）同様、会話分析の概念を援用すれば、IIであるかIIIであるかは、隣接ペア（Schegloff and Sacks 1973）の第2部分であるか否かという違いに相当する。本章においてその判別は、当該のスタンプが他の参加者にとってどのように扱われたかを優先的な基準とした（たとえば、(6)では、06行目でA自身が05行目のBのスタンプを勧誘の「受け入れ」として扱っている）。

(6)（Bは留学先から一時的に帰国している）
01 A：そか、また行っちゃうんだっけ？、
02 B：そだよ！9月！！！
03 B：またちょっと消えちゃう！！！
04 A：9月なのね！その前にぜひ会えたい 😊
05 B：
06 A：やったー！8月の上旬辺りからはけっこうひま

よー！
(7)（プログラミングの授業の宿題について話していた）
 01 A：頑張ってやってみますプログラミング
 02 B：そうしよ！
 03 A：

　さらにⅣは、スクリーンショットにおいてデザインの一部が欠けていて判別が困難であった少数のスタンプと、Ⅰ～Ⅲのどれに当てはまるか曖昧な部分があったスタンプである。Ⅳに分類したものの多くは、他者が送ったスタンプの直後に送られているものの、それがどのような対応関係であるのか客観的にはわからない単独のスタンプであった。たとえば、(8)における02-03行目のスタンプは、01行目のスタンプに連なる（すなわち、引用した範囲よりも前の発信への反応ではない）形で送られたものであるが、それぞれ01-02行目に対してどのように対応するか曖昧である。このようなスタンプの送り合いは、それ自体が一種の遊びであると言えよう。

(8)（01行目は、A自身の発言に対する他者の発言への反応）
 01 A：

 02 B：

 03 C：

　個々のスタンプが単独、または文字を基調とする発信との組み合わせでどの用法を担っているか分類した結果を表4に示す。

表4　用法ごとのスタンプの数

データ	I（割合）	II（割合）	III（割合）	IV（割合）
全体	58 (16.2%)	31 (8.6%)	244 (68.0%)	26 (7.2%)
1対1、タスク談話	7 (10.4%)	8 (10.4%)	48 (71.6%)	5 (7.5%)
3人以上、タスク談話	17 (15.9%)	7 (6.5%)	81 (75.7%)	2 (1.9%)
1対1、非タスク談話	24 (20.3%)	11 (9.3%)	73 (61.9%)	10 (8.5%)
3人以上、非タスク談話	10 (14.9%)	6 (9.0%)	42 (62.7%)	9 (13.4%)

　表4からわかる通り、本章で対象としたデータでは、先行する他者の発信が単なる事実の報告等、後続する返答のあり方を指定しないものである場面で自由な反応を表すIIIのスタンプが最も多く、全用法の6割以上を占めていた。そのようなスタンプが表す反応は、特定の感情（例：喜び）のみ表すものから、感謝や賛成といった具体的なメッセージとして理解できるものまで多岐にわたる。一方で、自ら新たな話題を提示したり、他者の返答を求めたりする中で用いられるIのスタンプはそれほど多くなく、IIやIVの一部も合わせてほとんどのスタンプは、先行する他者の発信に対する反応に特化する様子が見られた。本章におけるこのような観察は、「話題の始まり」でスタンプが用いられにくいとする楠井（2017）の分析とも重なるが、その要因としては、スタンプ単独ではそれほど複雑なことが伝えられないことや、文字を基調とする発信に対して感情等を補足する場合も絵文字等、別の手段があることを想定できる。

4.4　スタンプはどの程度文字を含むか

　第四に、デザインの中に文字を含むスタンプと含まないスタンプの数をそれぞれ数えた。結果を表5に示す（スクリーンショットにおいてデザインの一部が欠けていた5個のスタンプを除く）。

表5 デザインの中に文字を含むスタンプと含まないスタンプ

データ	文字あり（割合）	文字なし（割合）
全体	227（64.1％）	127（35.9％）
1対1、タスク談話	45（67.2％）	21（31.3％）
3人以上、タスク談話	69（64.5％）	38（35.5％）
1対1、非タスク談話	77（65.8％）	40（34.2％）
3人以上、非タスク談話	36（53.7％）	28（41.8％）

　表5からわかる通り、本章で対象としたデータでは、参加者の人数ややりとりの内容を問わず、文字を含むスタンプの方が文字を含まないスタンプより多く用いられていた。そこで、文字を含むスタンプが具体的にどの程度文字を含んでいるか検討すると、最も文字数が多いスタンプは図3（「圧倒的だね！FUKUOKA NEXT」）であり、記号も含めて17文字が書かれていた。ただし、文字を含むスタンプの7割（155例）は6文字以下の内容を含み、その多くが図4左のような1単語や、図4右のような記号のみを表していた。

図3　文字数が多いスタンプ　　図4　文字数が少ないスタンプ

　また、表6に示す通り、スタンプの中の文字が表す内容をおおまかに「オノマトペ・感動詞（挨拶語を除く）のみ」「評価・承認・同意・感謝・謝罪を表す語」「挨拶のことば」「その他（文や記号）」に分けると、最も多いのは「オノマトペ・感動詞（挨拶語を除く）のみ」であった。しかし、「評価・承認・同意・感謝・謝罪を表す語」や「その他（文や記号）」も決して少なくはなく、スタンプが多様なメッセージを表している実態が窺えた。

表6　スタンプの中の文字が表す内容

分類	例	数（割合）
オノマトペ・感動詞（挨拶語を除く）のみ	「あたふたあたふた」「ああ…」「ギョッ」「しゅん。」	82（36.1％）
評価・承認・同意・感謝・謝罪を表す語	「いいね！」「OK」「それな」「ありがとう」「サーセン」	57（25.1％）
挨拶のことば	「Good Morning」「おやすみ」「よいお年を」	14（6.2％）
その他（文や記号）	「どんなときも可愛いよ。」「今向かいます!!」「！？」	74（32.6％）

5. スタンプの最も中心的な用いられ方はどのようなものか

　前節では、若年層日本語母語話者によるスタンプの使用実態について、「どの程度単独で使用されるか」「どのような位置で使用されるか」「どのような用法で使用されるか」「どのような文字を含むか」の4つの観点から、それぞれ検討を試みた。その結果、LINEにおいてスタンプは、単独のものと文字を基調とする発信を伴うものが概ね半数ずつ使用されており、文字を基調とする発信を伴う場合、その3分の1が、従来的な絵文字や顔文字とは異なり、文字を基調とする発信より前に現れることがわかった。また、スタンプのコミュニケーション上の用法としては、先行する他者の発信に対する反応を表すことに特化する傾向があり、中でも先行する発信で、後続する返答のあり方が定められていない場面での反応（III：明示的な期待以外に対する反応）を表すことが非常に多いことが明らかになった。さらに、文字を含むスタンプと文字を含まないスタンプを分けると、文字を含むものの方が多く使われており、多様なメッセージを表すことが示唆された。

　ここで、4つの観点に基づくスタンプの分類相互の関係に触れると、表7に示す通り、各観点で数が多いものは複数の観点の組み合わせでも多く使われる様子が見られた。特に、コミュニケーション上の用法のうち、III（明示的な期待以外に対する反応）は使用頻

度の高い上位5組すべてに含まれるほか、上位3組は共通して文字を含むものである。したがって、量的な実態としてスタンプの最も中心的な用いられ方は、「後続する返答のあり方を指定しない他者の発信に対して、文字を含むものによって自由な反応を表す」ことにあると言える。

表7　使用頻度の高い組み合わせ（上位5組）

順位	組み合わせ	数（割合）
1	単独使用、III、文字あり	91（25.3 %）
2	非単独使用、後、III、文字あり	39（10.9 %）
3	非単独使用、前、III、文字あり	32（ 8.9 %）
4	単独使用、III、文字なし	31（ 8.6 %）
5	非単独使用、後、III、文字なし	30（ 8.4 %）

　また、これを踏まえ、スタンプがそのような形で用いられやすい理由を考えると、加藤（2017）が述べる通り、文字を打つ手間を減らす点で便利であることや、従来的な絵文字・顔文字よりも微妙な感情表現を行えることといった利点が関わることは疑い得ない。一方で、なぜLINEでは同様の利点が特に「反応」という形で反映されるのかということについてより積極的に論じるならば、その背後にはスタンプ以外の機能によって必然的に生じるLINEの談話の特徴があるように思われる。

　たとえばLINEは、基本的に匿名性が低く、個々の発信が誰に宛てられたものであるか談話の参加者が共有しやすいツールであると言える。他方、「トーク画面」では、過去の発信が時系列で並ぶチャット形式が採用されており、先行する発信に対する返信の不在が視覚的にわかりやすい特徴がある。また、発信の隣には「トーク画面」を開いた（≒その発信を読んだ）ことを表す「既読表示」があり、そのような返信の不在が、そもそも発信の内容を見ていないことによる不在であるのか、そうでないのか窺うことのできる証拠を先行する発信の送り手に提供する（図5）。

図5　チャット形式と既読表示

　実際、加藤（2017）に先行する加藤（2016）は、大学生を対象に既読表示に関するアンケート調査を実施しており、「既読によって相手がメッセージを読んだことを把握できる」という声が多く得られた一方、「既読をつけたらすぐに返信しなければならないと焦る」という声も多かったことを報告している。また、本章で扱ったLINEのデータについて、2000年代の携帯メールとの比較を行なった落合（2023）は、LINEにおける平均的な一度の発話の長さが携帯メールの半分程度であり、同一時刻（1分以内）に他者からの返信が来る場面も非常に多くなったことを分析している。
　このようにLINEはその機能上、素早い返信を行う動機が生じやすい状況を提供すると考えられる。しかしながら、文字を打つことは勿論、直接話すことよりも手間がかかる。そのため、少ない労力で送信でき、本人の具体的なことばの一部、またはすべてを代替し得る、文字を含むスタンプが反応を表す形で用いられやすいものと推測される。なお、本稿の調査において、発信の宛先がより明確であったり、解決すべき課題があったりする点で特定の返答を期待する発信が多いことが想定される1対1の談話やタスク談話でさえ、II（明示的な期待に対する反応）ではなく、IIIを担うスタンプが極めて多かったのは、どのように返事を行うべきか定められていない分、余計に文面を考える手間が増えるためである可能性がある。

6. おわりに

　以上、本章では、若年層日本語母語話者による2010年代のスタンプの使用実態について取り上げ、その最も中心的な用いられ方が「後続する返答のあり方を指定しない他者の発信に対して、文字を含むものによって自由な反応を表す」ことにあることを分析した。

また、その背後に匿名性の低さやチャット形式、既読表示といったLINEの機能によって生じる素早い返信の要請があることを論じた。本章におけるこのような分析・考察は、従来、専ら「表記」の問題として整理されてきた絵文字・顔文字等の視覚的要素の役割（三宅2005等）と異なり、LINEにおいてスタンプが具体的な「表現」としての役割をも担っている実態を表すものと捉えられる。

　一方、今後の研究課題として、本章で対象とした世代よりさらに若い世代（特に携帯メールの利用経験がない世代）におけるLINEの利用実態の分析や、スタンプ以降に追加された視覚的要素の分析が想定される。特に後者について、LINEでは近年、スタンプ以外にも従来的な絵文字・顔文字の延長として捉えられない視覚的要素が備わりつつある。たとえば、2021年に加わった「リアクション」（図6）は、過去の発信に直接「喜び」「驚き」等の反応を付加できるものであり、特定の返答を求めているわけではない発信に対する反応により適する可能性がある（ただし、バリエーションは6種類しかないほか、端末に送信したことの通知もなされない）。したがって、本章で分析したスタンプの使用実態が2020年代もそのままであるかは、引き続きさらなる検討が必要であろう。スタンプをはじめとする視覚的要素の使用実態は、新しいツールを用いたコミュニケーションについて考える上で、今後ともますます注目されていくことが予想される。

図6　「リアクション」

付　記

本研究は、JSPS 科研費 22K19998 の助成を受けたものです。

参考文献

Schegloff, E. A. and Sacks, H.（1973）Opening up Closing. *Semiotica* 8, pp. 289–327.［H, サックス・E, シェグロフ「会話はどのように終了されるか」『日常性の解剖学—知と会話』pp. 175–241, 北沢裕・西坂仰訳（訳），マルジュ社，1995.］

落合哉人（2023）「「話すように打つ」ことばは簡潔なことばか？—携帯メール・LINE・対面会話・ネット通話における 1 発話の長さを比較して—」『日本語習熟論研究』1, pp. 121–139.

岡本能里子・服部圭子（2017）「LINE のビジュアルコミュニケーション—スタンプ機能に注目した相互行為分析を中心に—」柳町智治・岡田みさを（編）『インタラクションと学習』pp. 129–148, ひつじ書房.

岡本能里子・服部圭子（2020）「LINE による話し合い—合意形成を志向する会話におけるスタンプの機能—」村田和代（編）『シリーズ 話し合い学をつくる 3 これからの話し合いを考えよう』pp. 219–240, ひつじ書房.

加藤由樹（2016）「既読無視と未読無視—LINE の既読表示機能に関する基礎調査—」『メディア情報学研究』2, pp. 17–32.

加藤由樹（2017）「LINE のスタンプが使用される状況に関する基礎調査」『メディア情報学研究』3, pp. 21–34.

加納なおみ・佐々木泰子・楊虹・船戸はるな（2017）「「打ち言葉」における句点の役割—日本人の大学生の LINE メッセージを巡る一考察—」『お茶の水女子大学人文科学研究』13, pp. 27–40.

楠井愛美（2017）「LINE におけるコミュニケーション—家族グループトークのテキスト分析から—」『語文』158, pp. 309–292.

倉田芳弥（2018）「LINE チャットの会話における相づちの働き—「機能」及び談話管理を巡る方略的観点から—」『言語文化と日本語教育』53, pp. 1–10.

総務省情報通信政策研究所（2022）「令和 3 年度情報通信メディアの利用時間と情報行動に関する調査」〈https://www.soumu.go.jp/main_content/000831290.pdf〉2022.12.19

立川結花（2005）「若年層の携帯メールにおける各種絵記号の使用—メールのテキスト分析—」『語文』122, pp. 123–108.

西川勇祐・中村雅子（2015）「LINE コミュニケーションの特性の分析」『東京都市大学横浜キャンパス情報メディアジャーナル』16, pp. 49–59.

三宅和子（2005）「携帯メールの話しことばと書きことば—電子メディア時代のヴィジュアルコミュニケーション—」三宅和子・岡本能里子・佐藤彰（編）『メディアとことば 2』pp. 234–261, ひつじ書房.

三宅和子（2019）「モバイル・メディアにおける配慮—LINE の依頼談話の特徴

―」山岡政紀（編）『日本語配慮表現の原理と諸相』pp. 163–180, くろしお出版.

宮嵜由美（2015）「LINEを用いた依頼場面における送受信者の言語行動―表現の担う機能と構造に着目して―」西尾純二・デウィ・クスリニ・花村博司（編）『言語メディアと日本語生活の研究』pp. 5–20, 大阪府立大学人間社会学部日本語学研究室.

山﨑瑞紀・有川茉里子・片野紗恵・加藤優花・小林加奈・鈴木詩織・滝りりか・中佑里子・成田真裕（2021）「大学生におけるLINEスタンプの利用動機に関する研究―因子構造、及び利用行動との関連―」『社会情報学』10（1），pp. 34–46.

第 12 章
表記ゆれの実態と国語辞典の表記情報との比較

柏野和佳子

キーワード
表記のゆれ、漢字、仮名、語種、コーパス、国語辞典

1. はじめに

　日本語には厳密な意味での正書法が存在していない。一般の社会生活における国語表記の目安・よりどころとして、「常用漢字表」「現代仮名遣い」「送り仮名の付け方」「外来語の表記」「ローマ字のつづり方」という5つの内閣告示が示されている。国語辞典はそれらに基づく表記情報が記載されている。しかし、倉島（2008）が「決まりの解釈の相違や運用の仕方の相違によって、いく通りもの表記が可能になる」と指摘するように、国語辞典間の表記情報には違いが生じる。加えて、実際の表記の使用実態はさらに多様である。
　本章では、国立国語研究所『現代日本語書き言葉均衡コーパス』（Balanced Corpus of Contemporary Written Japanese：以降、BCCWJ）（前川 2014）を用いて、表記の使用実態を明らかにする。そして、和語「たまご」を含む食品名や料理名の表記を例に、BCCWJ の表記の実態と、国語辞典の表記情報とを比較する。まず、2. で実使用における表記のゆれや国語辞典の表記情報に関する先行研究を概観し、本章の研究課題を述べる。続けて、3. で調査デザインを述べる。次に、4. で BCCWJ と国語辞典とを用いた調査結果と考察を述べる。最後に、5. で結論を述べる。

国語辞典は最近改訂が行われているものを中心に取り上げ、最新版の内容を確認したうえで述べる。参照した版を示す必要が特にない場合は、本文中では辞典名のみを示し、書誌情報は本章末にまとめて示す。

2. 先行研究と本研究の研究課題

2.1　表記のゆれに関する先行研究

　これまで、国立国語研究所の語彙調査やコーパス構築のために収集されたデータをもとに、表記のゆれについての研究がおこなわれてきた。主な4点のデータに関する調査報告をあげる。

　1点めは新聞記事の語彙調査（1966年発行の朝日・毎日・読売3紙）である。佐竹（1977）は「一つの語が二種以上の異なる表記形式で書かれている」ことを「語の表記がゆれている」と述べ、その表記のゆれの基本的な対立パタンを次のとおり示している。

　Ⅰ　同一文字体系内での対立によるゆれ
　　（a）二種以上の異なる漢字の対立　　　　　　　　例（尚―猶）
　　（b）二種以上の異なる字体の文字の対立　　（學―学）（峰―峯）
　　（c）二種以上の送りがなの対立　　　　　　　（行なう―行う）
　　（d）かなづかい・かな用法上の対立　　　　　（ついに―つひに）
　　（e）カタカナの外来語表記上の対立　　　（コンベアー―コンベヤ）
　　（f）ローマ字のヘボン式表記と日本式表記の対立
　　　　　　　　　　　　　　　　　　　　　　　　　　（Fuji―Huzi）
　　（g）数字で桁の単位の有無の対立
　　　　　　　　　　　　　　　　　　　（一二三四五――万二千三百四十五）
　Ⅱ　異なる文字体系間の対立によるゆれ
　　漢字・ひらがな・カタカナ・ローマ字・数字などの間での相互の対立
　Ⅲ　その他
　　（h）くり返し記号と文字との対立　　　　　　　　（人々―人人）
　　（i）その他の記号類と文字との対立　　　（％―パーセント）

この表記のゆれはその後『現代表記のゆれ』（国立国語研究所

1983)という報告書にまとめられて詳細に報告されている。

　2点めは雑誌九十種調査（1956年発行の雑誌90種）である。その表記ゆれを調査した宮島（1997）は、「ゆれがおおいのは和語・動詞，すくないのは漢語・固有名詞である」と述べている。また、最もゆれの多いのは「ナニ」であり、合計度数1,263件の内訳の表記とその度数は次のとおりである。

　　あん（も）1、なーに2、なあに4、なあん3、なに138、なにッ1、なん229、なんに8、なアーん1、なアに2、なアン2、なン1、ナー二1、ナン1、ナンに2、何831、何〈ナン〉に2、何あん1、何っ1、何に、7何ん21、何ン3、甚〈なに〉1

　3点めは、現代雑誌200万字調査（1994年発行の雑誌70誌）である。その表記ゆれを詳細に報告した『現代雑誌の表記―1994年発行70誌―』（国立国語研究所2006）では、たとえば、「オマエ」の表記とその度数は次のとおり示す。

　　お前30、御前3、おまへ2、おめ1、おめぇ1、おめえ1、おメー1、オメー1

　高田ほか（2008）は、その1994年雑誌と、その前の1956年雑誌とを比較して漢語表記のゆれの変遷を調査し、そのゆれが縮小傾向であることを指摘している。調査結果を簡単にまとめて次に示す。

　①　1956年雑誌「ゆれ」あり、1994年雑誌「ゆれ」あり：208語　例：人参・にんじん・ニンジン、葡萄・ぶどう・ブドウ、一層・一そう・いっそう、多分・たぶん
　②　1956年雑誌「ゆれ」あり、1994年雑誌「ゆれ」なし：308語　例：衝動・しょう動・しょうどう→衝動、意慾・意欲→意欲
　③　1956年雑誌「ゆれ」なし、1994年雑誌「ゆれ」あり：156語　例：微妙→微妙・ビミョー、星座→星座・SEIZA

　上記の①は「ゆれ」がある状態で「安定」している語といえるもので、植物（食品）や副詞などが目立つという。②は「ゆれ」が見られなくなっているもの。仮名表記がなくなったり、「当用漢字」の書き換えが定着したり、といった影響が見られるという。③は新しい「ゆれ」として、片仮名表記と長音符号使用や、ローマ字使用

がある点を指摘している。

　4点めはBCCWJである。小椋（2012）は、BCCWJのコアデータ（人手により解析精度を高めている、BCCWJ全体の約100分の1の量に相当する約110万語のデータ）の書籍・雑誌・新聞・白書・Webの5つのレジスター別に、和語・漢語・外来語・混種語の語種別の表記のゆれの実態を調査した。その結果、表記のゆれには媒体による差異があることを指摘している。ゆれの割合の高いのがWeb・書籍・雑誌であり、低いのが白書・新聞であるという。また、語種別では和語に、品詞別では動詞に、平仮名と漢字の対立によるゆれや、異なる漢字の対立によるゆれが多くみられると述べている。たとえば、Webで見られた「ドウ」の表記とその度数は次のとおりである。

　　だう1、ど〜3、どう352、どぉー1、どー5、ドォー2、如何2

　さらに山崎（2023a）は、BCCWJ全体を対象に、書字形の異なりを全レジスター別と品詞別とでとらえ、また、書字形数が22以上ある、上位20語を明らかにした。最多は36個の「ああ」である。その表記と各度数は次のとおりである。

　　ぁぁぁ3、ぁああ25、あ〜814、あ〜あ62、あ〜っ17、あぁ845、ああ7、980、あああ4、あああ641、あああ〜16、あああー3、ああっ216、ああー62、あゝ181、あァ28、あア1、あー517、あーあ166、あーっ92、あーア1、アゝ1、アァ24、アア61、アアア1、アー22、アーア5、アーッ19、吁嗟1、嗚〜呼3、嗚乎1、嗚呼84、嗟2、嗟呼3、噫21、臆7、鳴呼5

　以上、4点の国立国語研究所のデータによる、表記ゆれに関する調査について簡単に述べた。最初の新聞調査以外では、表記の「崩れ」とも言えるものまで含んでいる。表記の「崩れ」については、たとえば笹野・鍛治（2012）が具体例を示している（表1）。

表1 Webテキストに出現する崩れた表記（* は JUMAN7.0 で対応済みであることを表す）（出典：笹野・鍛治 2012，p. 213，表 –1）

タイプ	例（括弧内は元の語）
長音記号の挿入*	でーす、もしも〜〜〜し
母音の挿入	やったあ、行けえええ
小書き文字の挿入*	見たぁぁい、ねむぅい（眠い）
促音・発音の挿入	すっばらしい、すんばらしい
長音記号による置換*	ありがとー、ねーざん（姉さん）
小書き文字による置換*	ぉぃしぃ（おいしい）、カゎぃぃ（かわいい）
類似記号による置換	あやレぃ（怪しい）、こωばωゎ（こんばんは）

　笹野・鍛治（2012）は、ネット上にブログやSNSなどにさまざまな発信者の書く多様なテキストが増えたために、従来の新聞記事を主な対象としてきたテキスト処理技術では対応できない表現として、表記の「崩れ」を取り上げている。なお、これら表記の「崩れ」は、すべてを辞書情報として持つ必要はなく、正規化による対応で可能であると言う。具体的には、当時の形態素解析システムJUMAN7.0（黒橋・河原 2012）において、長音記号や小書きの文字等を削除したり置換したりするなどによって、すでに辞書に載っている表記に正規化する対処をとっていることが述べられている。

2.2　国語辞典の表記情報に関する先行研究

　現代の国語辞典の表記情報について早くに論じたのは武部（1971）であろう。武部（1971）は国語辞典における同音漢語の表記ゆれを論じている。はじめに「幸運」「好運」を例にあげ、『新明解国語辞典』（当時は初版）では、「幸運」のみを見出し語の表記欄にあげ、語釈のあとで「好運とも書く」と注記することにより、「幸運」が標準的であることを示しているが、調査したほかの4種の国語辞典（『広辞苑』（第2版）、『三省堂新国語中辞典』、『岩波国語辞典』（第2版）、『角川国語辞典』（新版））では、「幸運」と「好運」とを見出し語の表記欄に並記しているだけで、表記に関する情報が不足している点を指摘している。そして、おわりでは、国語辞

典は表記に関し、それぞれが異なる記述をしているため、何種類かの国語辞典を参照する配慮や、新聞等の表記に関心をもつことの必要性を述べている。

　柏野（2009、2016、2022）では、国広（1997）と笹原（2012）を参照し、次に示すとおり、国語辞典間の違い3点を述べた。

① 同じ訓読みで表記が異なる語の場合、見出し語を分けるものもあれば、分けないものもある（国広1997）。
　　例：「はかる」【図る、計る、測る、量る、諮る、謀る】
　　・『岩波国語辞典』：語源が同じことを重視して全部を同一見出しで多義扱いにしている。
　　・『三省堂国語辞典』：用法の違いを重視して、すべて別見出しにしている。

② 漢字表記が複数ある場合に、一括表示をして使い分けを示さない辞典もあれば、個々の使い分けを詳細に示す辞典もある。また、標準的な表記が漢字ではなく仮名表記であることを明示するものもある。
　　例：「また」
　　・『岩波国語辞典』：見出し語は「また【又・△復・×亦】」と、漢字表記が一括表示され、かつ、語釈の中でそれら三つの漢字の使い分けが示されている。しかし、仮名表記への言及はない。
　　・『明鏡国語辞典』：見出し語は「また【又】」。語釈の中で「▽復」「▼亦」を使う場合への言及があり、「書き方」の注記として、「かな書きも多い」と、言及がある。
　　・『新選国語辞典』：見出し語は「また【また】」。見出し語に仮名書き表記を挙げることにより、仮名書きが多いことを積極的に明示している。語釈の中で「又」「▲復」「×亦」の使用への言及がある。
　　・『三省堂国語辞典』見出し語は「また」。標準表記が見出しの仮名と一致するときは省略する、という方針のもと、仮名書きが多いことを積極的に明示している。「表記」の注記として、「かたく「又」とも。」や、「×亦」「△復た」と

も書いた、という言及がある。
③　いわゆる「当て字」をどう扱うか、どこまで扱うかの判断が分かれる（笹原 2012）。
　　　例：「クラブ」に「倶楽部」と当てることは多くの国語辞典で言及されているが、「さだめ」【定め】に「運命」の当て字をあげているのは『新明解国語辞典』、「運命」に加え「宿命」の当て字もあげているのは『三省堂国語辞典』である。

　さらに、片仮名表記が一般的な語については、柏野・奥村（2012）において、「一部の和語や漢語にはカタカナ表記が多いという実態がありながら、従来の国語辞典にはそういった実態を反映させた辞書記述が欠けている」という問題点を指摘し、その表記の使用実態を辞書記述に取り入れることを提案した。

　高原（2014）は、標準表記への意識、特に、漢字表記と平仮名表記の使い分けに関する国語辞典の方針に焦点を当て、2005 年以降に出版された小型国語辞典 10 冊を対象に調査している。結果として、表記情報の基本方針に、標準表記を掲載することや仮名表記が標準的表記である場合にそれを明記することを述べる国語辞典は半数以上あったものの、標準表記や仮名表記の挙げ方は、国語辞典によって判断にゆれがあることを指摘している。

　中川（2021、2024）は、漢字表記に加え、仮名遣い、送り仮名、異字同訓、外来語の表記、それぞれについて具体的に事例をあげながら、国語辞典の表記の実態や問題点をくわしく論じている。上記②に関する漢字と仮名とをあわせた標準表記の示し方については、共同通信社（2016）『記者ハンドブック　第 13 版』と国語辞典とを比較し、ハンドブックでは「用字について」という項目で、漢字、平仮名、片仮名使用の原則と具体例とを示しているのに対し、「国語辞典でこのような点をくわしく解説するものはない」と指摘している。さらに、「新聞代用字」（例：本来は「溜飲」、代用字の表記は「留飲」）の明記や、標準的でない誤りを防ぐ情報の記載（例：「爪先」は「つめさき」と誤読しない、など）といった課題も指摘している。今後の課題として、表記が複数ある場合の使い分けにつ

いてなど、表記に関する手厚い説明が国語辞典にはもっと必要であることを論じている。

2.3　本研究の研究課題

山崎（2023a）は、BCCWJ 全体の表記ゆれを語種別にとらえる調査が残されていると述べていた。そこで、その語種別調査を本研究1点めの課題とする。また、特定の表記ゆれを例に、BCCWJ の調査を通してその使用実態を明らかにし、国語辞典の表記情報と比較することを本研究の2点めの課題とする。具体的には、次のリサーチクエスチョン（RQ）を設定する。

RQ1　BCCWJ 全体における語種別にみる表記ゆれの実態はどのようなものか。
RQ2　表記の使用実態が国語辞典ではどの程度説明されているか。

3．調査デザイン

BCCWJ の短単位の形態論情報は、階層的な見出し構造をもっている。原文どおりの出現形は「書字形出現形」である。その1つ上が「書字形」であり、活用語の場合は終止形にまとめられる。たとえば「おいしい【美味しい】」は次のような階層構造をもっている。1つの「語彙素」の下に「語形」が3つあり、その下に「書字形」が合計で6つある。「書字形出現形」は実際には合計 27 あるが、表2には一部を省略し、21 のみ示す。

「書字形出現形」にはいわゆる表記の「崩れ」を多く含む。そのため、BCCWJ の表記ゆれは、小椋（2012）や山崎（2023a）同様に、BCCWJ の短単位に付与されている形態論情報のうちの「書字形」の異なりでとらえることにする。表2の例では6件と数える。

表2　BCCWJの形態論情報「見出し」の階層構造

語彙素	語形	書字形	書字形出現形の例
美味しい	オイシイ	オイシイ	オイシイ、オイシー
		オイシい	オイシい、オイシかっ
		おいしい	おいし、おいし〜、おいしい、おいしかっ、おいしきゃ、おいしゅう
		美味しい	美味し、美味しい、美味しかっ、美味しゅう
	オイチイ	おいちい	おいち、おいちい、おいちかっ
	オイヒイ	おいひい	おいひ、おぃひぃ、おいひい、おいひかっ

　RQ1の調査には『「現代日本語書き言葉均衡コーパス」文字表・表記表』のうち、『BCCWJ表記表』(BCCWJ_WritingFormTable.xlsx)（山崎 2023b）を使用し、語種別に、「書字形」の異なり数を数え、全体の表記ゆれを集計する。

　RQ2の調査では、コーパス検索アプリケーション『中納言2.7.2』（データバージョン 2021.03）の短単位検索を用い、和語「たまご」を含む食品名や料理名の表記を、「玉子、卵、たまご、タマゴ」の表記別に使用頻度とその割合を調査する。この語を選んだ理由は、しばしば書き分けが取り上げられるが（塩田・山下 2013 など）、依然、使用実態が不明瞭であるためである。

4. 結果と考察

4.1　BCCWJ全体における語種別にみる表記ゆれの実態

『BCCWJ表記表』のうち、品詞や語種が次に該当するものを除外して、語種別に、「書字形」の異なり数を数えた。

　　　品詞：名詞―数詞、記号――一般、補助記号――一般
　　　語種：※、固、記号

その結果、書字形1のものは全部で84,453語あり、漢語がもっとも多かった（表3）。書字形2以上のものは全部で34,086語あり、

和語がもっとも多かった（表4）。書字形が18以上あるものは和語だけであり、書字形数の最大は、2.1節で述べた山崎（2023a）の示した36の「ああ」である。

図1には、書字形1と、2以上の語の語種の割合を比べたグラフを示す。表記ゆれの多いのは和語であることがわかる。

表3　書字形1の語種別書字形数（語）

書字形	1	（％）
和語	19,702	23.3
漢語	43,985	52.1
外来語	16,579	19.6
混種語	4,186	5.0
計	84,453	100.0

表4　書字形2以上の語種別書字形数（語）

書字形	2	3	4	5	6	7
和語	9,467	5,201	2,832	1,517	801	360
漢語	4,618	1,262	435	137	62	22
外来語	3,186	1,003	416	203	88	46
混種語	1,110	377	128	50	23	8
書字形	8	9	10	11	12	13
和語	221	149	71	54	37	19
漢語	14	3	4	4	3	2
外来語	28	12	3	2	6	0
混種語	2	5	3	0	2	0
書字形	14	15	16	17	18	19
和語	13	7	11	9	10	5
漢語	1	0	0	0	0	0
外来語	1	0	0	1	0	0
混種語	2	2	0	0	0	0
書字形	20	21	22	24	25	26
和語	4	6	6	2	2	1
漢語	0	1	0	0	0	0

外来語					
混種語					
書字形	28	29	34	36	計（%）
和語	3	1	1	1	20,811 (61.1)
漢語					6,568 (19.3)
外来語					4,995 (14.7)
混種語					1,712 （5.0）

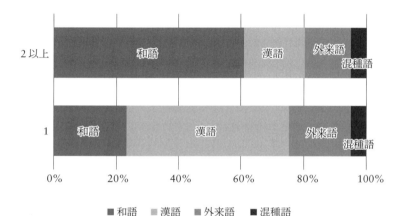

図1　書字形1と書字形2以上の語の語種の割合（%）

4.2 「たまご」の表記を例にした使用実態と国語辞典との比較

「たまご」の表記について、塩田（2007）は、当時のNHKの放送において漢字で書く場合は「卵」で統一しているが、将来は部分的に「玉子」を認める可能性があると述べている。NHK放送文化研究所で「生たまご・たまご焼き」を漢字でどう書くか、ウェブ上でアンケート調査をした結果、一番多かったのが「生卵・玉子焼き」（55%）であったという。これをふまえ、「想像ですが、調理前のものは「卵」、きちんと火が通ったものは「玉子」というような使い分けがあるような気がしています」と述べている。

その後、塩田・山下（2013）では、2013年3月にNHK放送文化研究所でおこなった「日本語のゆれ調査」で「たまご焼き」の漢

表5 「たまご」の付く語の表記別頻度（件）と「玉子」の表記率（％）

見出し	玉子	卵	たまご	タマゴ	計	玉子率
厚焼きたまご	15	8	2	0	25	60.0
黒たまご	3	1	0	1	5	60.0
きんし（錦糸・金糸）たまご	14	15	0	0	29	48.3
煮たまご	15	9	8	0	32	46.9
だし（出汁・出し・ダシ）巻きたまご	7	11	2	1	21	33.3
温泉たまご	14	28	3	0	45	31.1
たまご焼き	104	225	6	11	346	30.1
たまご豆腐	3	9	0	0	12	25.0
たまご丼	2	5	2	0	9	22.2
たまご酒	3	12	0	0	15	20.0
たまごサンド	3	13	2	2	20	15.0
生（なま・ナマ）たまご	16	96	4	3	119	13.4
半熟たまご	3	22	3	1	29	10.3
たまごとじ	4	50	2	0	56	7.1
たまご料理	3	38	3	0	44	6.8
いり（炒り・煎り）たまご	4	56	4	1	65	6.2
ゆで（茹で）たまご	21	298	34	5	358	5.9
たまごかけ（がけ・掛）	1	21	7	1	30	3.3
たまご雑炊	0	9	0	0	9	0

字表記を調査した結果、「玉子焼き」（64％）、「卵焼き」（33％）、それ以外（3％）であり、「たまご焼き」には「玉子」の表記を使うという人が多いことを報告している。

　しかし、張（2017）は、ウェブ検索は不安定であることを断ったうえで、ウェブ検索では「卵焼き」が多く、塩田・山下（2013）と異なる実態が得られたと報告している。

　そこで、「たまご焼き」や、そのほか「たまご」を含む食品名や料理名の表記について、BCCWJを用いて「玉子、卵、たまご、タ

マゴ」の表記別に使用頻度とその割合を調査した。その結果を表5と図2とに、「玉子」の表記率の高い順に示す。

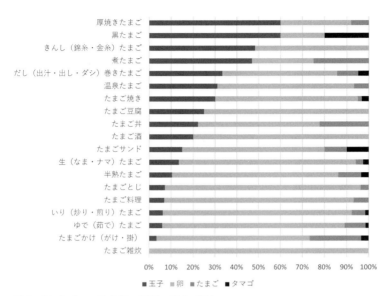

図2 「たまご」の付く語の表記の割合（％）

　あるテレビ番組で、生の場合は「卵」を用い、加熱されている場合は「玉子」を用いるとの解説がされたのを見たことがある。しかし、表5、図2を見る限り、生か加熱かで使い分けがあるようには見えない。また、たまごが殻の付いた原形に近い形か、割りほぐしたものかという違い、つまり、もともとのたまごの形が残っているものに「卵」が、残っていないものに「玉子」が多いかというと、そうでもない。たとえば、「たまご焼き」は、たまごの形は残っていないが、張（2017）のウェブ検索の調査と同じく、「卵焼き」の用例数がもっとも多い。表5や図2からは、食品名や料理名によって「たまご」の表記の傾向はまちまちであるということがわかる。そして、漢字の「卵」と「玉子」は、どちらか一方のみが使われるというものではなく、明確なそれら漢字表記の使い分けの実態はない、ということが確認できる。

　以上のような使用実態に対し、まずは、現行の国語辞典（11種）で、食品名や料理名の「たまご」の表記に関する記述を確認してみ

る。その部分を抜粋して次に示す。注目すべき箇所は網掛けで表示する。

　　　A：「卵」と「玉子」の表記に関して特に記載なし
　　・『岩波国語辞典』：たまご【卵・玉子】②鶏の卵①。しりすぼまりの楕円体で、食用になる。「―焼」「―形」「―に目鼻」
　　・『大辞林』たまご【卵・玉子】②鶏卵。「―料理」
　　　B：「玉子」と表記することが多いという注記の記載あり
　　・『新明解国語辞典』たまご【卵・玉子】［表記］調理が進むと「玉子」となることが多い。
　　・『明鏡国語辞典』：たまご【卵】❷鶏の卵。鶏卵。「卵料理」「生卵」［書き方］料理では、「玉子」と書くことも多い。
　　・『新選国語辞典』：たまご【卵】［玉子］参考「玉子豆腐」「玉子焼き」などの料理は、「玉子」と書くことが多い。
　　・『現代国語例解辞典』［たまご 卵（玉子）］2 特に、ニワトリの卵のこと。鶏卵。『玉子を焼く』『ゆで玉子』▽「玉子」は当て字で、食べ物としての卵について用いることが多い。
　　　C：「玉子」が限定される表記であることの注記の記載あり
　　・『大辞泉』：たまご【卵】2（「玉子」とも書く）鶏の卵。鶏卵。
　　・『広辞苑』：たまご【卵・玉子】「玉子」は、鶏卵を使った料理、あるいは料理用鶏卵の場合に限って用いるのがふつう。
　　・『旺文社国語辞典』たまご【卵】②鶏の卵。鶏卵。「卵料理」［参考］②は、「玉子」とも書く。
　　　D：「玉子」が限定されることの表記欄での区別あり
　　・『三省堂国語辞典』：たまご［卵・タマゴ］③［玉子］ニワトリの「たまご①」を調理したもの。

なお、『日本国語大辞典』は、料理以外のものに「玉子」が使用されていたことを用例で示している。
　　・『日本国語大辞典』たまご【卵・玉子】④修業中の人。まだ、その事で一人前にならない人。＊評判記・嶋原集（1655）「この比の新造には出来物なり。〈略〉心もよし、御全盛の玉子とは此人の事にこそ」

次に、現行の国語辞典9種（2022年刊行のものまで）における、「たまご」の付く食品名や料理名の立項状況とその表記情報を調べた結果を、表6に示す。

表6 「たまご」の付く食品名や料理名の立項状況とその表記情報

見出し	岩国	新明解	明鏡	三国	新選	広辞苑	大辞林	大辞泉	日国
厚焼きたまご	—	—	—	玉子・卵	—	—	—	卵	卵（用例は玉子）
黒たまご	—	—	—	—	—	—	—	—	—
きんし（錦糸・金糸）たまご	卵・玉子	—	卵	卵	卵	卵	卵	卵	卵
煮たまご	—	—	—	玉子・卵	—	卵	卵・玉子	卵・玉子	—
だし（出汁・出し・ダシ）巻きたまご	—	—	卵	玉子・卵	玉子	卵	卵	卵	—
温泉たまご	卵・玉子	卵	—	卵・玉子	卵・玉子	卵	卵	卵・玉子	—
たまご焼き	卵・玉子	卵	卵・玉子	玉子・卵 ※1	卵・玉子	卵・玉子	卵	卵	卵（用例は玉子と卵）
たまご豆腐	卵・玉子	—	卵・玉子	玉子・卵	卵・玉子 ※2	卵	卵・玉子	卵	卵（用例も卵）
たまご丼	—	—	—	—	—	玉子	卵・玉子	卵	卵（用例は玉子）
たまご酒	卵・玉子	卵	卵・玉子	卵	卵・玉子	卵	卵	卵	卵（用例は玉子）
たまごサンド	—	—	—	—	—	—	—	—	—
生（なま・ナマ）たまご	卵	卵	卵	卵・玉子	卵・玉子	卵	卵	卵・玉子	卵・玉子（用例は玉子と卵）
半熟たまご	—	—	—	—	—	卵	—	卵・玉子	卵（用例は卵）
たまごとじ	卵・玉子	表記—	卵・玉子	玉子・卵	卵・玉子	卵	卵・玉子	卵	卵（用例は玉子と卵）
たまご料理	—	—	—	—	—	—	—	—	—

いり（炒り・煎り）たまご	卵・玉子	卵	卵・玉子	卵	卵・玉子	玉子・卵	卵・玉子	卵・玉子（用例は卵とタマゴ）
ゆで（茹で）たまご	卵・玉子	卵・玉子	卵	卵	卵・玉子	卵・玉子	卵・玉子	卵（用例は玉子と鶏卵）
たまごかけ（がけ・掛）	—	—	卵	卵	—	卵	卵	—
たまご雑炊	—	—	—	—	—	—	—	卵（用例は卵と鶏卵）

※1 「［表記］高知県では「卵焼き」がふつう。〔「玉子焼き」が小形のカステラをさすため〕」の注記あり。

※2 「参考：「玉子豆腐」「玉子焼き」などの料理は、「玉子」と書くことが多い。」の注記あり。

表6より、「たまご」の付く食品名や料理名の立項はまちまちであり、その表記情報として「玉子」を必ずしもあげていないものが多いことがわかる。

5. おわりに

RQ1「BCCWJ全体における語種別にみる表記ゆれの実態はどのようなものか」について、語種別に表記ゆれを『BCCWJ表記表』で調査した。その結果、書字形2以上の語は34,086語あること、そのうち和語が61.1％を占める20,811語あり、特に和語の表記ゆれが多いことを明らかにした。

また、RQ2「表記の使用実態が国語辞典ではどの程度説明されているか」について、和語「たまご」を含む食品名や料理名19語を例に、BCCWJの表記の実態と、国語辞典の表記情報とを比較した。その結果、調査した語のうちの18語に、「卵」と「玉子」とが使われているが、2語をのぞき、「玉子」の使用率は50％以下であった。国語辞典では見出し語「たまご」には、鶏卵や調理したものに「玉子」を使用することが多いという注記を載せるものが多い一方、立項した見出しの表記欄に「玉子」を載せるものは少なかった。

そもそも明確な使い分けがとらえられない表記ゆれをどう国語辞典で説明すべきかという問題点を含め、国語辞典の表記情報について今後も検討が必要である。

付　記

本研究は、国立国語研究所の機関拠点型基幹研究プロジェクト「学習者辞書用語彙資源の構築」及び、JSPS 科研費 JP 23H00072 の助成を受けたものです。

参照した国語辞典（刊行年順）

小型：『岩波国語辞典』第八版、岩波書店、2019./『新明解国語辞典』第八版、三省堂、2020./『明鏡国語辞典』第三版、大修館書店、2020./『三省堂国語辞典』第八版、三省堂、2021./『新選国語辞典』第十版、小学館、2022./『現代国語例解辞典』第十二版、小学館、2023./『旺文社国語辞典』第十二版、旺文社、2023.
中型：『大辞泉』第二版、小学館、2012./『広辞苑』第七版、岩波書店、2018./『大辞林』第四版、三省堂、2019.
大型：『日本国語大辞典』第二版、小学館、2000–2002 年.

調査資料

国立国語研究所『現代日本語書き言葉均衡コーパス』（データバージョン 2021.03）（2023 年 10 月―2024 年 2 月使用）https://chunagon.ninjal.ac.jp/bccwj-nt/search
山崎誠（2023b）『「現代日本語書き言葉均衡コーパス」文字表・表記表』https://clrd.ninjal.ac.jp/bccwj/bcc-chu.html

参考文献

小椋秀樹（2012）「コーパスに基づく現代語表記のゆれの調査―BCCWJ コアデータを資料として―」『第 1 回コーパス日本語学ワークショップ予稿集』pp. 321–328.
柏野和佳子（2009）「国語辞典」『新「ことば」シリーズ 22「辞書を知る」』ぎょうせい、pp. 59–61.
柏野和佳子・奥村学（2012）「和語や漢語のカタカナ表記―『現代日本語書き

言葉均衡コーパス』の書籍における使用実態」『計量国語学』28（4），pp. 153–161.
柏野和佳子（2016）「コーパスに基づく辞書記述の精緻化の研究」東京工業大学総合理工学研究科博士論文.
柏野和佳子（2022）「言語研究の成果を発信するさまざまな国語辞典」『文学・語学』234，pp. 153–161.
国広哲弥（1997）『理想の国語辞典』大修館書店.
倉島節尚（2008）『日本語辞書学への序章』大正大学出版会.
黒橋禎夫・河原大輔（2012）『日本語形態素解析システム JUMAN version 7.0 使用説明書』京都大学大学院情報学研究科.
国立国語研究所（1983）国立国語研究所報告 75『現代表記のゆれ』.
国立国語研究所（2006）国立国語研究所報告 125『現代雑誌の表記―1994 年発行 70 誌―』.
笹野遼平・鍛治伸裕（2012）「不自然言語処理―枠に収まらない「リアルな」言語処理―：2. 新しい語・崩れた表記の処理」情報処理学会会誌『情報処理』53（3），pp. 211–216.
笹原宏之（2012）「辞書を編む」『エリイカ』3，青土社，pp.87–98.
佐竹秀雄（1977）「表記のゆれを測る」国研報告 59『電子計算機による国語研究 VIII』秀英出版.
塩田雄大（2007）「卵焼き？玉子焼き？」https://www.nhk.or.jp/bunken/summary/kotoba/term/109.html（2024/07/01 確認）
塩田雄大・山下洋子（2013）「「卵焼き」より「玉子焼き」―日本語のゆれに関する調査（2013 年 3 月）から①―」『放送研究と調査』9 月号，pp. 4–59.
髙田智和・山崎誠・小沼悦（2008）「現代雑誌の漢語表記」『言語処理学会第 14 回年次大会発表論文集』pp. 777–778.
高原真理（2014）「日本語学習辞書開発に伴う表記情報の掲載基準に関する一考察」『筑波大学留学生センター日本語教育論集』29，pp. 59–69.
武部良明（1971）「国語辞書の表記について―同音漢語をめぐる一つの問題―」『講座日本語教育』9，早稲田大学語学教育研究所，pp. 1–17.
張明（2017）「ウェブ検索による漢字表記のゆれに関する調査「卵焼き」と「玉子焼き」を中心に」『学習院大学大学院日本語日本文学』13，pp. 1–13.
中川秀太（2021）「5. 国語辞典の語の表記」沖森卓也・木村義之（編著）『辞書の成り立ち』pp. 27–46，朝倉書店.
中川秀太（2024）『現代日本語のジェネレーションギャップ』武蔵野書院.
前川喜久雄（監修）、山崎誠（編）（2014）『講座　日本語コーパス 2　書き言葉コーパス―設計と構築―』朝倉書店.
宮島達夫（1997）「雑誌九十種表記表の統計」『日本語科学』1，pp. 92–104，国書刊行会.
山崎誠（2023a）「『現代日本語書き言葉均衡コーパス』に見る語表記の量的分布―品詞，レジスター，頻度との関係―」『言語処理学会第 29 回年次大会発表論文集』pp. 2279–2282.

第13章
二重表記の歌詞における出現傾向とその時代的変化

胡佳芮

キーワード
二重表記、振り仮名、ルビ、歌詞、J-POP

1. はじめに

　一般に日本語は正書法が確立していない言語だと言われている。このように言われる理由は日本語において音声言語（＝発音形）と文字言語（＝書字形、書記言語とも言われる）が一対一で対応していないという点にある（佐竹2005、括弧内は筆者が追記）。語レベルから見ると、1つの発音形に対する書字形が1つであることもあれば、複数であることもある。その一方、1つの書字形にたいし複数の発音形を持つ場合もある。このような日本語が表記されるさいに、複数の選択肢のうち、どれが選ばれたかを示すため、発音形と書字形を同時に表示する「二重表記」という表記形式が使われる。例えば、歌詞において以下のような例が見られる。

(1) 別な女（ひと）の　切ない恋と（「恋は邪魔もの」、歌：沢田研二、詞：安井かずみ、1974）

(2) いとしのあの娘（こ）とヨ（「舟唄」、歌：八代亜紀、詞：阿久悠、1979）

(3) 心から他人（だれか）にほほえむ（「裸足の女神」、歌：B'z、詞：稲葉浩志、1993）

(4) いまどきそんな女（コ）はいない（「ドラマティックに恋し

て」、歌：広瀬香美、詞：広瀬香美、1994)

(5) <u>他人（ひと）</u>の目　気にしない（「エキセントリック」、
　　　歌：欅坂46、詞：秋元康、2017)

　上記（1）～（5）の例にある下線部は、二重表記で表す人にかんする表現である。泉（1993）によると、二重表記とは、「女」や「他人」、「娘」のような書字形を示す「主表記」と、「(ひと)」や「(こ)」、「(だれか)」のように主表記に添えて傍記や注記の形で発音形を示す「副表記」との組み合わせによって構成される表記形式である。

　二重表記は日本語表記の特徴的な現象として、小説や短歌、歌詞などの文芸作品を対象に研究されてきた。「二重表記」という用語を用いた研究は現代短歌における二重表記の文字種の構成や役割を考察する泉（1993）と清水（2020）が挙げられる。また、振り仮名、ルビ、あて字の研究として、明治時代の小説を対象に振り仮名を考察する岩淵（1988）、ルビ表現の役割と全体像を考察する石黒（2005）と矢田（2005）、振り仮名の歴史を考察する今野（2009）、歌詞を対象にあて字を考察する山田（2018）などが挙げられる。しかし、これらの研究は特定の分野において使用される二重表記の量的研究は多くはない。特に上記（1）～（5）のような二重表記についてはまだ考察する余地がある。例えば（2）「娘（こ）」については、括弧内に示す発音形が「こ」でありながら、括弧前に示す書字形が「娘」である。国語辞書を調べると、この発音形と書字形とが別語であり、対応関係を持っていないことがわかるが、このような二重表記はどういう構造を持っているかはまだ明らかになっていない。そこで、本研究は二重表記の代表的なもの1つである歌詞における二重表記を対象に、発音形と書字形が辞書に記載される対応関係を持っていない二重表記に焦点をあて、その使用実態と通時的変化の解明を目指す。

　なお、本章の構成は次のとおりである。2.では、関連する先行研究を概観したうえで、本研究の研究課題について述べる。3.では、本研究の基礎となる調査資料の概要と研究方法をまとめる。4.では、研究課題を明らかにするために、3.で収集したデータと

代表的な具体例を用いて分析・考察を行う。5.では、ここまで述べている考察をまとめ、今後の課題について述べる。

2. 先行研究と本研究の研究課題

「二重表記」にかんしては、従来、「女（ひと）」における「（ひと）」は「振り仮名」や「ルビ」と呼ばれ、「女」はそれに対応する漢字表記（あて字として扱われる場合もある）のように扱われている。このような振り仮名と振られた漢字表記との関係の処理について、田島（2002）は、国語学では漢字表記をもとに振り仮名を施したとする「読解的立場」が強いが、テキストの性質によって振り仮名の語にたいして漢字表記をあてるという「書記的立場」から考える必要があると指摘している。大島（1989）も振り仮名という名称は漢字と仮名とを主従関係と見る偏りを持つものだと述べており、「漢字仮名並列表記形式」という用語を提案している。振り仮名は文字通り、漢字が先に書かれ、それから仮名を振るという行為によるもので、振られた漢字表記より振り仮名に重点を置くというイメージが強いと思われる。また、歌詞というテキストは小説や漫画などの資料と違い、必ず音声化されることから、音声言語と文字言語の両方により情報を提供する。この両方を同時に注視する必要があるため、本研究は振り仮名と振られた漢字表記の両方を同等に包括している「二重表記」（泉1993）という考え方を援用する。「女」のような発音形を小さめの文字で上側に示すという形式も見られるが、テキストファイルでは全部「女（ひと）」のように、丸括弧を付ける形に変換されるため、本研究における二重表記の形式は後者のように定める。本研究では、「女」の部分にあたる表記を「主表記」、「ひと」にあたる部分を「副表記」とする。なお、「主」と「副」という用字は、分析にあたって「主表記」と「副表記」の2部分に分けるための呼び方であり、どちらかが中心あるいはどちらかが付随であるということをさしていない。

二重表記にかんする研究は、主に現代短歌を対象に考察されてきた。泉（1993）は1991年、1992年の朝日新聞に掲載された短

歌・俳句における二重表記の使用文字や主表記と副表記の関係を調査し、〈主表記（副表記）〉という構造から言うと、〈漢字（ひらがな）〉のパターンが圧倒的に多いと指摘している。清水（2020）は2013〜2019年に刊行された現代短歌の歌集における二重表記の役割を調査し、二重表記の分類を提案している。

　また、流行歌の歌詞にかんする言語学的研究は、語彙論や意味論から分析するものが中心となっているが、歌詞の形態的、表記的特徴については、小林ほか（2015）や伊藤（2017）などが挙げられる。小林ほか（2015）と伊藤（2017）はともに、日本流行歌の歌詞は90年代を境に、外来語とカタカナの出現頻度が減少し、和語や漢語、漢字の使用が増加していくという「J-POP歌詞の和風化」の傾向があると指摘しているが、伊藤（2017）はこれを「日本語回帰」現象の始まりであると述べている。さらに、歌詞における二重表記に言及している研究として、鈴木・山口（2000）と山田（2018）がある。鈴木・山口（2000）は1960年代からのヒットソングの歌詞における文末表現や感嘆詞など特定の言語表現の変遷を調査し、二重表記を漢字と仮名の組み合わせとして、その多様化について指摘している。また、山田（2018）はいきものがかりの歌詞における二重表記の機能について考察しているが、形態的、表記的特徴については言及されていない。このように、管見のかぎりでは、流行歌の歌詞における二重表記の全体像を考察する研究は十分に行われていないと考えられる。

　上記（1）〜（5）のように、歌詞における二重表記のほとんどは、主表記が文字言語による歌詞の書字形を示している。それと同時に、副表記が同じ部分を実際に歌う際の読み方を提示しているが、この両方が辞書に記載されるような対応関係を持っていない場合が多い。本研究はこのような二重表記に注目し、歌詞における使用実態と通時的変化を明らかにすることを目的とする。そこで、現在までの半世紀間の流行歌の歌詞を調査し、次のリサーチクエスチョンを設定する：

　1960年代からの50年間に観察される、日本流行歌の歌詞における二重表記について、

RQ1　その出現頻度の推移はどのようになっているか。

RQ2　品詞・語種・文字の構成から見ると、どのような出現傾向が見られるか。

3. 調査デザイン

3.1　本研究の分析対象である「二重表記」の抽出基準

　本研究では、泉（1993）の定義に基づき、流行歌の歌詞に出現している「女（ひと）」のような〈主表記（副表記）〉という構造を持ち、そのうち〈主表記〉が書字形を示し、〈副表記〉が同一部分の発音形を示す二重表記の中から、下記の条件1）および2）のいずれも満たすものを抽出し、それらを本研究の分析対象とする。

1) 副表記に示す発音形を『大辞林』（使用バージョン：スーパー大辞林3.0）で検索し、該当する見出しの表記欄には主表記にあたるものが存在しない。
2) 主表記に示す書字形を『大辞林』で検索し、該当する見出しの表記欄に主表記が表示されていても、その見出しと副表記とが一致していない。

　例えば、ここで挙げている「女（ひと）」という例は、主表記に示す書字形「女」と副表記に示す発音形「ひと」が一般的な対応関係を持たないことが以下のように検証できる。条件1）について、副表記「ひと」を『大辞林』で検索すると、該当する見出しは4つあるが、それぞれの表記は「一」「人」「匪徒」「費途」であり、検索結果に主表記「女」がないことがわかる。それと同時に、条件2）について、主表記「女」を『大辞林』で検索すると、該当する見出しは「おうな」「おな」「おみな」「おんな」「じょ」「にょ」「め」など7つあるが、検索結果には副表記「ひと」がないことがわかる。このように、条件1）・条件2）をともに満たすことにより、「女（ひと）」のような二重表記を分析対象とする。なお、「硝子（ガラス）」のように、主表記が漢字2字以上であり、副表記が1語全体の漢字をまとめて訓読する熟字訓にかんしては、『大辞林』において記載されている「硝子（ガラス）」などを除外し、条件1）・

条件2）をともに満たす「永遠（とわ）」のような例は分析対象とする。

また、「＝（いつも）」のように、主表記や副表記にあたるものが『大辞林』に掲載される項目ではない場合は、例外として以下の定義に従う。主表記や副表記が❶漢字・ひらがな・カタカナ以外の文字を含む；❷複数の語からなるフレーズであり、フレーズを構成する語が条件1）・条件2）をともに満たす；❸記号であり、それに対応するものは『大辞林』に掲載されている記号の呼び方ではない、のいずれかを満たす二重表記も本研究の分析対象とする。

3.2　調査の概要

日本語の歌詞における二重表記の通時的変化を解明するため、ジャンルをとわず、多くの人に聴かれ、好まれる流行歌（田中 2022）を対象に調査する。そこで、オリコンリサーチ株式会社により、1968年から毎年12月に発表される音楽ヒットチャート「オリコン年間売上ランキング」を参照し、楽曲を選定する。具体的な手順は以下のとおりである。まず、1969年からの約50年間を5年ごとに区切り、後述の表1に示す11の年を調査期間として選定し、この11の年において、各集計年のオリコン年間売上ランキングから、歌詞が日本語で書かれた1,131曲を調査対象とする。洋楽や歌詞のない器楽曲などを除外し、両A面CDシングルや複数のメイン曲入りの場合はすべてのメイン曲が調査対象である。

そして、歌詞検索ソフト「Lyrics Master」（ver.2.5.4）を利用し、歌詞検索サイト「歌ネット」を情報源とし、調査対象である楽曲の歌詞テキストファイルをダウンロードした。次に、これらのテキストファイルを全文検索システム「ひまわり」（ver.1.7）にインポートし、形態素解析を実行する（形態素解析システム MeCab および現代書き言葉形態素解析用辞書 UniDic3.1.0 を利用した）。そこで、"("と")"をキーワードに検索し、丸括弧がついている語を検出した。最後に、検索結果の中から3.1で述べている基準に従い、分析対象にあたる二重表記を抽出した。その結果、全1,131曲中207曲の歌詞から延べ428個、異なり224個の二重表記を収集した。

以下では、これらの二重表記を分析・考察する。

4. 結果と考察

4.1 RQ1について

RQ1「歌詞における二重表記の出現頻度の推移はどのようになっているか」を明らかにするため、二重表記の出現率と1曲あたりの二重表記の個数(延べ・異なり)の2つの指標を用い、年別に分析する。調査資料であるそれぞれの年において、二重表記が出現している曲の数と1曲あたりの二重表記の個数(延べ・異なり)について集計した結果を表1に示す。ここで、二重表記の出現率とは、その1年の調査曲数のうち、歌詞(タイトルも含む)に二重表記が出現している曲数の割合である。また、1曲あたりの二重表記の個数(延べ・異なり)の平均値は、二重表記が出現している曲を対象に算出した。

表1 二重表記のある曲数と1曲あたりの二重表記の個数

集計年	曲数 A	二重表記のある曲数 N	二重表記の出現率 N/A %	延べ個数 n1	1曲あたりの延べ個数の平均 n1/N	異なり個数 n2	1曲あたりの異なり個数の平均 n2/N
1969	42	4	9.5 %	4	1.0	4	1.0
1974	98	12	12.2 %	21	1.8	12	1.0
1979	87	9	10.3 %	10	1.1	10	1.1
1984	100	17	17.0 %	33	1.9	25	1.5
1989	101	12	11.9 %	22	1.8	17	1.4
1994	109	27	24.8 %	55	2.0	41	1.5
1999	108	20	18.5 %	54	2.7	36	1.8
2004	114	24	21.1 %	57	2.4	43	1.8
2009	123	28	22.8 %	62	2.2	46	1.6
2014	121	27	22.3 %	58	2.2	41	1.5
2019	128	27	21.1 %	52	1.9	28	1.0
全体	1,131	207	18.3 %	428	2.1	224	1.1

4.1.1　二重表記の出現率

表1のとおり、二重表記の出現率については、最小値が1969年における9.5％であり、最大値が1994年における24.8％であることが確認された。全体的に見ると、この11年間の流行歌のうち、18.3％の歌詞において二重表記が出現していることが観察された。

また、二重表記の出現率の年別推移を示した図1のように、1969年から1989年までは、10％〜20％（表1における数値の四捨五入、下記の出現率も同様）の区間で若干の増減を繰り返しているが、緩やかに上昇する傾向が見られた。その後、1989年から1999年までの10年間において、1994年では前の1989年の2倍以上となり、この約50年間における最大値の25％に達したが、次の1999年では再び20％以下に下落した。そして、2004年から2019年までは、大きな増減はなく、20％程度で維持されている。なお、図1における点線は隣接する2年間の移動平均を示しているが、全体的に見ると1969年から二重表記の出現率は増加する傾向であり、起伏が見られる1990年代において最大値に達するが、2000年代以降は徐々に安定化し、20％程度で維持されていることが観察された。

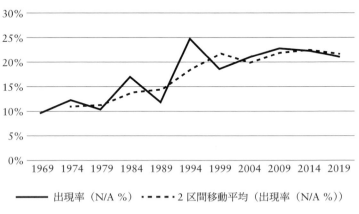

図1　歌詞における二重表記の出現率の年別推移

4.1.2　1曲あたりの二重表記の個数

1曲あたりの二重表記の個数について、この約50年間を全体的

に見ると、歌詞に二重表記がある曲において、1曲あたり平均的に延べ2.1個、異なり1.1個の二重表記が出現していることがわかった。さらに、調査資料の11の年において、違う年によって1曲あたりの二重表記の出現が異なるかを確認するため、シャピロ・ウィルク検定により正規性の有無を確認し、この11群のデータは正規分布に従わない（$p < 0.01$）ことがわかったあと、ノンパラメトリックの一元配置分散分析（クラスカル・ウォリス検定）を行った。検定の結果、各年の間に統計的に有意な差は得られず、違いがあることが示唆されなかった。しかし、調査期間の11の年において、違う年によって1曲あたりの二重表記の出現が全く等しいものとは言えるだろうか。

　具体的に見ると、1曲あたりの二重表記の延べ個数について、表1と図2に示すように、1969年における1個/曲から増加し、1984年に2個/曲程度になり、1999年において最大値の2.7個/曲に達したが、その後徐々に減少し、2個/曲程度に維持されていることが確認できた。一方、1曲あたりの二重表記の異なり個数については、増減の傾向は相似し、最小である1969年の1個/曲から、最大である1999年、2004年の1.8個/曲程度まで観察された。さらに、1969、1979、1989年における延べ個数と異なり個数とが一致し、1曲の歌詞における二重表記の出現はそれぞれ一回のみで繰り返していないことが確認できた。それ以外の年における延べ個数と異なり個数の差は1999年に最大値を記録し、延べ個数は異なり個数の約1.4倍を示している。その後やや減少しているが、この50年間を全体として見ると、延べ個数と異なり個数の差が大きくなる傾向を示すことがわかった。それは1曲における二重表記が1回以上繰り返して出現することが多くなっているためだと考えられる。

　また、図3から、各年における1曲あたりの二重表記の延べ個数の分散を確認すると、歌詞に二重表記がある曲において、1994年以降は二重表記の出現のばらつきが大きくなっていることがわかった。それ以外に、2004年では延べ15個/曲（「One Day、One Dream」、歌：タッキー＆翼、詞：小幡英之）、2014年では延べ9

個/曲「時空（とき）を超え 宇宙（そら）を超え」、歌：モーニング娘。'14、詞：つんく）のような平均値から大幅に外れているケースも観察された。よって、1990年代以降は、歌詞における二重表記の使用が豊富で多様化するようになってきたことが推測できる。

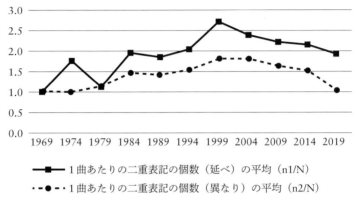

図2　1曲あたりの二重表記の個数の平均値の年別推移

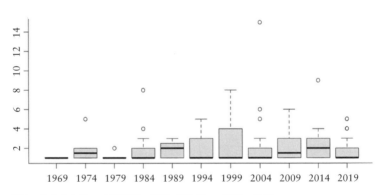

図3　1曲あたりの二重表記の個数（延べ）の年別の分散

4.2　RQ2について

ここではRQ2「品詞・語種・文字の構成から見ると、どのような出現傾向が見られるか」を明らかにするため、まず収集した延べ428個の二重表記を主表記と副表記に分けて形態素解析した。そして、二重表記の構成について、品詞、語種、文字の3つの観点から

見ると、一般的パターンとはどのようなものであるか、通時的にどのような出現傾向が見られるかを分析する。

4.2.1 二重表記の一般的パターン

本調査で収集した延べ428個の二重表記を主表記、副表記に分け、それぞれ品詞・語種・文字別に集計した。その結果、〈主表記（副表記）〉のような構造をもつ二重表記にたいし、以下のようなパターンが最も高い頻度で出現していることが確認された。品詞の構成から見ると〈名詞（名詞）〉（366/428=86％）、語種の構成から見ると〈漢語（和語）〉（250/428=58％）、文字の構成から見ると〈漢字（ひらがな）〉（333/428=78％）であった。これらが歌詞における二重表記の一般的なパターンの構成であると考えられる。

4.2.2 歌詞における二重表記の一般的パターンの通時的変化

さらに、歌詞に二重表記のある曲において、この「〈名詞（名詞）〉_〈漢語（和語）〉_〈漢字（ひらがな）〉」という一般的パターンの割合について、集計年別の推移が観察された（図4）。

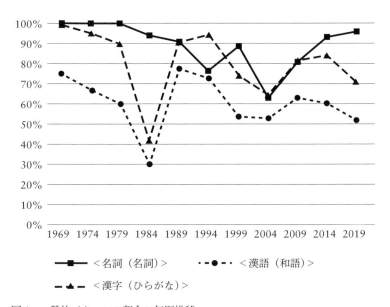

図4　一般的パターンの割合の年別推移

まず、品詞の構成から見ると、一般的パターン〈名詞（名詞）〉について、図4のとおり、1969年から1979年までは100％の割合であった。1980年代から緩やかに下降するなか、90％以上の高い割合を示す年が多く見られるが、1994年では76％に下がり、2004年では最小値の63％を示した後、2009年以降は80〜90％に回復し、少しずつ上昇していることが観察された。そのなかで、2004年で最小値を示したのは特定の曲から影響されていると考えられる。「One Day、One Dream」（歌：タッキー＆翼、詞：小幡英之、2004）という曲の歌詞では、下記の例（6）、（7）に示すような複数の語からなる二重表記は品詞分類では「その他」とされ、延べ14個出現し、2004年における二重表記の25％を占めている。また、2番目に低い割合を示した1994年において、下記の例（8）、（9）のような〈動詞（動詞）〉、〈サ変名詞（動詞）〉のパターンが1年間のうち10％を占めたため、〈名詞（名詞）〉の割合が相対的に低くなることが見られた。

（6）You can now、dream（勇敢なdream）振りかざし（「One Day、One Dream」、歌：タッキー＆翼、詞：小幡英之、2004）

（7）I'm in a world（曖昧なworld）駆け抜けよう（「One Day、One Dream」、歌：タッキー＆翼、詞：小幡英之、2004）

（8）慕（おも）っていたけど（「心凍らせて」、歌：高山厳、詞：荒木とよひさ、1994）

（9）便利だった男の子達　整理した（かたづけた）（「あなただけ見つめてる」、歌：大黒摩季、詞：大黒摩季、1994）

　次に、語種の構成から見た〈漢語（和語）〉という一般的パターンの割合について、図4のとおり、75％を示した1969年から下がる一方で、1984では最小値の30％に激減した後、1989年ではまた75％以上に戻り、50年間における最大値の77％を示している。それから再び下がり、1999年以降は50％〜60％程度で安定化している傾向が見られた。1984年においては、下記の例（10）、（11）などのような〈漢語（外来語）〉のパターンにあたる用例がその1年のうち約40％（延べ13個）を占めたことにより、〈漢語

〈和語〉〉の割合が急に減少していることがわかる。1999年以降は〈漢語（和語）〉という一般的パターンの割合が50％程度に留まっている年が多く見られた。その中、1999と2019年においては下記例（12）、（13）に示す〈和語（和語）〉のパターンと例（14）、（15）に示す〈和語（外来語）〉のパターンを合わせ、1年間のうち20％を占めている。また、2004年においては上記の例（6）、（7）に示すような主表記が英語である二重表記が多数出現していることも見られた。

（10）追いかけて　夜間飛行（ミッドナイトフライト）（「北ウイング」、歌：中森明菜、詞：康珍化、1984）

（11）咲かせましょうか　果実大恋愛（フルーツ・スキャンダル）（「君たちキウイ・パパイア・マンゴーだね。」、歌：中原めいこ、詞：中原めいこ・森雪之丞、1984）

（12）仕組み（もの）を知れば（「ここではない、どこかへ」、歌：GLAY、詞：TAKURO、1999）

（13）きみの瞳（め）（「三回目のデート神話」、歌：つばきファクトリー、詞：児玉雨子、2019）

（14）ダイアモンドみたいな強い魂（ソウル）作らなくちゃ（「My Diamond」、歌：ポケットビスケッツ、詞：CHIAKI・ポケットビスケッツ、1999）

（15）瞬いた光（ライト）（「crystal」、歌：関ジャニ∞、詞：大西省吾・高木誠司、2019）

（16）"答え"は＝（いつも）"自分自身（きみ）"だから！（「TRUTH～A GREAT DETECTIVE OF LOVE～」、歌：TWO-MIX、詞：永野椎菜、1999）

最後に、文字の構成から見ると、一般的パターン〈漢字（ひらがな）〉については図4の通り、1969年から1979年までは安定して90％～100％程度の割合であったが、上記の〈漢語（和語）〉の推移と同じように1984年で最小値を示していることがわかった。その後、1989年、1994年では90％以上に戻ったが、それ以降は減少し、70％～80％程度に維持されていることが観察された。そのなかで、1999、2019年における〈漢字（ひらがな）〉の割合が70

%程度に留まっているのは例(14)、(15)に示すように、文字の使用が〈漢字(カタカナ)〉である二重表記がその1年間のうちおおよそ20％を占めているためである。さらに、例(16)のような主表記が記号である二重表記は1999年と2009年の楽曲で見られた。なお、最小値を示した1984年にかんして、例(10)、(11)のような〈漢語(外来語)〉のパターンにあたる二重表記は、文字の構成が〈漢字(カタカナ)〉であり、その年における〈漢字(ひらがな)〉の割合とほぼ同じ40％を占めていた。また、前述の例(6)、(7)に示す二重表記は、主表記が英語で副表記が日本語と英語の組み合わせであるため、2004年における〈漢字(ひらがな)〉の割合も低下していることがわかる。

4.3　考察

ここまでの分析から、これまでの約50年間の流行歌歌詞における二重表記の通時的変化について、低迷の1960年代末～70年代、変動が激しい1980～90年代、安定化している2000年代以降という3つの時期に区分することができると考えられる。まず、1960年代末～70年代では、1年間の曲において、歌詞における二重表記の出現率が低く、二重表記が使用されていても平均して1曲に1個程度で出現し、サビなど繰り返しのある部分には出現していないことがわかる。また、二重表記の構成について、「〈名詞(名詞)〉_〈漢語(和語)〉_〈漢字(ひらがな)〉」というパターンが最も高い頻度で用いられているため、歌詞における二重表記のパターンは固定化していると考えられる。それから、1980～90年代では、歌詞における二重表記の出現率とともに、1曲あたりの二重表記の個数もこの50年間における最大値を記録し、60年代末～70年代より倍増したことが観察された。また、歌詞における二重表記の構成については、「〈名詞(名詞)〉_〈漢語(和語)〉_〈漢字(ひらがな)〉」という一般的パターンの割合が激しい増減を示していることから、二重表記の種類も以前より豊富になることがわかる。最後に2000年代以降に入り、二重表記の出現率や1曲あたりの個数が90年代の最大値には及ばないものの、全体としてこの50年間の平均

に近い値を示している。また、「〈名詞（名詞）〉_〈漢語（和語）〉_〈漢字（ひらがな）〉」という一般的パターンが依然として高い出現頻度を持ちながら、〈名詞（名詞）〉という品詞の構成が定着化し、〈漢語（和語）〉という語種の構成パターンと、〈漢字（ひらがな）〉という文字の構成パターンが徐々に減少する傾向が観察された。

このような通時的変化ついて、日本語史における表記の変化との関連を探索的に考察する。まず、1960年代末〜70年代を日本語史から見ると当時は当て字や振り仮名の使用は認められず、使用できる漢字が制限されている「当用漢字表」が廃止される前の時代であった。このような背景のもとで、作詞者が歌詞を表記するさいには、二重表記の使用もそれなりに抑えられる可能性が推測できるが、使用されても「女（ひと）」「理由（わけ）」など典型パターンに限られている。そして、1980〜90年代では、「当用漢字表」の代わりに「常用漢字表」が1981年に告示され、漢字の使用など日本語を表記する際の制限が緩くなり、振り仮名の使用も認める方向性が示された（田島 2017）。そのなかでも、とくに1980年代末から90年代前半にかけて二重表記の出現が大幅に増加し、二重表記の形態も一般的パターンから外れ、作詞者一人一人の個性が表されるものが多くなることが観察された。最後に、90年代末から見られる記号や英単語の使用など新奇性のある二重表記にかんしては、現代日本語の表記上の変化と関連づけられる。電子化・モバイル化が進んでいるなか、ビジュアルの重視や規範からの逸脱という要素を持つ「超言文一致体」が登場したという指摘がある（三宅 2014）。歌詞を書くさいにはこの影響を受けている可能性が考えられ、創造的な二重表記が出現しやすくなっている。

5．おわりに

本研究は1969〜2019年までの約50年間を11の調査期間に分け、オリコン年間売上ランキング入りの日本語楽曲を対象に、歌詞における二重表記の使用実態と通時的変化について調査した。その結果、以下のように、1960年代末〜70年代、1980〜90年代、

2000年代以降という3つの時期に分けてまとめることができた。そのうえで、歌詞における二重表記の出現頻度の推移、品詞・語種・文字の観点から見た出現傾向が明らかになった。

　まず、1960年代末〜70年代において、流行歌のうち約10％の歌詞に二重表記が出現し、二重表記が使用されていても1曲に1個程度であった。二重表記の品詞の構成は〈名詞（名詞）〉、語種の構成は〈漢語（和語）〉、文字の構成は〈漢字（ひらがな）〉であるパターンが最も高い頻度で用いられ、固定化していた。当時の国語政策による表記上の規制による影響が考えられ、歌詞における二重表記の使用に活気がない時期である。

　次に、1980〜90年代は歌詞における二重表記の使用も増加し、使用パターンのゆれも大きくなった時期といえる。1990年代で二重表記の出現率が最大値の25％に達し、1曲あたりの二重表記の個数も最大値の2.7個/曲を示している。二重表記の使用は前の時期よりも豊富であり、一般的パターンではない例、品詞の構成が〈動詞（動詞）〉、語種の構成が〈和語（和語）〉や〈和語（外来語）〉、文字の構成が〈漢字（カタカナ）〉といったパターンも見られる。表記法にかんする方針の転換がある時代の中、歌詞を書くさいに、二重表記による表現効果が見られるようになったと考えられる。

　最後に、2000年代以降においては、歌詞における二重表記の出現は激しい変化が見られなくなった。おおむね20％の出現率で安定しているなか、1曲あたりの二重表記が延べ10個以上もあるというような例外的ケースや、〈記号（ひらがな）〉〈英語（日本語）〉のような新奇性のある例も見られた。これらは、現代日本語の生産性の一端を示しているといえる。

　今後の課題としては、音楽のジャンル別、作詞者別の分析、または小説や漫画のようなほかの分野と比較し、流行歌の歌詞における二重表記の特徴をそれぞれ検討する必要があると考えられる。また、二重表記（振り仮名やルビも含む）の歴史における位置付けなども今後の課題としたい。

付 記

　本稿は、『計量国語学』（2023年12月34巻3号）に掲載された論文「流行歌の歌詞における二重表記の通時的変化―1969〜2019年の約50年間において―」を加筆修正したものです。分析において有益なご指摘やご助言をいただきました先生方、および執筆の機会をいただきました岩崎拓也先生にこの場を借りてお礼を申し上げます。なお、本研究は2022年度公益信託田島毓堂語彙研究基金の助成を受けています。

調査資料

クラブハウス（1998）『オリコン no.1 hits 500―オリコンチャート1位ヒットソング集　上（1968〜1985）』
三省堂（2010）『スーパー大辞林 3.0』
歌詞検索サービス「歌ネット」https://www.uta-net.com/（2022年1月参照）．
オリコンミュージックストア配信サービス「オリコン年間CDシングルランキング」https://music.oricon.co.jp/php/special/Special.php?pcd=yrankindex（2022年1月参照）．

参考文献

石黒圭（2005）「ルビと複線的テキスト」『よくわかる文章表現の技術Ⅲ 文法編』pp. 238–254，明治書院．
泉文明（1993）「二重表記の現在―短歌・俳句の表記の調査―」『日本語学』12（3）pp. 95–104，明治書院．
伊藤雅光（2017）「和風化するJポップ」『Jポップの日本語研究―創作型人工知能のために―』pp. 1–17，朝倉書店．
岩淵匡（1988）「振り仮名の役割」『日本語の文字・表記（下）』（講座日本語と日本語教育9）pp. 58–86，明治書院．
烏賀陽弘道（2005）『Jポップとは何か―巨大化する音楽産業―』岩波書店．
大島中正（1989）「表記主体の表記目的から見た漢字仮名並列表記形式：いわゆる振り仮名付き表記形式をめぐって」『同志社女子大学学術研究年報』（40）4，pp. 60–74．
小林雄一郎・天笠美咲・鈴木崇史（2015）「語彙指標を用いた流行歌の歌詞の通時的分析」『人文科学とコンピュータシンポジウム』（12）：23–30．
今野真二（2009）『振仮名の歴史』pp. 14–25，集英社．
佐竹秀雄（2005）「現代日本語の文字と書記法」北原保雄（監修）・林史典（編）『朝倉日本語講座2 文字・書記』pp. 22–50，朝倉書店．
清水恵理（2020）「現代短歌における二重表記の役割―日本語学的見地から―」『さいたま言語研究』（4）pp. 38–51．
鈴木直枝・山口孝志（2000）「流行歌の歌詞にみる言語の変遷―過去34年間の

ヒットソングを通して―」東北生活文化大学・東北生活文化大学短期大学部『紀要』(31) pp. 55-65.

田島優（2002）「振り仮名と漢字表記との関係の処理について」『日本語の文字・表記：研究会報告論集』石井久雄・笹原宏之編，pp. 89-97，国立国語研究所．

田島優（2017）『「あて字」の日本語史』風媒社

田中健次（2022）『図解近現代日本音楽史―唱歌，校歌，応援歌から歌謡曲まで―』pp. 150-151，東京堂出版．

三宅和子（2014）「電子メディアの文字・表記―「超言文一致体」の現在（いま）と未来―」高田智和・横山詔一（編）『日本語文字・表記の難しさとおもしろさ』pp. 198-183，彩流社．

矢田勉（2005）「振り仮名」『漢字と日本語朝倉漢字講座1：漢字と日本語』前田富祺・野村雅昭（編），pp. 164-181，朝倉書店．

山田敏弘（2018）「いきものがかりの言語学6―当て字―」『岐阜大学教育学部研究報告．人文科学』(67) -1，pp. 11-20.

索引

欧文
BCCWJ 26
B-JAS 7
L1 120
SNS 125

あ
アルファベット 21

い
一元配置分散分析 235
一字下げ 5
意味段落 4
引用 80

え
絵文字 187

か
改行 5
顔文字 187
かぎ括弧 79
書く過程 105
学習指導要領 79
カジュアル 166
箇条書き 151
カタカナ 21
括弧 79, 177
漢語動詞 55
漢字 21

き
キー配置 149
記号 59, 151
既読表示 205
行数 151

く
句点 8
クラウドソーシング 158
訓令式 136

け
形式段落 4
形態素解析 236
現代日本語書き言葉均衡コーパス 21

こ
語彙素 45
語彙調査 210
コーパス 7
国語科教科書 79
言葉選び 110
固有名詞 179

し
思考の引用 87
児童・生徒作文コーパス 84
主語 121
主表記 228
情報伝達単位（CU） 73

書字形 224

す
素性 152
スタンプ 187

せ
正書法 209

た
第一言語 120
多言語表記 181
打鍵数 137

て
定住外国人 169

と
読点 59
閉じかぎ 97

に
二重かぎ括弧 79, 181
二重表記 228
二値分類モデル 166
日本語学習者 1
日本語教育 4
日本語教科書 119
日本語教師 1

は
発話の引用 87

ひ
非日本語母語話者 183

表記情報 209
表記ゆれ 216
ひらがな 21

ふ
フォーマル 166
複合辞 41
複合助詞 41
複段落 2
副表記 228
複文 121
符号 59
ふりがな 174
フリック入力 133
文章構造 61
文体差 30
文段 72
文脈 113

へ
北京日本語学習者縦断コーパス 7
ヘボン式 136

ほ
方略 104
本動詞 43

ま
丸括弧 79, 181

も
文字種 21, 59

や
やさしい日本語 169
やさしい日本語表記 169
山括弧 181

ゆ

揺れ 44
ゆれ 210
四つ仮名 135
余白 180

ら

LINE 187

り

隣接ペア 199

る

ルビ 174

れ

レジスター 26, 124

ろ

ローマ字入力 133
ローマ字表記 133
ロジスティック回帰モデル 167

わ

分かち書き 179
和語動詞 55

執筆者一覧
（五十音順、
*は編者）

井伊菜穂子（いい なほこ）
琉球大学人文社会学部琉球アジア文化学科准教授
「連接領域の広さからみた接続詞の特徴―文連接レベルの接続詞と文章構造レベルの接続詞」（『計量国語学』34（2）、2023）、『日本語研究者がやさしく教える「きちんと伝わる」文章の授業』（分担執筆、日本実業出版社、2023）、「接続詞による文脈理解の方法」（共著、『文脈情報を用いた文章理解過程の実証的研究―学習者の母語から捉えた日本語理解の姿』、ひつじ書房、2020）

石黒圭（いしぐろ けい）
国立国語研究所教授
『スマホは辞書になりうるか―日本語学習者の辞書引きの困難点と指導法』（明治書院、2024）、『【新版】論文・レポートの基本―この1冊できちんと書ける！』（日本実業出版社、2024）、『段落論―日本語の「わかりやすさ」の決め手』（光文社、2020）

市江愛（いちえ あい）
埼玉大学人文社会科学研究科准教授
『日本語研究者がやさしく教える「きちんと伝わる」文章の授業』（分担執筆、日本実業出版社、2023）、「モシは日本語条件文の理解を促進するのか―自己ペース読文実験を用いた文処理過程から」（『日本語教育』178、2021）、「日本語話者と日本語学習者はいつモシを使用するのか」（『日本語／日本語教育研究』12、2021）

岩崎拓也（いわさき たくや）*

筑波大学人文社会系助教

「人文系論文における係助詞「は」直後の読点使用の傾向と指導指針」（共著、『専門日本語教育研究』26、2024）、『現代日本語における句読点の研究』（ココ出版、2023）、「読点が接続詞の直後に打たれる要因―Elastic Net を使用したモデル構築と評価」（『計量国語学』31（6）、2018）

落合哉人（おちあい かなと）

国立国語研究所助教

「指点字会話における「揺さぶり」―盲ろう者はいかにして自らの感情的態度を示すか」（『社会言語科学』24（1）、2021）、「現代日本語の発話末に現れる感動詞「え」」（『日本語文法』23（1）、2023）、「「話すように打つ」ことばは簡潔なことばか？―携帯メール・LINE・対面会話・ネット通話における1発話の長さを比較して」（『日本語習熟論研究』1、2023）

柏野和佳子（かしの わかこ）

国立国語研究所教授

「現代語の辞書と用例の問題」（『日本語学』42（2）、2023）、「言語研究の成果を発信するさまざまな国語辞典」（『文学・語学』（234）、2022）、『岩波国語辞典第八版』（共編著、岩波書店、2019）

胡佳芮（こ かぜい）

国立国語研究所 プロジェクト非常勤研究員

「流行歌の歌詞における二重表記の通時的変化―1969～2019年の約50年間において」（『計量国語学』34（3）、2023）、「歌詞における『時間（とき）』はどういうときに現れているか―二重表記による語の意味的変容」（『語彙研究』21、2024）

砂川有里子（すなかわ　ゆりこ）
　　筑波大学名誉教授
　　『日本語コーパスの世界へようこそ―気になる言葉の使い方を調べてみよう！』（大修館書店、2024）、『改訂版日本語文型辞典』（くろしお出版、2023）、『新 日本語教育のためのコーパス入門』（くろしお出版、2018）

田中啓行（たなか　ひろゆき）
　　中央学院大学法学部准教授
　　『JLPT文法N4 ポイント＆プラクティス』（スリーエーネットワーク、2022）、「クラウドソーシングの発注文書における業務内容指示の言語表現―「ください」「いただきます」を中心に」（『専門日本語教育研究』24、2022）、「日本語学習者の作文執筆修正過程―中国人学習者と韓国人学習者の修正の位置と種類の分析から」（『国立国語研究所論集』14、2018）

本多由美子（ほんだ　ゆみこ）
　　国立国語研究所特任助教
　　「手書き漢字の使用実態―場面に注目した調査」（『ことばと文字』16、日本のローマ字社、2023）、『二字漢語の透明性と日本語教育への応用』（くろしお出版、2022）、「二字漢語における語の透明性―コーパスを用いた語と構成漢字の分析」（『計量国語学』31(1)、2017）

三谷彩華（みたに　あやか）

江戸川大学国際交流センター講師

「大学院生の研究論文の要旨作成における課題―日本語教育学専攻の大学院生の要旨作成調査を通して」（『日本語教育研究』59、2022）、「日本語の学術的文章を対象とした計量分析」（『データ科学×日本語教育』ひつじ書房、2021）、「日本語学の論文要旨の文章構造類型―要旨における本文の要素の使用傾向」（『早稲田日本語研究』27、2018）

宮城信（みやぎ　しん）

富山大学学術研究部教育学系准教授

「児童作文における会話文の展開」（『談話・文章・テクスストの一まとまり性』和泉書院、2024）、「児童作文における会話文の表現効果」（共著、『日本語習熟論研究』2、2024）、「児童作文の評価「子どもらしい」に関する一考察」（『富山大学国語教育』47、2023）

横野光（よこの　ひかる）

明星大学情報学部准教授

「LLMを用いた質問生成による児童の作文の詳述化支援の検討」（共同発表、言語処理学会第31回年次大会、2025）、「誤用を含む文の形態素解析の分析とアノテーションの検討」（発表、日本語学会2024年度春季大会 ワークショップ2「日本語学習者の作文コーパスの構築に向けて―メタ情報付与の方法」2024）、「Pic2PLex: A Test for Assessing Free Productive Vocabulary」（共著、『人工知能学会論文誌』38(1)、2023）

ひつじ研究叢書〈言語編〉第211巻

日本語表記の多様性
Varieties in Japanese Orthography
Edited by Iwasaki Takuya

発行	2025年5月8日 初版1刷
定価	6200円+税
編者	©岩崎拓也
発行者	松本功
ブックデザイン	白井敬尚形成事務所
印刷・製本所	亜細亜印刷株式会社
発行所	株式会社 ひつじ書房

〒112-0011 東京都文京区千石2-1-2 大和ビル2階
Tel: 03-5319-4916　Fax: 03-5319-4917
郵便振替 00120-8-142852
toiawase@hituzi.co.jp　http://www.hituzi.co.jp/

ISBN978-4-8234-1281-3

造本には充分注意しておりますが、落丁・乱丁などがございましたら、小社かお買上げ書店にておとりかえいたします。
ご意見、ご感想など、小社までお寄せ下されば幸いです。